JN244470

愛のあるところ、
WHERE THERE IS LOVE, THERE IS GOD
神はそこにおられる

神とのより親しい一致と
人びとに向かう大きな愛への道

マザーテレサ
Mother Teresa

編集とまえがき＝
ブライアン・コロディエチュックMC
里見貞代＝訳

女子パウロ会

WHERE THERE IS LOVE, THERE IS GOD
Mother Teresa ; edited and with commentary by Brian Kolodiejchuk.
Copyright © 2007 by The Mother Teresa Center, exclusive licensee throughout the world of the Missionaries of Charity for the works of Mother Teresa.

Japanese translation rights arranged
with Folio Literary Management and Tuttle-Mori Agency, Inc., Tokyo
© Satomi Sadayo 2018

愛のあるところ、神はそこにおられる

世界で最も美しいことは、
神がわたしたち一人ひとりを愛されるように、
お互いを愛することです。
そして、わたしたちがこの世界にいるのは
まさにそのためです。

もくじ

装丁・レイアウト／菊地信義

まえがき

『愛のあるところ、神はそこにおられる』は、ある意味で『マザーテレサ　来て、わたしの光になりなさい！』の続編でもあります。後者はマザーテレサと神との関係、および神が彼女を召された、貧しい人びとの中で最も貧しい人に奉仕する、という観点から描かれた彼女の生涯です。貧しい人びとの苦しみを軽減するために遣わされた彼女は、魂の深奥において彼らの痛みと苦悩を体験しながら、彼らと一体になりました。驚異的な神への信仰とみ旨に対する委託をはっきりと示しながら、マザーは英雄的な勇気と忠実さをもって、彼らの終わりのない深刻な苦しみを抱き締めたのです。マザーテレサの生涯のこの隠れた面の公表は、できるかぎり彼女のさらなる洞察を知りたいという思いを、多くの人に与えました。それはわたしたち自身が苦しみや葛藤に向き合うとき、大きな助けとなるからです。

この本『愛のあるところ、神はそこにおられる』は、マザーテレサの教えの完全な総論ではありません。これはむしろ、人生のいくつかの根本的問題について彼女が信じ、教えたこと、特に現代に適応したことを明確に伝えようとするものです。つねに、さまざまな文化と背景をもった人びととかかわっていた彼女にとって、どんな生活環境も未知のものではなく、広範囲におよぶ問題について意見を述べる多くの機会がありました。誠実な言葉と、さらに一貫性のある生活態度によって、同時代の人びとにインスピレーションを与えながら、絶えず、真の平和と幸せがどこにあるかの確信を伝えてきました。

『マザーテレサ　来て、わたしの光になりなさい！』においては、彼女がわたしたちにとって模範でありモデルであったのに対して、今回のこの本の中での彼女は、おもに教師として、ガイドとしての役割をもっています。実用的で時宜にかなったアドバイスをとおして、マザーテレサはわたしたちを、神とのより親しい一致と、兄弟姉妹に対するより大きな愛の道へと導きます。マザーの豊かな洞察からえり抜きのものが、この後に続くページに収められています。マザーの愛の模範と英知の言葉をとおして、わたしたちがこの世界により豊かな愛をもたらし、世界を少しでも住みやすい場所にしていくことができますように。

ブライアン・コロディエチュック MC

導入

マザーテレサの全生涯とメッセージをたった二語で要約するとしたら、迷わずに神と愛というでしょう。事実、神は彼女の存在の中心であり、生命そのものであり、神と隣人への愛がそのメッセージでありました。しかし、もし一語で、といわれれば、愛がそれらすべてを表明すると言えます。なぜなら、「愛は神から出るもので、愛する者は皆、神から生まれ、神を知っているからです。……神は愛だからです」（一ヨハネ4・7～8）。この本のタイトルに選ばれたマザーテレサの簡潔な表現、「愛のあるところ、神はそこにおられる」は、この深遠な真理を反映しています。

　神はその目的のために人間を道具として使われ、今日の世界に対するその愛を表明するためにマザーテレサの手と心を使われました。彼女の生涯と言葉と働きによって、マザーは神が実在し、わたしたちと共におられ、「あなたがたとわたしをとおして今もまだ世界を愛しておられる」ことを宣言しました。貧しい人びとの中で最も貧しい人、また出会う一人ひとりに対する神の愛の伝達者として、神の愛の宣教者となるべく召された彼女は、それが単に彼女だけの召命とは考えていませんでした。すべての人は生活環境がどのようなものであっても、神の愛の伝達者、「神の愛の宣教者」であるはずだと彼女は信じていました。マザーはこの根本的な呼びかけを他の人びとに気づかせるよう力を尽くし、彼らが寛大にそれに応えるよう勧めたのです。

ミッションを遂行しようとするマザーの不断の情熱は、晩年においても驚くべきものでした。彼女のダイナミズムと決意の源はなんだったのでしょうか。神に対する信仰です。これこそが彼女の人格を形成したのであり、それが生涯のあらゆる側面ににじみ出ていたのです。彼女はほとんどすべての会話の中で神について、あるいは神のことについて語っていますが、それは「人の口は、心からあふれ出ることを語る」（ルカ6・45）からであり、マザーはそれをごく普通に自然体で行っていました。彼女の敬虔な態度は、他の人に感銘を与えようとするものではなく、信仰と確信を表明する恐れや、人がどう思うかに惑わされたりすることもありませんでした。神を喜ばせ、人びとに善を行うという唯一の目的をもって、信じたことをまっすぐに、誠実に表明していたのです。

マザーテレサの受けた養育と環境は信仰教育を助け、彼女は幼少時代から神との親しい関係を深めていきました。十八歳のとき、インドでの宣教者になるようにという神の招きに応え、すべてをささげる生活を求めて決断をします。二十年近くロレット修道会のシスターとして過ごしたのち、例年の黙想会のためにダージリンへ向かう列車の中で、彼女自身が「召命中の召命」と呼ぶ招きを受けます。まったく愛されていないと感じている人、望まれない人、放置された人、取り巻く環境ゆえに神の愛を信じられない人びとに、その愛の運び手――神の愛の宣教者となるよう求められたのです。それはマザーの生活に抜本的変化を求めることでしたが、彼女はこの新しい任務を喜んで受け入れました。

マザーテレサが列車の中で受けたインスピレーションは、神の愛について深遠な洞察を与えました。神がどれほど愛し、愛されたいと望み、思いこがれて「渇いておられる」かを、かつてなかったほど深く理解しました。神は彼女の愛と、創られた人間一人ひとりの愛、特に最も困窮する人に対する愛に渇いておられました。「わたしは渇く」という十字架上からのイエスの言葉は、彼女にとってこの激しい愛の表現となり、神の渇きを癒やすという彼女が受けた召命をつねに思い起こさせました。人びとの魂と愛に対する神の渇きを癒やすことは、イエスとのより深い一致に向かって喜んで精励することを意味します。それはまた、自分に対してどのような負担になろうとも、神の愛がその子らに伝えられるチャンネルとなる用意があることを意味します。この招きがマザーテレサに、彼女のミッションに対する差し迫った責任感を与えました。もし神の摂理が、ある人をマザーの小道においたなら、この人がよりよく神を知り、神とのよりいっそう親しい関係に入るのを助けるために、マザーは全力を尽くしました。

新たな召命に応えるために直面した障がいにもかかわらず、インスピレーションに続く数か月の間、マザーはあふれるほどの恩恵を享受しました。しかしながら、貧しい人びとへのミッションを始めた彼女は、貧しい人びとの体験している荒廃した暗い現実の中に突き落とされます。すなわち、神はもう存在しない、神はもう彼女を愛されない、彼女のことを見放された、と。それにもかかわらず、感情的には逆でしたが、彼女は真実に深く神と一致し続けました。愛されず、望まれず、放置される痛みを体験することによって、苦しむイエスと一つになり、苦しむ貧しい人びとの中で最も貧しい人と一つになっていました。彼らの苦しみを分かち合うことによって、マザーは愛する人びとの痛みの一部を負っていたのです。

ほとんど半世紀におよぶ霊的枯渇さえも、日常生活あるいはチャレンジに満ちた状況において、神のみ手を把握し、愛をもって神に応えようとするマザーテレサの能力を妨げませんでした。これを非常に強く示す一つのことは、勇気をくじくような困難にも、苦しみにも、毎日のように目にする悪にも落胆しないというのが彼女の特質でした。神は表面的あるいは現実的な悪からさえも、その愛によってより大きな善をひき出すことがおできになることを、彼女は深く信じていました。自分自身の霊的暗闇の真っただ中にあって、ミッションに対する彼女の不屈のコミットメントと、苦悩を隠した絶え間ないほほえみは、もはや近く感じられなくなった神が、それでも「主導権を握っておられる」という深い信仰を証明していました。このゆるぎない信仰が生涯をとおして彼女を導いたのです。その要求がどんなに過酷であっても、彼女は平穏で、喜びにさえ満たされていました。事実、闇が暗ければ暗いほど、その信仰は強靭《きょうじん》になっていったのです。

彼女の内的苦しみが増大するにつれて、貧しい人びとに対するミッションは盛んになっていきました。その事業は短期間に地球的規模で広がり、創立二十五年後には、臨終の人、孤児、重い皮膚病の患者、精神的・身体的障がい者、社会から見捨てられた人など、何千人もの貧しい人の中で最も貧しい人の世話を、八十七の施設で七百四人のシスターたちが神の愛の宣教者として行っていました。一九六三年、マザーテレサはブラザーのための会も創立しました。一九七六年には女子観想会を創立、一九七九年に男子観想会創立、司祭の会は一九八四年に創立されました。マザーが帰天したとき、百二十か国の五百九十四の修道院に三千八百四十二名のシスターたちが、十九か国の六十八の修道院に三百六十三名のブラザーたちが、三か国の四つの修道院に十三名の司祭たちが働いていました。マザーの修道家族はまた、愛の宣教を分かち合いたいと望む教区司祭や在俗会員（アソシエート）も含んでいます。

マザーの修道家族のすべてのメンバーと、なんらかの形でMC（神の愛の宣教者会）のカリスマを分かち合いたいと望む人びとに、マザーはたびたび講話や忠告、ときには訓戒の言葉も書き送っています。この本に収録されたおもなものは、こうした勧告からの収録であり、その他は公式スピーチあるいは公式書簡からの抜粋です。特定のグループへの発言ですが、マザーテレサの教訓はすべての人に適応され得ます。人間性の本質は、与えられた道や職業に関係なく、同じチャレンジを提供するのです。

マザーテレサの言葉の引用は五つの中心的テーマに従ってまとめられ、それぞれ幅広いサブ・テーマに分かれています。第一章はマザーテレサにとっての神について考察し、第二章はイエスとマザーとの関係、第三章は愛することからわたしたちを遠ざける多くの内面的障がいの具体例を扱います。最後の二章は、愛することによっていかに信仰を実践し（第四章）、愛の生活を生きることによっていかに相互に喜びの源となるか（第五章）について、マザーテレサの教訓を示しています。各章の中では、内容に従って小見出しがついています。

愛のあるところ、神はそこにおられる

I

神は愛です

「神とは何か、あるいは神とはだれか」という質問に対して、あるときマザーテレサは次のように言いました。「神とは愛であり、あなたを愛しておられ、わたしたちは神にとって大切な存在です。彼はわたしたちを名前で呼ばれ、わたしたちは彼のものです。彼は偉大なことのためにご自分をかたどって、わたしたちを創造されました。神は愛であり、喜びであり、光であり、真理なのです。」この定義は神に対する彼女の信条とその体験を要約しています。神は実存し、存在するすべてのものの源泉であり、その本質は愛です。神は知性と自由意志という霊的力と、知り愛する能力をもつご自身に似た存在として、わたしたちを創造されました。神はわたしたち一人ひとりをユニークな方法で個人的な関係をもって愛され、その幸せを熱烈に望まれる父親です。神は愛であり、神がなさることあるいはゆるされることはすべて究極的には、より大いなる善のためであり、したがって、神の広大な無条件の愛の表現であるというマザーテレサの確信は、彼女自身および貧しい人びとの、どのような困難や苦しみを見ても、覆されることはありませんでした。

　聖アウグスチヌスは『告白録』の冒頭に「主よ、あなたはご自分のためにわたしたちを創られました。ですから、わたしたちの心はあなたのうちに憩うまで、安らかではありません」と書いています。すべての人は「心の深いところで神を信じている」というのが、マザーテレサの確信でした。わたしたち一人ひとりのうちに神に対する憧れがあり、意識的に認められたり表明されたりしなくても、喜びや平和や幸せ、さらに愛を探求する姿勢は、この憧れの表れです。マザーテレサが表明するように、神に対する望みあるいは渇望は、すべての人間の心に植えつけられていますが、神との関係に入ることは、わたしたちがどれだけその恵みに協力するかに大きく依存するものです。協力するかしないかの自由が与えられていることは、創られた個々の人間に対する神の愛と尊敬のもう一つの表明です。神はだれにも強要されません。神はわたしたちに選択を委ねられます。しかしながら、無限の愛と英知である創造主の前にある被造物にふさわしい応えは、愛と信頼、賛美と礼拝、承認と感謝であるはずです。

神によって豊かに愛されている一人ひとりの人間は、「わたしたちはより大いなること、愛し愛されるために創造されたのです」とマザーテレサがたびたび断言していたように、この愛を分かち合うために呼ばれているのです。神が愛されたように愛するためには、祈りをとおして毎日神と出会うことが必要です。それなくしては愛は死んでしまいます。マザーテレサは「血液が体にとって必要であるように、祈りは魂にとって不可欠です」と繰り返して、その重要さを強調しました。しかし、祈りに入るためには沈黙が必要です。というのは、「神が語られるのは心の静けさにおいて」だからです。この真理を表明するマザーの金言[1]はよく知られるようになりました。

沈黙の実りは祈り、

祈りの実りは信仰、
信仰の実りは愛、
愛の実りは奉仕、
奉仕の実りは平和。

この単純な、しかし意味深い格言は、具体的な愛と平和と奉仕の出発点として沈黙をあげています。マザーテレサは「沈黙が神および相互との一致の根底にあること」を主張していました。沈黙と瞑想《めいそう》は祈りの不可欠な条件です。外面的に静かな雰囲気は確かに助けになりますが、生涯の大部分を大きな混雑した市街で過ごしたマザーテレサは、喧騒《けんそう》と活動のただ中で内的静寂を保ち瞑想することを学びました。このマザーのあり方は沈黙を実践するために、世間から逃れて隠修士のように生活することが必要ではないことも示しています。必要なのは、自分たちを祈りに向かわせるために、精神と心を静めることです。

祈りはマザーテレサの日々に浸透していました。すなわち、彼女は一日を祈りで始め、その日を祈りで終え、毎日を祈りで満たしていました。起床と同時に、最初の言葉は神に向けられ、一日をとおして彼女の愛と感謝、計画、希望、願望を、なんの束縛もなく神に語っていました。なんらかの必要や困難が起こると直ちに、それがどんなに小さく、取るに足らないことであっても、父親に頼りきった子どものような期待と信頼をもって、願いを神に向けていました。毎日のミサ聖祭に加えて、朝と夕の教会の祈り（詩編、聖書朗読、共同祈願）、伝統的なロザリオの祈り、十字架の道行き、連祷、九日間の祈り（ノヴェナ）などが彼女を神との継続的一致のうちに保っていました。

マザーテレサにとって非常に大切な祈りのときは、毎日聖書の箇所を瞑想する三十分でした。神のみ言葉、おもに福音について黙想する伝統的イグナチオ方式に養成されたマザーは、神との親しい対話と一致に導かれました。この祈りに満ちた読書をとおして、彼女の愛は燃え立ち、言葉は影響を受け、行動は導かれて、神のみ言葉は彼女のうちに根づいていきました。彼女はまた日々聖人の伝記や他の霊的読書に、さらに半時間をささげることを心の糧としていました。一日をとおして瞑想を養い育てるために、マザーは射祷、すなわち精神と心を神に向ける短い祈りを活動のただ中で実践していました。これらの実行は彼女自身を神の現存のうちに保つ大きな助けでした。こうした手段をとおして、彼女は神の深い知識と愛に成長し、愛のうちに神および兄弟姉妹に応えていくことができたのです。

「愛は神から出るものであり」（一ヨハネ４・７）、まったく利己心がなく、他者の善だけを求めるものであって、人間の愛はこの神の愛の反映であり分かち合いであるはずです。真の愛は、愛するために他の人に奉仕する「自己滅却」、自己投与、自己犠牲であり、マザーテレサはこの愛を実証したのです。「愛」が意志の行為であるよりむしろ感情であり、犠牲よりも快楽と同一視される文化の中で、キリストの愛の模範に倣うマザーテレサの生涯と教訓は、キリスト的愛の観念を証ししました。

あるインタビューの中で、「愛とはなんであるか要約していただけますか」という質問を受けたとき、彼女は直ちに次のように答えています。「愛とは与えることです。神は世界をこのうえなく愛されたゆえに、御子を世にお与えになりました。イエスは世界を、またあなたとわたしをこのうえなく愛されたので、命を与えられました。そして彼はご自分が愛されたように、わたしたちが愛することを望まれます。ですからわたしたちも、自分が痛みを感じるまで与えなければなりません。真の愛は与えること、痛みを感じるまで与えることです。」

神とはだれか

神は在る[2]。
神は愛[3]。
神は遍在[4]。
神は命の源[5]。
神は愛する父[6]。
神は慈しみ深い父[7]。
神は全能で、わたしたちの世話をされる[8]。
神は愛であり、あなたとわたしを愛される[9]。
神は喜び[10]。
神は清純そのもの。
神はわたしたちと共におられる[11]。
神はわたしたちを恋い慕われる。
神はあなたの心の中に[12]。
神は誠実[13]。

神は愛、神は喜び、神は光[14]、神は真理[15]。
神は思慮深い。
神はわたしたちにほんとうに温かい。
神は寛大。
神はあなたに心を奪われる。
神は誠実な愛。
神は嫉妬深く愛される[16]。
神は実にすばらしい[17]。

*

神がわたしたちを創造されたとき、神は愛によって創造されました。神は愛ですから、それ以外の説明はできません。そして神はわたしたちを、愛し愛される存在として創られました。もしこのことをつねに念頭におくなら、世界に戦争も、暴力も、憎しみもなくなるでしょう。なんと美しいこと、なんと単純なことでしょう。

神はどこかにおられるはず

先日、長髪のボランティアがわたしのところへやってきて、話しながら「ぼくは神を信じない」と繰り返していました。それでわたしは、「あなたがそうやって話しているとき、突然心臓発作が起こったとしたら、それを止めることができますか」と言いました。彼は非常に驚いて、それ以上同じことを言わなくなりました。彼はとうとう、わたしたちがどんなに論じ合っても、死ぬときを変えることができないことを認め始めました。数日後に聞いたことは、よくよく考えた末、彼は神がどこかにおられる！　と、控えめながら認め始めるようになったとのこと。

愛のあるところ、神はそこにおられる

ある人が「わたしは無神論者です」というのですが、彼は愛についてすばらしく語りました。そこでわたしは、「あなたは愛についてそんなに美しく話されるのですから、無神論者ではあり得ません。愛のあるところ、神はそこにおられます。神は愛です」と彼に告げました。

愛は言葉ではない

　第一に、神はわたしたちを愛されることを証しされました。神は世をこのうえなく愛されたので、御子イエスを与えられました。[18] そしてイエスはあなたを愛し、わたしを愛し、わたしたちのためにご自分を十字架上で与えられました。[19] 彼はわたしたちを愛することを恐れず、最後までわたしたちを愛し続けられました。[20] ほんとうにわたしたち人間のようになられました。彼は罪を除くすべてにおいてわたしたちのようになられたのです。[21] 彼は優しく愛されました。そしてわたしたちが彼の愛を理解し、彼がわたしたちを愛されることを忘れないように、ご自分を飢える者、裸にされた者、ホームレスとされました。だから彼は言われます、「わたしの兄弟であるこの最も小さい者の一人にしたのは、わたしにしてくれたことなのである[22]」と。そしてわたしたちが何をすべきか、どのようにすべきかを説明されます。イエスは人びとに教えるよりまえに、群衆を憐れみ養われます。彼は奇跡を起こされます。パンを祝福し、五千人の人びとを養われました。[23] それは彼が人びとを愛され、憐れまれたからです。イエスは彼らの表情に飢えを見て彼らを養われたのです。そしてその後で初めて教えられました。ですからあなたもわたしも、神を愛することができるというのはなんとすばらしいことでしょう。しかし、どのように？　どこで？　神はどこにおられるのでしょうか。

わたしたちは神が遍在であることを信じます。神が世界の中の単なる一個体としてあなたを創られたのでも、わたしを創られたのでもなく、ある目的をもって創られたと信じます。わたしたちがここにいることには意味があるのです。その理由は愛することです。あなたは愛するため、愛されるために創られたのです。だから愛さないことは間違っています。そして愛こそ人間がもっていて、与えることができる最も美しいものです。言葉ではありません。なぜならわたしたち人間は見たいし、触りたいのです。そのために貧しい人びとは、わたしたちが彼らに与えるより、さらに多くのものを与えてくれるのです。彼らの内におられる神を愛する機会を、わたしたちに与えてくれるからです。わたしが空腹の子どもに一切れのパンを与えるとき、「あなたはそれをわたしに与えてくれた」といわれたイエスを信じて、その子にパンを与えるのです。

神の愛に満ちたケア

数週間まえ、小さい者に対する神の優しさの異常な体験をしました。ある男性が医師の処方箋をもって修道院へやってきました。彼がいうのには、たった一人の息子がコルカタのスラムで瀕《ひん》死《し》状態だというのです。そして処方箋に書かれた薬はインドでは入手不可能であって、イギリスからしか手に入らないとのことです。わたしたちが話し合っていたとき、別の一人が薬のたくさん入ったバスケットをもって入ってきました。彼は家庭を回って使いかけの余った薬を、貧しい人びとのために集めてきたのです。わたしたちはコルカタのスラム全体に動くクリニックをもっていて、家庭で使わなくなった薬を収集し、センターへ運んで、貧しい人びとに提供していたのです。運ばれてきた薬のバスケットのいちばん上に、求めていた薬がのっているではありませんか。信じられませんでした。もしそれが下のほうにあったら見えなかったからです。この男性がもっとまえに、あるいはもっと後に来ていたなら、わたしはこの父親の要求とその薬を関連させることができなかったでしょう。その薬に巡り合わなかったでしょう。わたしはただバスケットを前にして立ち、薬のビンを見つめ続けながら、心の中で言いました。「何万、何千万の子どもたちが世界にいるのに、神はコルカタのスラム街のこの小さな子どもを、なんと気にかけられることでしょう。神はその薬を送り、タイミングよくその男性を遣わし、薬をバスケットのいちばん上に、医師が処方した正確な量でおかれるとは」と。神ご自身にとって、その子どもがいかに大切であったか、神はこの子どもに対してどんなに心を傾けられたことでしょう。

神はわたしたちの父

神の愛の優しさ――だれも神のように愛することはできません。神はわたしたちをご自分に似せて創られました。神はわたしたちの父です。

父と子

「父はわたしを愛され、父はわたしを望まれ、父はわたしを必要とされる。」こうした態度はわたしたちの信頼であり、喜びであり、確信です。短気、失敗、喜び、どんなことが起ころうとも、「父はわたしを愛される」と自分に言いなさい。神は世界全体を創られましたが、神はわたしたちの父でいらっしゃいます。祈りの中で、父と子という内省からの確信をもちなさい。

だれも神と同じほどわたしたちを甘やかさない

人びとに物資を無償で与えることによって、マザーテレサは彼らを甘やかしている、といううわさの波が世界中に広がっていました。バンガローで開かれていたセミナーの席で、あるシスターがグループ全体の代表として立ち上がり、次のように言いました。「マザーテレサ、あなたは物資を無償で与えることによって、貧しい人びとを甘やかしています。彼らは人間性の尊厳をなくしています。与える物の代価として少なくとも十ナヤ・パイサ(24)は取るべきです。そうすれば、彼らももっと人間としての尊厳を感じるでしょう。」一同が沈黙に戻ったとき、わたしは静かに言いました。「神ほどわたしたちを甘やかされるものはいらっしゃいません。神がわたしたちに自由に与えてくださっているすばらしい賜物《たまもの》をごらんなさい。ここにいるあなたがたのだれもめがねをかけていませんが、見ることができます。もし神があなたがたの視力の価を請求なさるとしたら、どうなりますか。わたしたちはシシュ・ババン(25)の幼児たちの生命を救うために、酸素を買う多額のお金を使っていますが、わたしたち自身は酸素を吸って呼吸していながら、まったく代価を払っていません。もし神が次のようにおっしゃるとしたら、どうなるでしょう、『あなたは四時間働いたら、二時間陽光を浴びることができる。』わたしたちの何人がこうした状態に耐えられるでしょうか。」わたしはまた、彼らに次のようにも申しました。「裕福な人たちを甘やかしているたくさんの修道会があるのですから、一つくらい貧しい人のために、彼らを甘やかす修道会があってもよいのではないでしょうか」と。そのあと深い沈黙があり、だれも何も言いませんでした。

神の配慮

この会が始まって間もないある日、夕食用のお米がなく困っていたとき、一人の女性がお米をもってやって来ました。彼女は仕事から帰る途中、心の中で次のような思いを感じたとのことです。「お米をもってマザーテレサのところへ行きなさい」と。そこで彼女はお米をもってきたのです。わたしは「ごめんなさい。その量をはからせてください」と言って量ったところ、それはちょうど夕食に必要な量、それ以上でもなく、それ以下でもなかったのです。事のしだいを説明すると、ヒンドゥー教徒の女性は涙を流し始め、次のように言いました。「神がわたしを使い、心の中で語られたのです。世界中には何百万、何億の人がいて、インドだけでも何億の人がいるのに、神はマザーテレサを心に留めておいでになる！」神の優しい愛、むずかしいときも、苦しいときも、侮辱されるときも、あなたがたはそれを体験しなければなりません。

沈黙

絶え間なくしゃべっているなら、祈ることができません。イエスがわたしの中に現存されないからです。沈黙しなければなりません。ほんとうに沈黙を守るシスターは、聖なる人です。

神は沈黙をとおして語られる

神が語られるのは心の静寂の中であって、神があなたに話されるのは、そのときです。そのお声を聴くために、あなたは幼い子どものようにならなければなりません。小さき花[26]に特別の信心をもつよう努力しなさい。彼女は非常によく福音を理解し、幼子のようになるべきことを実感しました。彼女の自伝を読んでください。そこでは何か特別なこと、普通以上のことは何も見つけないでしょう。しかし心を打つことは、大きな愛をもって小さなことに忠実であることと、沈黙を厳守することに対する忠実です。

神のお声を聴くこと

耳を傾けることが祈りの始めであり、わたしたちが耳を傾けるのは、欺いたり欺かれたりできない神のお声です。そのうえで沈黙を守るならば、間違うことはありません。話したり、言い返したりすると、過ちを犯すことになります。

神が語られるのは、心の静寂においてですから、神に心を満たしていただきなさい。そうして初めてわたしたちは話すのです。わたしたちはたびたび不親切な言葉を口にしますが、それはわたしたち自身から、わたしたちの心から出るのであって、わたしたちをとおして語られる神からくるのではありません。

それはわたしたちが神に耳を傾けていないからです。

*

あなたがイエスをどれほど愛しているかを知りたいならば、だれかにそれを言ってもらう必要はありません、あなたはおとななのですから。沈黙を実践するならば、誠実な心の中であなたは自分でそれがわかるでしょう。独りになる努力をしなさい。苦い思いや憎しみを排除するために、ほんとうに深い沈黙を保つ努力をしなさい。

沈黙に満たされて

神との一致はとても大切ですから、沈黙で満たされている必要があります。というのは神が語られるのは、心の静寂においてだからです。空っぽの心を神は満たされます。全能の神でさえも、プライドや敵意や嫉妬でいっぱいになっている心を満たそうとはされません。それらを排除しなければなりません。そのような醜い感情があるかぎり、神はその心を満たされません。口の沈黙も必要ですが、それ以上に心の沈黙、頭脳の沈黙、目の沈黙、触感の沈黙が必要です。そうすればあなたは、あらゆるところ、ドアの閉まる音にも、あなたを必要とする人にも、鳥のさえずりにも、草花にも、動物にも、驚嘆と賛美である沈黙の中で、神のお声を聴くことができます。なぜでしょうか?

神はあらゆるところにおられ、神を見て、そのお声を聴くことができるからです。カラスさえ、神を賛美しています――わたしにもそのことが聞こえます――あのばかなカラスにも。あなたもわたしも神を見て祈ることができます。でも心が清くなければ、神を見てそのお声を聴くことはできません。

イエスと二人っきりになる

イエスと二人っきりになって時間を過ごしてほしいと思います。イエスと二人っきりになるとはどういうことでしょうか。それはあなた自身の思考だけをもって座ることではありません。いいえ、違います。それは、仕事中でも人びとと共にいるときでも、神の現存を認識していることです。つまり神があなたの近くにおられ、あなたを愛され、あなたが神にとって大切であり、神はあなたを恋人のように愛されると知っていることを意味します。

神はあなたを召され、あなたは彼のものです。あなたがそのことを知っていれば、どこにいようとも大丈夫です。あなたに対するイエスの個人的な愛と、イエスに対するあなたの愛を感知しているなら、どんな失敗にも、どんな軽蔑にも苦しみにも、だれに対しても、どんなことにも[27]対処できるでしょう。そうでなければ、あなたは大事でないことに心を奪われて、しだいに破滅したシスターになってしまうでしょう。わたしたちが完全にイエスのものでないならば、父母や家を離れる価値はありません。

沈黙の必要

心の沈黙――それがないならば、どんなにたくさんの祈りを唱えても、心から出たものになりません。愛を与える以前に、内面の沈黙、清純、キリストに対する分かつことのできない愛を必要とします。世間にある人びとも、たびたびこの沈黙を守ります。この沈黙は心の清さと犠牲をとおしてしか得ることができません。

沈黙に先行するゆるし

自分のうちに、何かゆるせないこと、忘れ去ることのできないことがあるなら、心の内に真の沈黙は生まれることができません。そのことに気をとられていますから、聞くことができません。心の中に何かがあるなら、どうして神のおっしゃることを聞くことができるでしょうか。

神と結ばれていることのしるし

わたしたちは祈らなければなりません。聖母マリアはどのようにイエスを見つけるか教えてくださったかたですから、彼女を生活の中に全面的にお連れしなければなりません。彼女はどのように見つけられたでしょうか。ただ主のはしためとなることによってです。彼女は「恵みに満ちたかた[28]」と呼ばれたとき、驚き、理解できませんでした。しかし、「わたしは主のはしためです[29]」といったとき、美しく理解し、その状態にとどまりました。彼女はそのことを人びとに話し回ることもできたのに、聖ヨセフにもそのことを話しませんでした。気の毒なヨセフは天使のお告げがあるまでそのことを知りませんでした。マリアも神のはしためとして、沈黙のうちに何も言われませんでした。神はわたしたちの心の沈黙のうちに語られるからです。そして聖母マリアはその沈黙を理解し、理解していたからこそ心の底からその沈黙を愛したのでした。そしてこの沈黙こそ若い人びとが知りたいと望むものです。沈黙はわたしたちがキリストと結ばれていること、キリストへの全面的奉献のしるしであって、召命が増えるために、若い人びとにこの沈黙を示さなければなりません。祈ることを学ぶためにはこの沈黙が必要であり、彼らは祈ることを学びたいと願っているからです。彼らは騒音の中ではなく、心の中で神に耳を傾けてそのお声を聴くことができるように、心の沈黙の中で祈りたいと願っているのです。そのために、彼らはわたしたちシスターの沈黙がどのようなものか知りたいのです。彼らはわたしたちを見ることにより、わたしたちと共にいることによって沈黙とは何か、また沈黙は正されることがないことを学ばなければなりません。とてもすばらしいことです。わたしたちは毎日一時間聖体礼拝を行っていますが、わたしはこの礼拝の時間の間に若者を見ています。若い人たち、若いシスターたち、若い「見習い」の人たちが、まったく完全にイエスと一つになっているのを見てきました。それは彼らの心が「あなたがたはわたしにとって大切であり、あなたがたはわたしのものである」というイエスを理解していたからです。

時間をとっているでしょうか

今日も神はあなたとわたしを呼び続けておられますが、わたしたちは耳を傾けているでしょうか。「わたしがあなたがたを選んだ。あなたがたがわたしを選んだのではない。(30)」心の沈黙の中で、主のお声を聴いたことがありますか。「心を騒がせるな。わたしが神であることを悟れ(31)」というのは、神のお声は世間の雑音と喧噪《けんそう》の中では聞こえないからです。日常生活の中で祈りの時間をとっているでしょうか。清貧の自由の中で、また貞潔の分かたれない愛をもって、そして従順によるる完全な委託をとおして、すべてを放棄してイエスに従う、という主の招きを聞きたいと思うほどに、わたしたちは神を愛しているでしょうか。十字架上から、「わたしは渇く(32)」とイエスは叫んでおいでです。イエスは十字架にかけられ、瀕死《ひんし》の状態で、孤独で、侮辱されながらも、人びとの魂に対して渇いておられました。愛のために死に瀕《ひん》している無限の神の渇きを癒やすために、だれが人びとの魂を導くのでしょうか。あなたもわたしも、単なる通行人、見物人として何もせず、立っていることができるでしょうか。

＊

わたしは心の沈黙を大切に保っていきます。それは心の静けさの中で主の慰めのみ言葉を聞き、満たされたわたしの心で、貧しい人の中で苦しみ悩むイエスをお慰めするためです。

＊

聖母マリアも心の中で主のみ言葉を思い巡らされました。わたしたちも彼女のように、心の中で主のみ言葉を思い巡らし、愛のうちに成長できるよう、その沈黙に倣わなければなりません。心の内に思い巡らすことを学ばないかぎり、愛することも、奉仕することもできません。キリストご自身と貧しい人の中におられるキリストを知ることが、わたしたちをキリストとの個人的愛に導きます。この愛のみが相互に喜びをもって奉仕することにおいて、わたしたちの光と喜びとなることができるのです。

ビジネス・カード

沈黙の実りは祈り、
祈りの実りは信仰、
信仰の実りは愛、
愛の実りは奉仕、
奉仕の実りは平和。

これはとてもよい「ビジネス」です！　そしてこれは人びとに考えさせます。ある人たちはこれを手にすると何回も何回も繰り返し読みます。あるときはわたしに、それを説明してくれと言います。でもおわかりでしょう？　わたしたちの心の沈黙のうちに起こることは。祈りとともに始まります。あなたがた、シスターやブラザーたちの間でも、祈りが必要だったときの体験、どのように祈りを始めたか、そして祈りの実りが生活の中でなんであったかを分かち合ってください。

あなたがたが神のお声を聞くことに飢えていれば、聞くことができます。神のお声を聞くためには、他のすべてのことを切り捨てなければなりません。

祈り

祈りとはなんでしょう？　わたしにとって祈りとは神と一つになることです。

清い心は神を見る

わたしたちは祈ることが必要です、というのは、祈りは清い心を与え、清い心は一人ひとりの中に神を見ることができるからです。もしわたしたちが他の人びとの中に神を見ることができるならば、神がわたしたち一人ひとりを愛されるように、お互いを愛することができるからです。愛は平和をもたらします。愛の業《わざ》は平和の業です。

土台

わたしたちの生活に祈りがなかったなら、土台のない家になってしまいます。先日十階建ての美しく立派に完成した建物を見ましたが、基礎工事が一階建て用のものだったため、取り壊さなければならず、外の塗装も終わっていたのに、倒されました。まず、わたしたちの土台は、祈りの生活でなければなりません。そしてさらに、完全な委託の精神と愛に満ちた信頼によって、わたしたちはより高く登っていくことができます。それによりまずは清純な心、次に真の一致、そしてキリストとの完全な融合に到達するのです。それがなければ、平屋用の土台の上に建てられた十階建てのビルと同じです。そして何が起こりますか？　崩壊です。

祈りの人であってください

神の愛の宣教者は祈りの人でなければなりません。修練院でどのように祈るかを学ばなければ、わたしたちの生活すべては無駄になってしまいます。ですから、次のことを実行してください。あなたがたの心に語られる神に耳を傾けること、舌と目と足の（音をたてない）沈黙を守ることです。

祈りは神と一致するためのもの

祈るためには清い心が必要です。祈りは神と一致するためのものです。なぜマリアは選ばれたのでしょうか。それは彼女の心が清かったからです。祈りはつねにわたしたちに清純な心を与えるのです。洗濯をするときも、勉学のときも、日中たびたびイエスとの一致を祈る必要を感じてください。祈れば祈るほど、祈ることを愛するようになります。

祈りは神と一体であること

祈りは電気のようにスイッチを入れたり切ったりすることはできません。完全な注意集中力をもって祈り続けることは不可能ですが、祈りの意向を持続させることです。だれのために？　それは愛の行為の小さな努力です。

祈りをとおして学ぶこと

無為に過ごすための時間はありません。どのように学ぶのでしょうか。祈りをとおしてです。神に語ること、耳を傾けて聴き、話すこと、これが祈りです。聴いていないなら、語ることが何もありません。ですから聴くために努力しなければなりません。このために頭の沈黙、心の沈黙、目の沈黙、手の沈黙が必要です。

祈りを学ぶことはすばらしいことです。祈りはいつも清純な心を与えるからです。あなたの心が清純でないかぎり、神に話すことはできません。清い心は神を見ることができ[33]、神を見ることができれば、従うことができます。イグナチオのように偉大な聖人が、「ベルの音は神の声である」と言っています。彼は神が「来なさい」と言われるのを見ることができたのです。彼はベルの音に神のみ旨を見ることができたので従ったのです。最も従順だったのはだれでしょうか。聖母です！　マリアは「わたしにはわかりません。でも従います」と答えました。

祈りを祈りなさい

祈りを唱えることだけでは十分でありません。祈りを祈らなければなりません。すなわち、心と精神をもって祈ることです。話している相手に注意を払いなさい。イエスでしょうか、聖母マリアでしょうか、神でしょうか、守護の天使でしょうか、聖人でしょうか、話している相手に深い注意を払いなさい。彼らがあなたに耳を傾けているからです。どの聖人にも祈ることができます。彼らは「この人は何を言おうとしているのだろうか」と待っておられるのです。もし祈りが本物であって心から出たものであれば、直ちに答えが出て、奇跡が起こります。そこであなたは起こったことに驚き、「奇跡だ」と言うのです。

大切なことは祈りを唱えるのではなく、祈りを祈ることです。心と精神と魂で祈り、心の底から祈ることです。祈りを唱えるというとき、あなたはただ言葉を発しているのであって、心で祈っていません。祈りはあなたの心からイエスのみ心へ向かうものです。マリアに対する祈りならば、あなたの心からマリアのみ心に向かうのです。守護の天使への祈りならば、あなたの心から守護の天使の心に向けられなければなりません。

聖霊

祈りについて高尚な神学的説明ではなく、非常に単純なものを読みなさい。たとえばマリアがどのように祈られたか、聖ヨセフがどのように祈られたか、あなたの守護の天使はどう祈られるか。わたしたちは皆、守護の天使をもっていて、わたしたちのためにつねに取りなしをして、祈っています。祈ることを教えてくださるよう、守護の天使に祈りなさい。すべてに超えて、あなたのうちにあって祈ってくださるよう聖霊に願いなさい。祈るために霊があなたのうちに来てくださるよう願いなさい。祈ることを学び、祈ることを愛し、たびたび祈りなさい。祈る必要と祈りたいと思う必要を感じなさい。

祈りに満たされて

祈りに満たされていなさい。祈りは美しい賜物《たまもの》です。貧しい人びとが聖性に成長するために、その貧しさを利用するよう祈りなさい。ですから彼らと共に、彼らのために祈り、主があなたを創造された目的である聖性に成長するよう、自分のためにもつねに祈りなさい。わたしたちが行くところどこでも、真に主の愛と慈しみと現存を広めるため、祈りをほんとうに自分のものとして愛することが必要となります。沈黙はイエスと語り合うときです。静かになればなるほど、わたしたちはイエスにより近く、より似た者となり、より聖なる者となります。ですから、祈りの生活によって、イエスとの一致を深めてください。わたしたちが聖なる者となるために、聖母マリアが祈ってくださるよう祈り、願いましょう。祈ること、イエスと語り合うことを知っていれば、わたしたちは確かに聖なる者となるでしょう。

あなたはどこへ行くのか

わたしたちは何度も何度も、祈りについて話していますし、たくさんの本が祈りについて書かれています。聖イグナチオは祈りの始めに、「あなたはどこへ行くのか、だれの前に出るのか、ときには大急ぎで、大急ぎで」と自分に問いかけると言っています。彼は祈りの師です。祈りについてたくさんの本を書いてはいませんが、小さなことを教えています。たとえば聖水で十字を切るまえの一瞬、食前の祈りのときなど。シスターの中には祈りについて大きな概念をもっている人もいますが、意図的なこうした小さな行為が、心と頭の沈黙を助けます。ある有名な神学者がわたしたちの家に来て聖水入れを見たとき、「聖水が置いてあるから、この共同体は熱心にちがいない」と言いました。朝いちばんにベルを聞くとき、最初の言葉を発するとき、最初に人に語りかけるときも同様です。ヒンドゥー教徒がティーカ[34]を額につけるのは美しさのためだけでなく、「神中心」という非常に深い意味ももっているのです。

念祷

念祷とは、イエスに語ることです。それは単に考えることではありません。ただ考えることならば、哲学者の思考です。あなたがたは神のみ言葉を自分のものにしなければなりません。念祷はイエスとの深い親密な会話です。あなたがたはイエスのお声を聴き、イエスはあなたがたの声をお聴きにならなければなりません。

あなたがたの宝

あなたがたは祈っているかもしれませんが、心と思いは遠く離れて、まったく祈っていないことがあります。あなたがたの心と思いはどこへ行っているのでしょうか。あなたの宝のあるところに、あなたの心がある。[35] 朝、起床と同時にあなたがたの心と思いはまずイエスのところに行っているでしょうか。あなたの心と思いを神に向けること、これが祈りです。困難や、悲しみや、苦しみや誘惑そしてすべてのことの中で、あなたの心と思いはまず、どこへ向かったでしょうか。

み言葉と一体になる

「み言葉のブラザー」があるべき存在、それは神のみ言葉とまったく一体になることです。そして祈り、礼拝、観想、神との孤独のうちに受けた神のみ言葉、そのみ言葉をあなたがたは他の人びとに与えなければなりません。現実的なこととして、日中、黙想の間に、聖体拝領の間に、観想の間に、礼拝の間に、沈黙の作業の間に、神に受肉していただきなさい。そうすればあなたがたのうちにあるみ言葉を、他の人たちに与えることができます。この理由のために、み言葉があなたがたのうちに住まわれ、あなたがたがみ言葉を理解し、み言葉を愛し、み言葉を生きることが必要になるのです。あなたがたのうちにみ言葉がないかぎり、それを与えることはできません。そして、それを保つことができるためには、永続的に分かつことのできない愛が必要となります。

複雑なことはありません

祈ることをどこで学ぶのでしょうか。イエスは祈ることを次のように教えられました。「天におられるわたしたちの父よ、……み旨が行われますように、……わたしたちがゆるすように、わたしたちの罪をおゆるしください。[36]」これはとても単純ですが、非常に美しい祈りです。この祈りは、わたしたちの日常生活の中で毎日繰り返されるものです。「主の祈り」を祈り、それを生きるならば、わたしたちは聖なる人になるでしょう。すべてのこと、神も自分も隣人も、すべてがそこに含まれています。わたしがゆるすならば、聖なる者となり、祈ることができます。そのすべては謙虚な心から生まれ、それを理解していれば、どのように神を愛し、自分を愛し、隣人を愛するかを知るようになります。この中でイエスへの単純な愛がわかります。複雑なことは何もないのに、わたしたちは多くのことをつけ加えて、生活を非常に複雑にしています。たった一つのこと、祈るために謙虚であること、が大切です。祈れば祈るほど、よりよく祈るようになります。どのように祈るのですか。幼子のように神のもとへ行かなければなりません。子どもは単純な言葉で胸のうちにあることを表現することができ、しかも多くのことを述べることができます。イエスはニコデモに「子どものようになりなさい[37]」と言われました。福音を祈るならば、わたしたちのうちに、キリストを成長させることになります。

祈ることができないとき

祈ることができないというときにも、非常に簡単です。イエスがわたしの心の内におられるなら、イエスに祈っていただくことです。わたしの代わりにイエスに祈っていただくこと、わたしの心の沈黙の中で、御父に向かってイエスに祈っていただくことです。わたしが話せなくても、イエスが話され、わたしが祈れなくても、イエスが祈ってくださいます。そのためにわたしたちは「わたしの心の内におられるイエス、わたしに対するあなたの誠実な愛を信じます」とたびたび唱えることが必要なのです。そしてイエスとのこの一致のうちに自分をおき、ささげるものが何もないとき、その無一物をイエスにささげるのです。祈れないときには、イエスにその無力をささげましょう。そしてわたしの内にあって、御父に祈っていただきましょう。イエス以上に御父を知るかたはないのですから、わたしたちの内におられるイエスに祈ってくださるよう願いましょう。だれもイエス以上によく祈ることはできません。そしてもしわたしの心が清純で、イエスがわたしの心の内におられ、わたしの心が、生きておられる神の恵みのうちに聖化する聖櫃《せいひつ》であるならば、イエスとわたしは一つになっています。

イエスはわたしの中で祈られ、考えられ、わたしと共にわたしをとおして働かれ、わたしの舌を使って語られ、わたしの頭を使って考えられ、砕かれたイエスの御体に触れさせるために、わたしの手を使われます。

そのうえわたしたちにとっては、日々ご聖体拝領の貴重な賜物《たまもの》があります。キリストとのこの出会いこそが、わたしたちの祈りです。キリストに対する愛、イエスの現存に対する歓喜、イエスの愛への委託、それこそわたしたちの祈りです。というのは、祈りとは、愛、全面的な委託、完全な一致以外の何ものでもないからです。

イエスがわたしたちに教えられたこと

最も大切なことは、祈りの習得です。非常に不思議なことですが、イエスは長い討議や高邁《こうまい》な言葉を使われず、「祈るときは『わたしたちの父よ……』と祈りなさい(38)」と言われました。御父とのこの密接な一致、イエスは御父とそれほど親密に一致しておられたので、御父のようになることを望んでおられました。父よ、「わたしの父よ」という幼子でも言うことのできる美しい言葉を、度重ねて使われました。わたしたちは祈りの中であらゆる種類のむずかしい表現を創り出しています。イエスが教えられた「主の祈り」のような単純で親密な祈りに戻りましょう。この祈りからあなたを引き離すようなことをすべて避けなさい。それによってあなたが教えるときも生活の中でも、主が言われることの中にイエスのお声を聞き、御父のみ旨を果たすことができますように。このためにわたしたちには清い心が必要です。

祈りの実り

祈りの実りは信仰の深まりであり、信仰の実りは愛であり、愛の実りはあらゆる形において、家族の中にあっても、奉仕です。愛は家庭から始まります。どのように始まるのでしょう。祈ることからです。それは共に祈る家族は共にとどまるからです。そして、もしあなたがたが共にとどまるならば、神があなたがたを愛されるように、あなたがたも神を愛するでしょう。神があなたがたを愛されるように、あなたがたも一人ひとりを愛するでしょう。神がわたしを愛され、わたしがあなたがたを愛することができ、神がわたしたちを愛されるように、あなたがたがわたしを愛することができるとは、なんとすばらしいことでしょう。なんという神からのすばらしい賜《たま》物《もの》でしょう！

信仰のために祈りなさい

イエスがつねに、人びとの信仰をたたえられたこと(39)を思い起こしましょう。ですから日中、何回も次のように祈りましょう。「わたしの心の内におられるイエスよ、わたしの信仰を強めてください。謙虚に従順を生きることによって、この信仰を生きることができますように！」

愛は神と共に始まる

愛が本物であるためには、祈りにおいて神と共にあることから始めなければなりません。祈るならば、奉仕することができるようになりますから、今日、貧しい人びとに奉仕することを約束しましょう。貧しい人びとを愛するために、わたしたちの心をささげると約束しましょう。というのは、彼らもまた偉大なことのために創造されたのであって、貧しい人びとは偉大な存在なのですから。

わたしたちがここにいるのは、すばらしいことです

あなたは、ほんとうに主を愛していますか?

「ここにいるのは、すばらしいことです(40)」と言った聖ペトロのように個人的な執着、イエスに対する親密な愛を感じていますか?　イエスと共にあることは、あなたにとってすばらしいことですか?

あなたの手をイエスの手の中に

あなたの手をイエスの手の中において、イエスと共にずっと歩んでいきなさい。わたしたちは人間だから、何か他のものを握ろうとします。人びとが何かにつかまろうとするのはそのためです。だからこそ、わたしたちはイエスの手につかまるのです。

その愛を知っているでしょうか

イエスは重大な罪びとに対して嘆かれませんでした。悪事を働いた人たちを責められませんでした。イエスは、お互いに対する愛によってキリスト者として知られる(41)はずの、あなたやわたしのような人たちを責められます。毎日聖体拝領でイエスを受けるあなたとわたし、生ける神の聖《せい》櫃《ひつ》であるわたしたちキリスト者を、です。イエスは「わたしのもの、わたしの友」とはっきり言われました。あなたとわたしは彼のものです。わたしたちはその愛を知っているでしょうか。キリストを愛する喜びを体験したことがあるでしょうか。キリストがあなたとわたしを愛されるように、他の人びとを愛したことがあるでしょうか。だから祈りましょう。それぞれの家族がもう一つのナザレとなり、祈りと喜びと愛と平和がきますように。家族に平和、喜び、愛、祈りがあれば、聖性もあることでしょう。

何もわたしたちを引き離せない

イエスの母はわたしたちを優しく愛されます。それはわたしたちがイエスのものであり、イエスがご自分のためにわたしたちを選ばれたことを知っておられるからです。イザヤ書四十三章の神のみ言葉を思い起こしてみましょう。「あなたはわたしのもの。わたしはあなたの名を呼ぶ。水の中を通るときも、わたしはあなたと共にいる。大河の中を通っても、あなたは押し流されない。火の中を歩いても、焼かれず、炎はあなたに燃えつかない。わたしの目にあなたは価高く、貴く、わたしはあなたを愛し、あなたの身代わりとして人を与え、国々をあなたの魂の代わりとする。[42]」これこそ、神がわたしたち一人ひとりに言われることです。わたしたちは彼にとって大切なのです。神はわたしたちを愛され、その手のひらに刻みつけられたから、[43]何もキリストの愛からわたしたちを引き離すことはできないのです。わたしたちは彼にとって大切であって、彼はわたしたちを愛されるのです。

愛するとは与えること

神は、そのひとり子を世にお与えになったほどに、世を愛された。[44] 愛は一方通行です。愛はつねに自己を離れて相手の方向に向かいます。愛は相手に与えることのできる最高の贈り物です。与えることをやめたら、愛することも終わり、愛することをやめれば、成長することも止まり、成長がなければ、決して個人的完成に達することはできず、神の命を受けるために開かれた状態になることも決してできません。愛をとおしてこそ、神と出会うことができるのです。

与えること

慈善は愛であり、与えることとです。神が世を愛され、その御子を与えられたように、イエスは世を愛され、命を与えて言われました。「わたしがあなたがたを愛したように、あなたがたも互いに愛し合いなさい。[45]」ですから真に互いを愛するならば、痛みを感じるまで与えなければなりません。それが与えるということです。それは理解する愛――人間の弱さ、惨めさ、喜び、幸せを理解し、受け入れること。説明するのはむずかしいのですが、それを生きて分かち合うことのほうがやさしく、だからこそ、それを理解するためには清い心をもたなければなりません。それを可能にするためには、愛することができなければなりません。神はどれだけ与えたかではなく、行いにどれだけの愛を注いだかを問われます。そして神に対する愛の行いは、貧しい人のため、あるいは家族のための奉仕です。あなたが愛をもってそれを行うならば、それはあなたを聖化します。

愛する喜びを分かち合いたかった

若いヒンドゥー教の夫妻が修道院にやって来て、多額の寄付をくださいました。それでわたしは「どこでそんな大金を手にしたのですか」と尋ねました。彼らの答えは次のとおりでした。「わたしたちは二日まえに結婚したのですが、結婚のまえに、式服は買わない、披露宴もしない、その代わり費用を全部あなたに差し上げようと決めたのです。」それでわたしは彼らを見つめて、「でもヒンドゥー教の家庭でそれはとおりません。どうしてあなたがたはそうするのですか」と尋ねました。「マザー、わたしたちはお互いをそれほど愛しているので、愛する喜びを、あなたが奉仕する人びとと分かち合いたかったのです」という彼らの答えを、わたしは忘れることができません。このように豊かな人たちなのに、夫人はわたしと同じような木綿のサリーを着ていました。ご主人も普通の男性の服装でした。彼らが身につけていた唯一のものは指輪で、それ以外なんの装飾品もありませんでした。彼女は千ルピーのサリーを着ることができたはずなのに、着ていたのは四十ルピーほどのものでした。愛することの喜びを分かち合うために、この若い二人がささげた犠牲がおわかりでしょう。だからこそ、病人の世話をしながら、絶えず愛する喜びを分かち合うことのできるあなたがたの召命はすばらしいのです。

それはお金ではない

昨日オランダから、ある裕福な男性がやって来て、「わたしは莫大な財産をもっている」と言うのです。「わたしはあなたのお金を必要としません」と答えたことにショックを受けた彼は、わたしを見つめていました。彼はわたしが興奮して、あれやこれやでお金が必要な場所を次々にあげていくことを期待していたのです。すると彼は「でも何かしたいのです」と言いましたので、もちろん、飢餓に苦しむ人の多いタンザニアで働くシスターたちの住所を書いて渡しました。その住所を手にしたときの彼の顔に、喜びを見ることができました。最初は驚きの顔、次に喜びの表情です。大切なのはお金ではなく、「与えること」であることを、人びとに示す必要があります。

わたしに会いに来たこの男性が、次のように言いました。「わたしはオランダに大きな家をもっているのですが、手放したほうがよいでしょうか。」わたしの答えは、いいえ、でした。「ではわたしがその大きな家に住むことをあなたはお望みですか」と続けた彼に、「はい」と答えました。「ではその代わりに、もっている大きな車を手放しましょうか」という彼に、「いいえ、わたしがあなたにしていただきたいことは、オランダに帰ってそこに住む多くの孤独な人びとの何人かに会ってください。そしてときどきその何人かを招待してください。彼らをあなたの大きな車で立派な家に連れてきて楽しませてあげてください。そうすればあなたの大きな家は光と喜びと命に満ちた愛のセンターになることでしょう」と申しました。彼はほほえんで、人びとを彼の家に連れてくることはとてもうれしいが、人生において何かをささげたかったのだと言いました。そこでわたしは次の提案をしました。「新しいスーツとか他の衣類を買いにお店へ行くとき、あるいはだれかが買ってくださるというとき、五十五ドルの最上のものを買う代わりに五十ドルのものを買い、残りのお金でだれか他の人のために何かを買ってあげたり、さらによい方法はそれを貧しい人のために使ってください。」わたしが話し終えたとき、彼は非常に驚き、じっと見つめて叫びました。「ああ、マザー、そのような仕方ですか。わたしは考えたこともありませんでした」と。最後に立ち去るとき、彼はシスターたちを援助することができる喜びに満たされ、オランダに帰ると、直ちに物資を送る計画を立てていました。

注

（1）マザーテレサは国際的に知られるようになると、小さなカードを配布し始めた。一面には"God bless you"と彼女のサインン、そして裏面には次の言葉が書かれていた。「沈黙の実りは祈り、祈りの実りは信仰、信仰の実りは愛、愛の実りは奉仕、奉仕の実りは平和。」いささかおどけたユーモアで、彼女はこのカードを「ビジネス・カード」と称していた。一般のビジネス・カードと異なり、彼女のカードには組織名も彼女の肩書きも関連情報や電話番号もしるされていなかった。しかし書かれた言葉の連繫は彼女の「ビジネス」の「成功」の定則ともとらえることができる。この言葉によって、彼女は事業の宣伝を意図するのではなく、彼女の努力の焦点は神にあり、隣人に向けられた霊的なものであることを示していた。

（2）出エジプト記3・14参照。

（3）一ヨハネ4・8、4・16。

（4）詩編139・7〜10参照。

（5）ヨハネ1・1〜4、使徒言行録3・15参照。

（6）マタイ6・25〜32参照。

（7）トビト記13・4〜6、エフェソ2・4参照。

（8）知恵の書11・21、マタイ6・26参照。

（9）ヨハネ16・27、一ヨハネ4・16参照。

（10）ネヘミヤ記8・10、ヨハネ17・13参照。

（11）マタイ1・23参照。

（12）ローマ10・8参照。

（13）申命記7・9、32・4、一コリント1・9。

（14）ヨハネ8・12、一ヨハネ1・5。

（15）ヨハネ14・6参照。

（16）申命記4・24参照。

(17)　マザーテレサにとって神はだれであったかを示すこの表現のリストは、さまざまな機会に行われた彼女の講話から取り上げられた。
(18)　ヨハネ3・16。
(19)　ガラテヤ2・20参照。
(20)　ヨハネ13・1参照。
(21)　ヘブライ4・15、2・17〜18参照。
(22)　マタイ25・40参照。
(23)　マタイ14・13〜21。
(24)　アメリカの数セント以下。
(25)　神の愛の宣教者会の児童保護施設。
(26)　幼きイエスと神のみ顔の聖テレジア、一般にリジューの聖テレジア（一八七三〜一八九七年）として知られている。
(27)　ローマ8・35、38参照。
(28)　ルカ1・28参照。
(29)　ルカ1・38参照。
(30)　ヨハネ15・16参照。
(31)　詩編46・11。
(32)　ヨハネ19・28。
(33)　マタイ5・8参照。
(34)　ヒンドゥー教徒の女性が額につける普通赤いしるしで宗教を示し、伝統的に既婚のしるしとなっている。
(35)　マタイ6・21、ルカ12・34参照。
(36)　マタイ6・9〜12。

(37) ヨハネ3・3〜8参照。
(38) マタイ6・9参照。
(39) マタイ8・10、15・28、ルカ5・20、7・9、マルコ2・5参照。
(40) マタイ17・4、マルコ9・5、ルカ9・33。
(41) ヨハネ13・35参照。
(42) イザヤ書43・1〜4参照。
(43) イザヤ書49・16参照。
(44) ヨハネ3・16参照。
(45) ヨハネ13・34、15・12参照。

Ⅱ イエス

あるときマザーテレサは、現代人がキリストの現存を全面的に認めることがむずかしい点についてコメントするように依頼されました。インタビューに対する彼女の答えは単純明快でした。「それはあなたがたがイエスを知らないからです。」これはもちろん彼女の場合、まったく逆でした。

彼女をよく知っている人ならだれでも証明できるように、イエスが彼女の生涯の中心であったことは否定できません。肉《ひと》となられた神の御子は、彼女にとって概念とか遠い過去の人物とか、壁に掛けられたイメージではなく、生きた現実、よく知った人、深く親しい友情を結んだ存在でした。彼女は「女性の心の全力」を傾けてイエスを愛し、「過去に例がないほどイエスを愛したい」と望んでいました。この親密な全面的関係は、マザー自身の言葉に最もよく表現されています。「わたしにとってイエスは神です。イエスはわたしの浄配です。イエスはわたしの命です。イエスは唯一の愛です。イエスはすべてにおいてすべてです。イエスはわたしのすべてです。」イエスは彼女の生涯の最高の場を占め、だれも何ものも彼女をイエスから引き離すことはできませんでした。

マザーテレサは、この世におけるイエスのご生涯のさまざまな特質を、理解し、たたえ、模倣しようと努力しました。肉《ひと》となることを選ばれた神の御子の隠れた素朴なご生涯は、絶えず彼女に霊感を与え続けていました。人目に立たないナザレに住み、貧しい大工として働き、御父のみ旨に従って被造物に服従して三十年の間、日常茶飯事に従事されたことは、神のわたしたちに対する近しさと平凡さの価値を啓示しています。この謙虚で素朴な生活、御父のみ旨への従順による沈黙と献身的な奉仕生活を、マザーは模倣しようと努力しました。

　短い公生活の間、イエスはほうぼうを巡り歩き、善を行われました（使徒言行録10・38）。神の愛の宣教者としてのマザーテレサの使徒職は、イエスの模範、特に貧しい人に対する優先的愛と、罪びとに対する慈しみの愛に倣うことでした。最も恵まれない人びとに対する彼女の愛の仕事は、キリストが教会に託され、数世紀にわたってさまざまなカリスマ[1]をとおして実現されてきたミッションに参与することでした。

　イエスのご生涯のあらゆる神秘の中でも、マザーテレサの魂に特に深く刻まれたのは、ご受難でした。ゲツセマネの園から十字架刑にいたるご苦難、地上でのイエスの最後の数時間に示された神の愛の深さと広さは、マザーを畏敬の念で包みました。十字架は神の愛、「友のために自分の命を捨てること、これ以上に大きな愛はない」（ヨハネ15・13）ことの最高の証しです。マザーテレサは度重ねてイエスのご受難の出来事について思い巡らし、それについて話し、特に大切なことは、個々の人生に不可避な苦しみに対する彼女の答えを、イエスご自身の模範においていました。わたしたちのために苦しまれ、愛しとおされた、いとしいかたと一つになることを望んだマザーテレサは、神のために「より大きな愛」を示し、霊魂のために恵みを得る方法として、多くの苦しみを抱擁しました。

あらゆる神秘と秘跡的現実のうちに、新約聖書やご聖体に啓示されたイエスのご生涯の秘義を黙想することをとおして、イエスと一致するよう努力することは、マザーテレサにとって、日々のイエスとの出会いの特権的手段でした。これは彼女の人生がイエスと一つであるために不可欠なものだったのです。過去に行われた信仰の神秘が再び現存するミサ聖祭は、毎日の最も大切な時間でした。彼女の生涯を真の愛の犠牲とするため、聖体祭儀でのイエスのいけにえに自分を一致させ、貧しい人びとの中で最も貧しい人に、砕かれ与えられるために、イエスと共に自分をささげていました。ミサにおいて彼女は、その日、神が望まれることを成し遂げるために、必要な恵みを受けていました。「キリストの苦しみの欠けたところを、身をもって満たす[2]」機会が到来すれば、彼女はそれがミサを生きることであると受け入れていたのです。

日々の聖体礼拝は、主の足元でみ言葉に耳を傾けるもう一つの好機でした。それはイエスを愛し、イエスによって愛され、イエスの渇きを癒やしたいと願う、彼女の愛と望みを伝えるときでした。それは彼女にとって感情的にではなく、現実的信仰によってイエスを慰め、イエスによって慰められるときでもありました。沈黙の中ではありましたが、主の現存はその愛を他の人びと、特に彼女が奉仕するように召された貧しい人びとの中で最も貧しい人に輝かせるために、平和と力と情熱で彼女を満たしていました。

み言葉は肉《ひと》となって

肉《ひと》となられたみ言葉は、御父の愛と慈しみのよき知らせをもたらすために来られました。愛し愛されるという偉大なことのためにご自分に似せて創造されたわたしたちは、それゆえに価高い存在なのです。

聖書の中に次のように書かれています。神は世をこのうえなく愛されたので、み言葉を発せられ、み言葉は肉《ひと》となられ、わたしたちの内に、わたしたちと共に住まわれました。(3)

イエスはどのようにわたしたちを愛されるのか

イエスは天から降られ、人となられ、十字架上で亡くなられましたが、それは神がわたしたちを愛されるというメッセージを伝えるためだったのです。わたしはムンバイの優れた神学者に、次のように尋ねました。「イエスはわたしたちをどのように愛されるのですか。神はイエスをわたしたちに与えるほど、イエスを愛しておられました。それで、イエスはわたしたちを世に与えるほど、わたしたちを愛されました。これがわたしの理解していることです。」そこで神学者は、「それは秘義です」と言われました。わたしたちは秘義の中に入り、神がその人を愛されるという秘義を宣言しているのです。

無条件の信頼

イエスの信頼は無条件です。イエスは罪を除いて、あらゆることにおいてわたしたちのような人間になることを受諾されました。しかしわたしたちは「主は豊かであったのに、貧しくなられた[4]」というのが、何を意味するかわかっていないのです。彼は「神よりの神、光よりの光、まことの神よりのまことの神、造られることなく生まれ、父と一体。すべては主によって造られ……おとめマリアより体を受け、人となられました。」創造主はわたしたちと共に、わたしたちのように、他の人に頼り、食べ物を必要とし、衣服を着用し、渇きを癒やすために飲み、休むことを必要とし、わたしたちのように疲労し……、すべてにおいてわたしたちと一体になられましたが、なぜでしょうか。御父への無条件の信頼をもって、わたしたちに対する愛のためです。彼は人間の肉と血を受けるため、一人の女性おとめマリアから生まれることを選ばれました。「ナザレに住むためです。[5]」「ナザレから何かよいものが出るだろうか[6]」とナタナエルが尋ねています。キリストはこのように無名の貧しい土地に属し、大工として働くことを受諾されました。「この人はマリアとヨセフの息子ではないか。[7]」キリストはマリアとヨセフを両親としたため、ナザレでは受け入れられなかったことを知っているでしょう。そこでは彼の説教は受け入れられず、ご自分を神の子と宣言したために、人びとはキリストを石打ちにしようとしました。(8)キリストはまったく拒絶されたのです。「み言《ことば》は、自分の民のところへ来たが、民は受け入れなかった。(9)」

イエスの選択

天上において、聖三位一体は「最上の方法はなんだろうか」と話し合われたにちがいありません。神はこのうえなく世を愛されたので――それはあなたとわたしですが――、富や偉大さではなく、非常に小さくなられ、宮殿ではなく貧しいおとめのもとで、普通の子どものようでさえもなく、飼い葉桶にお生まれになりました。母であるマリアは、このような有り様で神の御子がお生まれになるとは予期していなかったでしょう。なぜでしょうか。少し止まって、なぜか、と考えましょう。イエスがそれほど小さくなられたというのは、天上において貧しさはそれほど美しいことにちがいありません。子どものような貧しさ、動物たちのような貧しさは、天上においてそれほど美しいものにちがいありません。イエスはもてなかったのではなく、彼は貧しさを、選ばれたのです。宮殿をもつこともできました。「イエスはなぜそれを選ばれたのか」と自問してみてください。簡潔に答えを得るためには、現実的に知る必要があります。貧しい人びとを理解するために、貧しさとは何かを知らなければなりません。なぜイエスはご自分をそれほど貧しくされたのでしょうか。わたしの貧しさ、小ささ、弱さ、貧弱さを理解されるためでした。

彼は心の平和を与えるために来られた

「わたしは、平和をあなたがたに残し、わたしの平和を与える[10]」と言われたイエスは、わたしたちによい知らせを与えられました。単にお互いに迷惑をかけないという世間の平和ではなく、イエスが与えられたのは、他の人びとを愛し、善を行うことからくる心の平和です。神はこのうえなく世を愛されたので、御子を与えられました。神は与えられたのです。神は御子をおとめマリアに与えられましたが、彼女はどうされましたか。同じことです。イエスが彼女の生活に入ると同時に、彼女は直ちによい知らせを告げるため、急いでいとこエリサベトの家に行きました。聖書はエリサベトの胎内のまだ生まれていない子が、マリアの懐妊を見て喜びおどったと告げています[11]。イエスは、エリサベトの胎内で喜びおどった洗礼者ヨハネに平和をもたらされました。そして神の御子はわたしたちの一人となって、まだマリアの胎内にあった間に、平和と喜びを与えられたことが十分でなかったかのように、再びその偉大な愛を示すために、十字架上で亡くなられました[12]。イエスはあなたとわたしのために、あの重い皮膚病の人のために、餓死しそうな人のために、コルカタだけでなく、アフリカやあらゆる街路で裸のまま横たわっている人びとのために、亡くなられたのです。

キリストの人性

クリスマスの時期は、神がいかに小さくなられたかを見せてくれます。飼い葉桶のところに行って、神がいかに小さくなられたか見てください。すべてを、あなたをもわたしをも創られた神が(13)そんなに小さくなられたことを。イエスがいかにその完全な委託を生きられたかを認めなければなりません。わたしたちは美しい聖歌をうたいますが、マリアとヨセフにとって、その寒さは耐えがたいものであったにちがいありません。だからこそ、わたしたちは完全な委託と信頼と喜びのうちにあったこの幼子のようになることを、学ばなければならないのです。クリスマスの喜びと幼子イエスの喜びをごらんなさい。決して不機嫌になったり、この喜びを奪われたりしてはなりません。クリスマスは、天のみ国が謙遜、委託、貧しさをいかに高く評価しているかを示しています。それはあなたとわたしを創られた神ご自身が、とても小さく、貧しく、謙虚になられたからです。

イエスなし、マリアなし

先回オランダに行ったとき、あるプロテスタントの男性が夫人を伴って訪ねてきて、単刀直入に「あなたがたカトリック教徒は聖母に夢中ですね」と言いました。それでわたしは、マリアなくしてイエスは存在しない、と答えました。その場で彼は何も言いませんでしたが、二、三日して送られてきた大きなカードのトップに、「マリアなしにイエスは存在しない！」と大文字で書かれていました。彼がいかに観点を変えたかわかってください。わたしたちにとっても同じことです。カナでの最初の奇跡を覚えていますか。マリアは主人の困惑するようすを察知して、ぶどう酒が足りなくなったとき、イエスにそのことを告げました。マリアはその後で召し使いたちに、「この人が何か言いつけたら、そのとおりにしてください」と言いました。マリアはなんと聡明だったのでしょう。彼女はイエスをよく知っていましたから、「この人が何か言いつけたら、そのとおりにしてください」と告げることができたのです(14)。

福音を読んでいたとき、あることに心が強く打たれました。受胎告知でマリアが表明されたことです。神は彼女に直接語られず、この重大なメッセージを告げるために天使を送られました。マリアは天使に、「お言葉どおり、この身に成りますように！」と答えます(15)。だれのお言葉でしょうか。天使の言葉でしょうか、天使は被造物にすぎません。わたしたちはベツレヘムで再び聖母に出会います。飼い葉桶の横でわずかな布を手にしたマリア、[16]彼女はそこで出産を迎えるとは思っていなかったのでしょう、必要最小限の物しかもっていませんでした。藁《わら》しかない飼い葉桶を見てください。また三日間、見失っていたイエスを神殿で発見したときのマリアの言葉、「ごらんなさい。お父さんもわたしも心配して捜していたのです。」イエスの答えは、「わたしが自分の父の家にいるのは当たりまえだということを、知らなかったのですか。[17]」聖母は群衆と共にカルワリオに向かって進んで行かれます。途中でマリアはイエスと直面します。彼女は、鞭《むち》打たれ、傷ついたイエスの御体、いばらの冠に血を流されるみ頭《かしら》、唾を吐かれ平手打ちで腫れたお顔、血にまみれた御手を目にしたことでしょう。なんという光景！　どんなにつらく感じられたことでしょう。マリアは御子をごらんになり、イエスと共に苦しむ勇気をもっておられました。彼女の声は聞こえませんが、十字架までついて行かれました。利己心のまったくない母の愛です。十字架刑にいたるまで、彼女は屈辱のうちにあるイエスの傍らに立っておられました。[18]人びとが悪口を浴びせ、祭司長やファリサイ派や他の人びとがイエスを呪い、汚名を着せるのを耳にしたことでしょう。彼女は自分の息子がだれであるかを知っていましたから、その沈黙は見事でした。彼女は倒れることもなく、自分に注意をひくようなこともしませんでした。十字架のもとに立ち、彼らを批判せず、不平も言わず、罵りもしませんでした。しかし驚くべきことは、復活が彼女の名前をあげていないことです。マリア・マグダレナ、ヨハネ、ペトロそして他の人びとの名があげられる中で、マリアの名だけがはずされています。[19]彼女は栄光の場にはおられません。母の真の愛は、子どもたちが苦しむとき示されます。そのときわたしたちはマリアの母性を見るのです。わたしたちは当たりまえのようにとらえすぎているかもしれません。

心が柔和、謙遜であること

主の全生涯は、初めから、中ごろも、最期まで、柔和、謙遜であられました。

イエスが通られたとき、子どもたちは「優しいかたがお通りだ！」と叫んだことでしょう。家庭において、マリアがイエスを愛し、イエスがマリアを愛したように愛しなさい。ヨセフはマリアが子を宿したことを知ったとき、それを公にすることができたのに、彼の柔和さを見てください。[20]彼は特別なことを何もしませんでした。マリアに対して厳しい態度をとることもできたのに、自分の生涯を危機に陥れる覚悟ができていました……。ご受難におけるイエスをごらんなさい。彼は決して非難せず、叫ばれもしませんでした。[21]「なぜわたしを打つのか」[22]だけが唯一の問いでした。イエスのデリケートな柔和をごらんなさい。イエスはずっとユダがしようとしていたことを知っておられました。[23]この柔和を願いましょう。柔和、親切、思いやりを保ちなさい。イエスは謙遜を教えるために、説明するのではなく、弟子たちの足を洗われました。[24]「わたしは柔和で謙遜な者だから、わたしに学びなさい。[25]」イエスは率直に教えられました。わたしたちには柔和と思いやりが必要です。言葉に気をつけましょう。たった一つの言葉でも深く傷つけます。ベツレヘムでもナザレでも、イエスは小さなことで柔和を教えられました。

イエスとはだれか

福音の中で人びとはイエスに「あなたはどなたですか[26]」と尋ねる箇所があります。今日でも人びとはいまだに「あなたはだれですか」と同じ質問をしています。洗礼者ヨハネの弟子たちも来て、「来るべきかたはあなたでしょうか、それとも、ほかのかたを待たなければなりませんか」とイエスに尋ねています。聖書はイエスが次のように答えられたと記しています。「行ってヨハネにこう伝えなさい。目の見えない人は見え、足の不自由な人は歩き、口の利けない人は話し、重い皮膚病の人は清くなり、死者は生き返り、貧しい人には福音が告げ知らされている、と。[27]」わたしたちは同じ仕事をしているのです。わたしたちの召命はなんとすばらしいのでしょう。わたしたちの仕事によって、今の世の中にイエスを現存させるのです。わたしたちはイエスがキリストであり、メシアであって、わたしたちの間に現存されていることを宣言します。「あなたはだれですか」と人びとは問い続けていますが、イエスは直接には答えられません。イエスはよい仕事が福音を告げ知らせるようにされます。それによって人びとは神に出会うのです。そして彼らは神の愛が生きていることを理解するのです。

彼は喜びを輝かせていたにちがいない

「わたしの喜びがあなたがたの内にあり、あなたがたの喜びが満たされるため[28]」と言われたキリストは、ご自分の喜びを弟子たちと分かち合うことを望んでおられました。非常に明白です。「イエスはほほえんだだろうか」とある人が言いました。わたしはイエスがほほえまれる絵を見たことがありませんが、あなたがたはイエスが大きくほほえまれる絵を見たことがありますか。でも彼は喜びを輝かせていたにちがいありません。喜びがあなたがたの目にも、態度にも、歩き方にも、聴く態度にも見られる必要があります。喜びが含まれるすべての態度が、です。

キリストは教えの中で、あなたがたは死ぬとき、一つの点で審判されると言われました。「わたしが飢えていたときに食べさせ、裸のときに着せ、旅をしていたときに宿を貸し[29]」と。飢えは単にパンに飢えるだけではありません。愛、愛され、望まれることに対する飢えです。年老いた人、また他のあらゆる人びととの深刻な寂しさは非常な飢えです。裸であるということは衣服だけでなく、神からの賜物《たまもの》である人格の尊厳、心と精神と身体の清さの喪失です。宿なしというのはただレンガでできた家がないというだけでなく、疎外され、社会から「追放」され、望まれず、愛されず、無視されることです。こうした人びとの間に、あなたもわたしも生きた行動によって、神に対する愛を注ぐことができます。病院には、訪問客がまったくない大勢の入院患者がいると思います。こうしただれも訪問しない寂しい人びとの生活に、短時間の訪問、ほほえみ、握手などが喜びをもたらすことでしょう。

イエスを愛することを教えてください

聖母がイエスを愛されたように、わたしたちもイエスを愛することを、マリアに教えていただきましょう。聖母マリア以上にイエスを愛することのできる人はだれもいませんから、彼女はわたしたちにイエスの愛し方を教えてくださる最良のかたです。聖マルガリタ・マリアをごらんなさい。イエスが彼女を愛されたように、イエスを愛しなさいと言われたとき、彼女は「どうしてそんなことができますか。あなたがみ心をくださり、わたしの心を取ってくださるなら、あなたが愛されるようにわたしも愛することができるでしょう」と答えています。イエスは今も渇いておられます。(30)「マザーテレサに伝えなさい、『わたしは今も渇いている』」との言葉を書き留めておきなさい。そして、なぜイエスは渇いておられるのか自問してみてください。自分があるべき姿でなく、そのためにイエスは渇いておられるのだろうか、と。

聖母マリアと聖家族

受胎告知

これは伝説です。

聖三位一体は、なぜ罪が人間の心に入ったか、どのように人間を救うべきかについて討議されました。そこで三位一体の第二のペルソナが「父よ、わたしを送ってください。わたしは人間の一人になりましょう」と答えました。マリアはまったく汚れのない清さだったので、神が肉《ひと》となられるまえに主の現存を招かれました。マリアがその身をささげられたことに、どんなに感謝したらよいでしょうか。主は彼女以外の人から生まれることはできませんでした。聖霊は罪深い身体に降ることはできませんでした。マリア以外にだれも、聖ヨセフさえそのことにかかわることはできませんでした。聖ヨセフのすばらしく深い愛のために、わたしは彼に対して大きな愛をもっています。

マリアの最初の聖体拝領

マリアが拝領したと同じものを、わたしたちも聖体拝領で受けています。フルトン・J・シーン司教は繰り返し言われていました。「受胎告知がマリアの最初の聖体拝領だった」と、そしてわたしたちは毎日イエスを拝領しているのです！　なんとすばらしいことでしょう。

これが愛です

聖ヨセフはマリアが懐胎していることを知ったとき、直ちに傷つきました。しかし彼はマリアを愛していました。心の底から彼女を深く愛していたヨセフは、「もしわたしが祭司のところへ行ってそのことを告げたなら、彼女はすぐに石打ちにされる」と知っていました。彼はマリアが聖霊によって懐胎しているとは知りませんでしたが、祭司に告げれば彼女が石打ちにされ、(31)もし彼が黙っていたなら、自分が石打ちに合うことをわかっていました。そこで彼はどう決断したのでしょうか。「何も言うまい。彼女を残してわたしは去ろう。そうすれば人びとはわたしを非難するだろう。(32)」これが愛です。

最初の神の愛の宣教者

マリアは「あらゆる被造物のうちで最も完全な神の鏡ですから、最も美しい存在です。」彼女は被造物でありながら、創造主に近い存在です。すべての人間の中で、マリアは最も神に似ています。マリアは天と地の女王であって、すべての恵みの仲介者です。あなたがたが過去に受けた恵み、今、受けている恵み、そしてこれから受けるはずの恵みすべては、マリアをとおして与えられます。あなたがたのだれ一人として、この修道会のミッションの最もすばらしい部分を認識している人はいないと思います。

わたしたちの修道会は喜びの源、世界の女王であるマリアの汚れなきみ心にささげられています。「世界」という言葉に戻りますが、わたしたちは世界の中で何をしているのでしょうか。愛の生活と行為によって、現代世界に教会をめいっぱい現存させているのです。この会は貧しい人びとの中で最も貧しい人の間に、マリアの汚れなきみ心のみ国を広めるために創立されました。マリアは全被造物の中で、イエスを身体に受けた最初の存在であり、洗礼者ヨハネのもとにイエスを運んだのも彼女であり、彼女は急いで行きました。(33) マリアはイエスの世話をし、衣服を着せ、養い、注意を払い、保護し、教えた最初のかたです。[34]だからこそマリアは神の愛を運ぶ最初のMC[35]です。そしてわたしたちも彼女がされたように、イエスを受け、急いで行ってイエスを与えるのです。

イエスが、聖母のお体と血、愛と情熱、世話と奉仕を受け、彼女のうちに、彼女と共にあるために御父のもとを去って来られた、聖母の清さと魅力を考えてごらんなさい。聖ベルナルドは、聖母の清さと魅力はそれほど美しかったので、時間《とき》が始まるまえから、神は肉《ひと》と成られることを決めておられたと述べています。キリストがお生まれになることのできた時代は何世紀もあり、さらに遅い時代にお生まれになることもできました。しかしマリアがあまりにも美しかったので、神はそれ以上待つことがおできになりませんでした。全能の神さえも彼女の美しさに心を奪われておられたのです。

彼女があなたをイエスのもとへ導かれる

聖母マリアに対するあなたの愛が生きた現実でないならば、あなたがイエスのためだけになることは決してできません。聖母があなたをイエスのもとへ導かれるよう、マリアのおそばに近づきなさい。多くの注意散漫を避けなさい。イエスと二人っきりになり、「わたしのすべてをイエスのためだけにしてください」と繰り返し聖母に願いなさい。イエスとマリアのように聖なる者となりなさい。そのことを思い、そのために祈りなさい。

聖ヨセフ

その後、何が起こったか、わたしたちは知っています。夜、天使が来て、ヨセフに「行かないでください。マリアの胎の子は聖霊によって宿ったのです。あなたは二人の世話をすることになります」と言ったのです。聖ヨセフは、マリアがどのようにだれの力によって懐胎したのか知りませんでしたが、マリアに子どもが生まれることを知りました。しかし、天使が「聖霊によって」と言ったことで受け入れました。[36] わたしたちだったらどうしたでしょうか。

*

彼は義の人でした、それは聖なる人という意味です。彼は神に属するものは神に、被造物に属するものは被造物に返していました。[37]「義である」ということは、すべての人に正当なものを与えることを意味します。すべての人は神に属すのですから、彼らに愛を示さなければなりません。

神はわたしたちも他の人びとをも愛されます。わたしたちは自分たちが生ける神の聖櫃《せいひつ》であることを信じますが、他のシスターたちもそうであり、人びとも同じです。聖ヨセフはイエスに奉仕するために、忠実と愛の二つの才能をもっていました。彼は普通の大工であり、イエスの養父、神の母の浄配となりました。すべての人は、もっているものを使いました、と誠実に答えなければなりません。わたしも他の人びとに対して「正しく」なければなりません。聖なる者になりたいと思う人は、聖ヨセフに祈らなければなりません。

最も美しい現存

聖書は神が、そのひとり子をお与えになったほどに、世を愛され(38)、このうえなく清い御母、おとめマリアにイエスをお与えになり、イエスがマリアのもとに来られるとマリアは直ちに、いとこエリサベトにキリストの現存の喜びを伝えに出かけた(39)、と語っています。こうして出産前の子どもの最もすばらしい話が始まります。この世にキリストの現存を認識したのは、出産以前の子どもでした。マリアが胎内に宿ったイエスと共に来られたとき、エリサベトの胎内の子は喜んでおどった、と聖書は語っています。これは最も美しい現存であり、この子どもは、世の中に対する神の愛のすばらしい現存です。

十字架の下にあるマリア

十字架の下で、イエスはマリアをヨハネに与えられました。「これはあなたの母です。これはあなたの息子です[40]」とイエスは言われました。そのときから、ヨハネはマリアを自分の家に引き取りました。わたしはマリアを自分の家に引き取ったでしょうか。自分の生涯の中で、マリアはどのような場を占めているでしょうか。マリアはわたしの母でしょうか。すべてを彼女に信頼して委託しているでしょうか。マリアをあなたのもとに引き取りなさい、そうすれば、どのようにイエスのもとへ行くのか教えてくださるでしょう。

神の愛のこれほど大きな証し

十字架の道行きの祈りをするとき、あなたがもしほんとうに聖なる者になりたかったら、第十留であなたの中にあるイエスでないものすべて、あらゆる傲慢を取り去ってくださるよう、イエスに願いなさい。

聖性とは自我を取り去った「あなたの内にあるイエス」です。そしてまさにぴったりの聖フランシスコの祈り「心の柔和で謙遜なイエス、わたしの心をあなたの心のようにしてください」を唱えなさい。十字架の道行きは謙遜の絶え間ない行為の連続です。第六留をごらんなさい。ヴェロニカが差し出した布は、おそらく普通のハンカチかタオルのようなものだったでしょう。それがなんであったとしても、彼女には勇気がありました。調べてみてください。

あなたは共同体のシスターを、あるいは町の貧しい人を助けたことがありますか。あなたもわたしも共同体の中でヴェロニカのような勇気をもつ恵みを願いましょう。十字架の道行きのそれぞれを、自分の生活と関連づけて生きることができます。十字架の道行きは自分の仕事中にも、生活と関連づけて自分のものとするなら、すばらしい祈りになります。

わたしは慰める人を探した

聖書には「慰めてくれる人を見いだせません(41)」と書かれています。イエスは四十日を御父とだけ過ごされ、祈られました(42)。四十日の間、この「慰めてくれる人」になる努力をしなさい。あなたはそこにいますか。「はい、ここにいます」と言うことができますか。イエスが御父のものであるように、あなたはイエスのものですか。そして御父のみ旨はゲッセマネの園でも十字架上でも(44)、恐ろしい寂寥《せきりょうかん》感を味わうことでした。イエスはまったく孤独でした。もしわたしたちがイエスの真の弟子であるならば、キリストのこの寂しさを体験しなければなりません。彼は血の汗を流されました(45)。ご受難の屈辱に耐えることは、彼にとって非常にむずかしかったのです(46)。「慰めてくれる人を見いだせませんでした(47)」というのはそのためです。イエスは弟子たちのところへ来られましたが、彼らは眠り込んでいました(48)。

多くの場合、わたしたちの苦しみの中にイエスは来られます。四旬節はまさにキリストのご受難を分かち合うときです。わたしたちは、使徒たちが彼の苦しみを分かち合うために招かれたと同様にすることはできません。彼らはキリストのご受難を分かち合うように召されていたのです。そこに居合わせていたならイエスにささげたかった愛と共感を、わたしたちは今、ここで求められているのです。愛は身辺から始まるからです。

＊

ユダがイエスを裏切ろうとして来たとき、「友よ、あなたは接吻で人の子を裏切るのか」[49]と言われたイエスは、「裏切り者！」とは決して言われませんでした。洗足のときも同様です。[50]イエスは心の中では苦しんでいても、決して冷酷ではありませんでした。十字架につけられてからも、御母と聖ヨハネを見ながら、わたしたちのことを考えておられました。[51]だれがわたしの母の世話をしてくれるだろうか、だれがヨハネの世話をするだろうか。だれかがあなたがたの誤りを正したり叱ったりするとき、苦々しく思うかわりに、苦しみと痛みのさなかで他の人のことを考えられたイエスのことを思い起こしなさい。苦々しい思いを心の中に残しておいてはいけません。

＊

イエスは、ユダが裏切ることを最初から知っておられたという事実を、わたしはたびたび思い起こします。三年間イエスはそれを知っておられ、最後にユダがイエスを裏切ろうとしてやって来たときも、彼を裏切り者と呼んで排除しようとはせず、「友よ」[52]と呼んでいます。これこそイエスの優しい愛のすばらしい、すばらしいお手本です。

ペトロをゆるされる

「たとえ、みんながあなたにつまずいても、わたしは決してつまずきません」[53]とすべての使徒たちが言いましたが、そのときがきたとき、彼らは皆、逃げ去りました。[54]二日まえにイエスは御父の御子であると宣言したペトロも、最高法院で一人の女から「あなたもイエスと一緒にいた」と言われたとき、その女を恐れて「なんのことを言っているのか、わたしにはわからない。そんな人は知らない」と言っています。なんという恐ろしい言葉を発したことでしょう。「鶏が二度鳴くまえに、あなたは三度わたしを知らないと言うだろう」とイエスは預言しておられました。ご受難について注意深く読みなさい。ペトロが目をあげてイエスを見たとき、何が起こりましたか。ペトロは外に出て、「そんな人は知らない」という恐ろしい言葉でイエスを否認したことを思って、激しく泣いたのです。イエスはどうされたでしょうか。イエスの御目はペトロの目と出会います。[55]なんという生きた現実！　なんという打撃をペトロはイエスに与えたことでしょう。それなのにイエスの御目はなんという優しい愛にあふれていたことでしょう。イエスの御目にゆるしを見たペトロは、外に出て激しく泣いたのです。ペトロはあまりにも激しく泣いたので、顔には多くの涙の線が流れた、とある本で読んだことがあります。復活されたイエスがペトロに、「わたしを愛しているか(56)」と尋ねられたとき、ペトロは泣きましたが、そこに真の愛徳があります。だれかがあなたを傷つけるとき、思いやりをもって見てください。心に苦みを残さない決心をしてください。イエスはペトロに、「おまえは何を言うのか」と言うことができたでしょう。あるいは怒りの御目で彼を見ることもできたでしょう。わたしたちがイエスからゆるしを受けるのは、わたしたちも同じゆるしを与えることができるためです。心を清く保ってください。何かしてしまったなら、告解にいきなさい。

十字架は十分であるはずだった

十字架を眺め、聖櫃《せいひつ》に目を注ぐとき、わたしたちのために命を賭けるという、神の愛と慈しみのこんなに大きな証しに続いて、イエスがご聖体を残されたのはなぜか、という問いに迫られます。確かにそのどちらかで十分だったと思います。しかしイエスはわたしたちのことを思い、イエスの十字架にあずからせ、生涯にわたって継続するよう考えられたのです。最後の晩餐のとき、彼はいばらの冠も、唾をかけられることもすべてをご存じでしたが、イエスはその苦しみと十字架を聖櫃と結び合わせ、その御体をミサ聖祭と結び合わせました。それによって、いわば彼の御体が再び砕かれ、いけにえが日々繰り返されるためです。(57)

「わたしは渇く」愛の言葉

マリアは十字架の傍らで学ばれました。彼女は十字架のもとに立っておられました。[58]イエスはまったく御血に覆われておられました。今わたしたちが目にする十字架にそれを見ることはできませんが、地面は御血に覆われ、ひどくぬれていたと思います。イエスご自身がその十字架上で言われたお言葉、「わたしは渇く」[59]、この愛のお言葉が聞こえますか。そのお言葉が聞こえますか。イエスはその後、ひと言もいわれませんでした。

「わたしは渇く」、この言葉についてあなたの理解を深めるようにしてください。それはイエスと並んで立つという信心ではなく、生きるべき人生です。「わたしは渇く」とだれかが言ったら、水をもって走っていくでしょう。カリガートでだれかが「わたしは渇く」と言えば、すぐに水をもっていくように。

でも「わたしは渇く」、これはイエスの愛に渇くお言葉、水ではなく、人間の魂に対する渇きです。ですから、耳を傾けましょう。

「わたしは渇く」について理解を深めましょう。知らないことを愛することはできないからです。聖母は「わたしは渇く」というお言葉を聞かれたとき、どうされたでしょうか。彼女はなんらかの水を得ようと、あたりを見回されたことでしょう。どうすることもできませんでした。イエスが体で苦しまれていたことを、聖母は魂において苦しまれました。真に理解するために、聖母に願いましょう。

聖母が「わたしは渇く」の意味を教えてくださいますように。「わたしが癒やして差し上げます」こそ、あなたの生活の目的であり喜びでなければなりません。大いなる愛と信頼をもって、十字架の近くに聖母と共にお立ちなさい。それは神の賜物《たまもの》であり、イエスの渇きを癒やすために、わたしたちはこの修道会に選ばれたのです。

＊

イエスは何に渇いておられるのでしょう。大量の御血を流されたのですから、自然的に見て身体的激しい渇きです。現在エチオピアで、流血の拷問による渇きはものすごく、衣服までが渇くといわれています。あなた自身をそのイエスのみ前におきなさい。身体の渇きと共に、罪の痛みからくる激しい渇きです。イエスは罪を犯しておられませんが、彼以上に罪を理解した人はいません。彼はわたしたちを罪とその結果から清めたいと望まれました。彼はわたしたちの愛に渇いておられ、罪はわたしたちの心を汚していたのです。

わたしたちが苦《にが》みを与えるとき

「人間の魂のためのイエスの渇きを癒やすこと」、それは愛への渇きを癒やすことを意味します。わたしへの愛と、他の人びとへの愛です。イエスは十字架上で亡くなられるとき、「わたしは渇く」と叫ばれました。MC（神の愛の宣教者会）のすべてのチャペルにこの言葉を掲げるのは、MC一人ひとりがなんのためにそこにいるのかを思い起こさせるためです。すなわち、人間の魂に対し、愛に対し、親切に対し、コンパッションに対し、繊細な愛に対してのイエスの渇きを癒やすためです。イエスが十字架上で苦しんでおられた最中に、一人の兵士が、催眠剤で眠らせて苦しみからイエスを助けようという親切と善意によって、苦い酢の飲み物をイエスに差し出しました。兵士を傷つけないように、イエスはそれを受けられましたが、口に含まれただけでした。彼は痛みと苦しみを忘れたくなかったので、それを飲まれませんでした。[60] 彼はわたしを愛し、わたしのために死なれたのです。[61] イエスはわたしのために苦しまれたのです。度重ねてわたしたちもまた、イエスに苦い飲み物を差し上げています。この苦さはわたしたちの心の奥底から湧き上がり、お互いに対する言葉や態度ににじみ出ます。「わたしの兄弟であるこの最も小さい者の一人にしたのは、わたしにしてくれたことなのである。[62]」この苦みを姉妹の一人に、あるいはお互いに与えるのは、イエスに与えることなのです。

あなた自身の名前を聞きなさい

しばらくまえに、わたしはある一人の信心深い司祭から手紙を受け取りました。彼は長い手紙の中で次のようにいいました。彼はわたしたちのことなど何も考えないで祈っていました。そのとき彼は、イエスが「マザーテレサに言いなさい『わたしは渇く』と」と言われるのをはっきりと聞いたのです。イエスはマザーテレサだけを意味されたのではなく、あなたがた一人ひとりに言われたのです。今日イエスがあなたがた一人ひとりの名前を呼び、「わたしは渇く」と言われるのを聞いてください。あなたがたはなんと答えるでしょうか。イエスがそれをはっきり言われるのを聞いてください。それを言われたのはイエスであると確信しなさい。わたしはそれがイエスであったにちがいないと思います。あなたをただ、聖櫃《せいひつ》の前におきなさい。他のことに心を奪われてはなりません。あなたの名前を聞き、「わたしは渇く」に耳を傾けなさい。わたしは清さに渇く、わたしは貧しさに渇く、わたしは従順に渇く、わたしは心を尽くした愛に渇く、わたしは完全な委託に渇く。わたしたちは、ほんとうに深い観想生活を生きているでしょうか。主はそのような余すところない委託に渇いておられるのです。

すべてが「わたしは渇く」に集まる

親しい愛に成長すれば、「わたしは渇く」だけでなく、すべてを理解するようになるでしょう。人間的に言えば、「わたしがあなたがたを愛したように、互いに愛し合いなさい[63]」とか「聖なるものとなれ。わたしが聖なるものだから[64]」は理解できません。しかしそれらはすべて「わたしは渇く」に集約されます。信仰の実りは「わたしは渇く」の理解です。「わたしはあなたの愛に渇く」とイエスが言われるのを聞くために、急いで罪から解放されなさい。最も大切なことは、わたしたちがイエスの渇きに出合うことです。しかし、イエスの渇きに出合うことは恵みなのです。

彼は今、わたしたちを愛するためにそこにおられる――

あなたには、生涯どんなものよりもイエスが必要です。もし聖櫃《せいひつ》がなかったら、イエスがいらっしゃらなかったらどうなるだろう、とわたしはたびたび考えます。

聖体

わたしたちの修道会の生活は、ご聖体によって織りなされていることが非常に多いのです。一日の生活はミサと聖体拝領で始まり、すべての修道院で一時間の聖体礼拝があり、生活はご聖体によって織りなされる必要があると感じます。すなわち、命のパン(65)におられるイエスと貧しい人びとのうちに見られるイエスです。(66) ですから、この愛、聖体と貧しい人びとのうちで最も貧しい人との一致に、わたしたちが忠実でありますよう祈ってください。

＊

ご聖体は理解を超越しています――わたしたちはそれを深い信仰と愛のうちに受け入れなければ

ばなりません。イエスは意図的に聖体を残されましたが、それはイエスが世に来て示され、なさったすべてのことを、わたしたちが忘れないためです。福音の中には彼の受難と死を表現するわずかな言葉しかありません。すなわち、いばらの冠をかぶせられ[67]、鞭《むち》打たれ[68]、唾を吐きかけられ[69]という短い言葉は、今ほとんど忘れ去られようとしています。福音書のご受難の説明はかなり短く、大げさな表現を避けています。「鞭打たれ」と言いますが、それが四十回であったこと、その鞭がどのようなものであったかは述べず、簡単に忘れ去られるような表現しか使っていません。イエスは人間性を知り、「遠ざかる者、日々に疎し」を知っておられました。ご聖体がなかったら、わたしたちの生活はどのようになっていたか、考えてみてください。イエスを愛するために何があるでしょうか。わたしたちにすべてをささげさせる何があるでしょうか。ご聖体がなかったら、わたしたちのだれもここにいられるとは思いません。

今日は多くを読まないで、黙想もあまりしないで、ただイエスに愛していただくままにしましょう。わたしたちはいつも「イエスよ、あなたをお愛しします」と言いますが、イエスに愛していただく姿勢がありません。今日はたびたび「イエスよ、ここにいるわたしを愛してください」と言いましょう。

すべての人間は神に対する憧れをもっています。「わたしの魂は神に飢え渇いています。[70]」キリスト者たちはさらに進むことができ、神に憧れるだけでなく、つねに自分たちのうちにイエスの現存の宝をもっているのです。わたしたちはその現存をもっているだけでなく、聖体拝領においてイエスを受けることにより、さらに近づく喜びをもっているのです。イエスは命のパンによってわたしたちを養うことだけに満足されず、苦しみ悩む貧しい人のうちに、ご自分を飢え渇く者とされました。わたしたちＭＣ（神の愛の宣教者会）にとって、ご聖体におけるイエスを愛するが、貧しい人のためには時間がない、とは言えません。もしあなたがほんとうにご聖体におられるイエスを愛するならば、あなたは自然にその愛を行動に移したくなるはずです。ご聖体と貧しい人、この二つを引き離すことはできません。

最も大きな賜物《たまもの》

賜物の偉大さを認めること、「これはわたしの体」(71)と言われて使徒たちにパンとしてご自分を与えられた最初のこと、使徒たちはなんという深い信仰、なんという大きな愛をもって、主の御体を受けたことでしょう。使徒たちにも、わたしたちにも、それをわかりやすくするために、イエスは彼らに特別な信仰、特別な恵みを与えられました。深い信仰と大きな愛です。わたしたちもまたこの特別な恵み、深い信仰と愛、信頼を必要とします。ときどきわたしたちはなんの準備もしないで、頭はあちこちを放浪しながら聖体拝領に行ってしまいます。初聖体のときのことを思い出してください。なんという憧憬、なんという信仰、なんという愛をもっていたことでしょう。わたしたちはなんの準備もなく聖体拝領に行ってしまうことがあります。認めるのは非常にむずかしいのですが、ご聖体を受けるためには、深い信仰、愛、憧れが必要です。

一緒に行ってくださるよう、イエスに言いなさい

一日のうちで最も大切なときはミサです。十字架のしるしをするときは、丁寧にしなさい、立派な十字架です。出かけるときは、そのまえにチャペルに行き、一緒に行ってください、とイエスに言いなさい。イエスが十字架上で亡くなられたことは現実でした、そして今ミサは現実です。一昨日ある一人のプロテスタントの牧師が、「チャペルに生きた神をもっているあなたがたはなんと幸せでしょう！」と言いました。イエスはわたしたちのためにそこにおられます。もしいつか迫害が起こったら、イエスを必要とするでしょうが、イエスを受けることはできません。あるシスターが気を散らしているなら、それは彼女が主の現存のうちにいないということです。イエスは王の中の王であり、わたしたちの間に来て、命のパン(72)となるためにご自分を低められたのに、わたしたちはそれを心に留めていません。朝早くいちばんにチャペルに行きなさい。そしてあなたとご聖体の絆を眺めてください。

マリアが受けたように、いただきなさい

わたしたちもマリアのようにイエスをいただきます。わたしたちもマリアのように、大いなる愛と深い謙虚のうちに、イエスをいただかなければなりません。マリアのようにイエスを受けることを、どのように知ることができるでしょうか。お互いに起こっていること、喜びやゆるしを分かち合うことをとおしてです。福音の中の女性が、「このかたの服にでも触れさえすれば(73)」と言って、イエスの御体自体ではなく、イエスの他のものに触れると、何かが彼女の中で起こりました。しかしわたしたちは、イエスの御体自体に触れています。聖体拝領をした直後に、相互を傷つけるような醜い言葉を口にするのは、どうしてでしょう。どうしてそのようなことが起こるのでしょうか。イエスが来てくださったことを信じていなかったのです。

エリサベトは言いました。「主のお母さまがわたしのところに来てくださるとは、どういうわけでしょう。……胎内の子は喜んでおどりました(74)。」イエスの来られるのを待つわたしたちの準備として、明朝そして毎朝、主に仕える者としてイエスを迎え、イエスの力と喜びを得られるよう願いましょう。聖母に寄りすがり、彼女がイエスを宿していたように、わたしたちもイエスを受け入れられるよう教えてくださいと願いましょう。深い信仰を得させてくださるよう、エリサ

ベトに願いましょう。愛らしいイエスに喜びおどった聖ヨハネに、わたしたちが出会うすべての人、特に姉妹とその喜びを分かち合うことができるよう願いましょう。あなたの目を喜びで輝かせなさい。聖ヨハネ・ベルクマン(75)は、だれかに会うとき、その人の内におられるイエスに向かって挨拶したそうです。ご聖体をいただく喜びを、お互いと貧しい人びとと分かち合いましょう。

二つのこと

毎日の聖体拝領のとき、わたしは二つのことをイエスに感謝します。一つはその日の忍耐力をくださること、他の一つは祈りを教えていただくことです。「どんな被造物も、神の愛からわたしたちを引き離すことはできないのです(76)」という確信を聖パウロに与えたものはなんだったのか、あなたがたは、わたしがこのことを言うのを聞き飽きたでしょうが、わたしはやめません。わたしはイエスのものであり、どのようなものも、わたしをキリストの愛から引き離すことはできません。昨日ある司祭が、「あなたは神に会ったことがありますか」と尋ねた人のことを話していました。もしわたしがご聖体を信じるならば、はい、わたしは神に会いました、と答えるでしょう。もしわたしが貧しい人を信じるならば、はい、わたしはイエスに出会ったのです。

わたしはそれを信じるだろうか

今朝わたしは聖体拝領でイエスを受けました。日中そのことを考えるでしょうか。自分の内におられるイエスと向き合うでしょうか。わたしたちのところに来られるイエス、彼は福音書の中で読むイエスと同じイエスです。イエスの衣服の房にでも触れたいと望んだ女性、彼女はそうすれば癒やされると知っていたのです[77]。百人隊長は、「わたしはあなたを自分の屋根の下にお迎えできるような者ではありません。ただひと言おっしゃってください。そうすれば、わたしのしもべは癒やされます[78]」と言いました。これは聖体拝領でわたしたちのところに来られるかたと同じイエスです。わたしはそれを信じているでしょうか。

共同体

もし毎日共に命のパンを割き、共に生きるお互いを愛さないなら、どうして神と神の貧しい人を愛することができますか。今日は、あなたがた一人ひとりにお祝いの日の言葉を送ります。パンを割くとき、お互いを知ることができますように、この命のパンを食べることでお互いに愛し合うように、あなたがたの心を尽くした奉仕によって、貧しい人の内におられるイエスとお互いに仕えることができますように。パンを割いたとき、彼らはイエスだとわかった。(79) わたしたちが共に生きる毎日のミサの中でパンを割くとき、キリストの浄配であるシスターたちの美しさを認めるでしょうか。

子どもの喜び

神が司祭たちに、「これはわたしの体である」(80) と唱える権能を与えられたということは、なんとものすごい賜物《たまもの》でしょう。わたしたちはこの家の中に、一人の知的・身体的障がい児を抱えています。聖体礼拝のときわたしはつねに、この子をチャペルに連れてきて、この子どもが顕示されたご聖体を眺めるようすを見るたびに、わたしはこの子どもの顔に現れる輝きと喜びに非常に驚かされていました。というのは彼女がまっすぐにホスチアを見つめ、だれを見ているのかわかっていたからです。ある日、司祭に、「神父様、この子はわかっているようですから、聖体を授けてください」と願いましたが、司祭は「マザー、どうしてそんなことができますか。聖体拝領のためには準備しなければなりません」と言われました。しかし彼女にそれはできません、彼女は話すこともできないのですから、それはできないのです。そこでわたしは「神父様、わたしが彼女にテストをします」と言って、一切れのパンと聖別されていないホスチアと十字架をその子どもの前に置きました。そしてわたしがサインによって尋ねました。そこで彼女はパンを指差し、次にその指を彼女の口にもっていきました。次に彼女はホスチアを指し、その指を十字架の上に置きました。そこで司祭は「彼女はわかっている」と認め、聖体拝領をゆるしました。神がいかにわたしたちのところに来ることを望んでおられるかをわかってください。そしてこの小さな子、障がいをもち、何もできない、しかし心の中の深いところでは、大きな喜びのうちに彼女のところに来たいと望まれたのはイエスだったのです。そして司祭はこの喜びをこの子どもに与えられたことを、神さまに深く感謝していました。

わたしのすべて、わたしの喜び

「あなたはどうしてそんなふうに行動できるのですか、どうしていつもほほえんでいられるのですか」とある人が尋ねました。「イエスはなぜご自分を命のパンとされたのですか。イエスはわたしの力、わたしの命、わたしの愛、わたしの喜びとなるという理由のために、今朝わたしのところに来られたのです。そしてイエスはあなたのものでもあるのです」とわたしは言いました。

お互いに愛し合いましょう

イエスはわたしたちを愛されました。イエスが十字架の上でわたしたちを愛されたように、イエスが今、ご聖体においてわたしたちを愛されるように、わたしたちもお互いに愛し合いましょう。

聖体礼拝

　わたしたちの修道会の中で、一つの大きな変化が見られました。わたしたちは週に一度黙想の日をもっています。わたしたちは全員毎日出かけます。しかし、週に一度、毎木曜日を黙想の日として院内にとどまるのです。そしてその日にはゆるしの秘跡を受け、司祭の講話があり、一時間の聖体礼拝をします。一九七三年の総会のとき、会員は六十一名でした。そのとき突然、全員が声を一つにして、「マザー、毎日一時間聖体礼拝をしましょう」という望みが表明されました。「いいえ、それは不可能です。わたしたちの仕事はあまりにも多いです。病人、臨終の人、重い皮膚病の患者、子どもたちなど。ですから毎日一時間の聖体礼拝は不可能です」とわたしは答えました。そしてどうなったのでしょうか、皆で祈り、わたしも祈り、祈り、祈り、その結果、毎日、仕事を減らすこともなく、貧しい人たちを放棄することもなく、毎日聖体礼拝の時間を保つことができるようになりました。そのとき以来、イエスに対するより親密な愛が生まれ、すべての姉妹がイエスとの深い愛に燃えるよう努力し、お互いの間にもより広い理解が育ちました。そのうえ、貧しい人びとに対するわたしたちの愛は深められたのです。彼らの苦しみをよりよく理解し、自分たちがどんな存在であるべきか、彼らに何を提供しなければならないかをよりよく知り、さらにそれ以上に恵まれたことは、多くのすばらしい召命を得たことです。現時点において、四つの修練院に三十五か国から四百人近いノビスたちがいるのです。そしてこの寛大さと愛を見るのもすばらしいことです。わたしはいつも、それがご聖体とキリストの現存、彼と共に行うわたしたちの礼拝の実りであると言うのです。

*

前回の世界司教会議に教皇から呼ばれ、忠誠心をもって出席しなければなりませんでした。お偉い大司教や枢機卿の前で話さなければならなかったわたしは、教皇様に対してはなんの恐れもありませんでしたが、他のすべてのかたがたには恐怖を感じていました。教皇様に最初にお願いしたことは、「聖なる司祭を送ってください、そうすればわたしたち修道者も家族も聖なるものになるでしょう」でした。そして帰国したときシスターたちと、どうしたら聖なる存在になれるか、司祭たちが聖なるものになるのをどのように助けることができるか、それによってわたしたちが聖なる存在になる方法について話し合いました。その結果はみ心をとおして、でした。主は聖マルガリタ・マリアに、月の最初の金曜日の前晩、十一時から十二時まで聖体礼拝をするように嘆願されました。それで一月四日からだったと思いますが、ＭＣ（神の愛の宣教者会）では最初のころから初金曜日に先立つ九日間の祈りによって準備をし、初金曜日の前晩に聖体礼拝をしています。初金曜日には昼食なしの断食をし、わたしたちはそれを「MCの断食日」と呼んでいます。それによって浮いた食事代を、貧しい人びとの家の補修費に使っています。

聖櫃《せいひつ》

聖櫃の前に行ってください――イエスはそこにおられます。十字架を眺めるとき、彼がどれだけわたしたちを愛されたかがわかり、聖櫃を眺めるとき、イエスが今、どんなにわたしたちを愛しておられるかわかります。過去に「愛された」ことと、現在「愛しておられる」こと。過去に愛されただけでなく、今も愛しておられる。イエスはわたしを優しく愛されるのです。

聖櫃の沈黙

聖櫃のイエスは沈黙しておられます。神の尊厳は理解しますが、神の謙遜は理解できません。小さな薄いパン！　全世界を創造されたイエス、その御血によってわたしの罪を洗い清められたイエスが、聖櫃に中におられる……。聖櫃の中のこの沈黙、この完全な沈黙。イエスがそこにおられるという唯一のサインは、ほのかに燃えるランプ、偉大さも見栄えもまったくない。だからこそ、このランプの灯を消してはならない。もしランプの灯がなければ、だれも主を礼拝しません。ランプがともっているからこそ、主を礼拝するのです。だからわたしは電気のランプを使いたくありません。あのともっているランプがイエスとわたしの関係をリアルに示すからです。イエスはわたしたちの愛に対する飢えを満たすため、ご自分を命のパンとして、イエスとわたしたちの結びつきを現実のものとされました。夫婦が結婚するとき、お互いを求め合う二人は一体となり、家族ができます。聖書では、男は女と結ばれ、二人は一体となると書かれていると同じように、わたしたちはご聖体においてキリストと一致します。この一体化のため、イエスはわたしたちにご聖体を与えられます。聖櫃《せいひつ》の沈黙のうちに、イエスは現存されます。それは想像ではありません。そこにおられるのは生ける神の現実です。(81)

神はそこにおられる

総督官邸に行くと、国旗が掲げられ風になびいています。総督が官邸におられるなら、国旗が上がっています。彼が出かけるとき国旗は降ろされ、彼の不在が示されます。聖櫃の脇のランプは小さなことですが、イエスがそこにおられる、神の現存という偉大なことを表明します。

命のパン

イエスがわたしたちを愛されることには痛みが伴います。わたしたちがイエスの偉大な愛を覚えていることを確実にするため、わたしたちの神の愛に対する飢えを満たすため(82)、イエスはご自分を命のパンとされました。――わたしたちの神に対する飢え――それはわたしたちがその愛のために創造されたからです。わたしたちは神のイメージに似せて創られました(83)。わたしたちは愛し愛されるために創られ、イエスがわたしたちを愛されたように、わたしたちが愛することを可能にするため、イエスは人となられました。イエスはご自分を飢えた人、裸の人、家のない人、病人、囚人、寂しい人、疎外された人とし、「あなたがたはわたしにしてくれた(84)」と言われます。イエスはわたしたちの愛に飢えておられます。そしてそれはわたしたちの貧しい人の飢えです。これは、あなたがたとわたしが見いださなければならない飢えであり、その人はわたしたち自身の家にいるのかもしれません。

注

(1) カリスマとは霊的生活を生き、人びとに奉仕する特定の、明確な方法である。
(2) コロサイ1・24。
(3) ヨハネ1・1、14参照。
(4) 二コリント8・9参照。
(5) ルカ1・26～35、2・1～7参照。
(6) ヨハネ1・46。
(7) マルコ6・3。
(8) ヨハネ10・33参照。
(9) ヨハネ1・11。
(10) ヨハネ14・27。
(11) ルカ1・39～45参照。
(12) ヨハネ15・13参照。
(13) ヨハネ1・1～3参照。
(14) ヨハネ2・1～10参照。
(15) ルカ1・28～38参照。
(16) ルカ2・7参照。
(17) ルカ2・46～51参照。
(18) ヨハネ19・25。
(19) ヨハネ20参照。
(20) マタイ1・18～25参照。
(21) マタイ27・11～53、ルカ23～24、ヨハネ18～19参照。
(22) ヨハネ18・23。

(23)　ヨハネ13・21〜30参照。
(24)　ヨハネ13・2〜7参照。
(25)　マタイ11・29。
(26)　ヨハネ1・21〜22、8・25。
(27)　ルカ7・18〜22参照。
(28)　ヨハネ15・11。
(29)　マタイ25・31〜40。
(30)　ヨハネ19・28。
(31)　申命記22・20〜21参照。
(32)　マタイ1・18〜19参照。
(33)　ルカ1・26〜44参照。
(34)　ルカ2・5〜51参照。
(35)　マザーテレサの会、Missionaries of Charity（神の愛の宣教者会）の略。
(36)　マタイ1・18〜25参照。
(37)　マタイ22・21、マルコ12・17、ルカ20・25参照。
(38)　ヨハネ3・16参照。
(39)　ルカ1・39〜44参照。
(40)　ヨハネ19・26〜27参照。
(41)　詩編69・21。
(42)　マタイ4・1〜11、ルカ4・1〜12参照。
(43)　マタイ26・36〜46、マルコ14・30〜40、ルカ22・40〜46参照。
(44)　マタイ27・46、マルコ15・34参照。

(45) ルカ22・44参照。
(46) ルカ22・42参照。
(47) 詩編69・20。
(48) マタイ26・40参照。
(49) マタイ26・48〜50、ルカ22・47〜48参照。
(50) ヨハネ13・2〜5参照。
(51) ヨハネ19・26〜27参照。
(52) マタイ17・22、20・18、ヨハネ13・11、13・21〜30、マタイ26・49〜50参照。
(53) マタイ26・33〜35、マルコ14・29〜31参照。
(54) マルコ14・50、マタイ26・47〜56参照。
(55) マタイ26・69〜75、マルコ14・66〜72、ルカ22・54〜62参照。
(56) ヨハネ21・15〜17参照。
(57) マタイ26・20〜29、マルコ14・17〜26、ルカ22・14〜20、一コリント11・23〜25参照。
(58) ヨハネ19・25。
(59) ヨハネ19・28。
(60) マタイ27・33〜34、ヨハネ19・28〜30参照。
(61) ガラテヤ2・20参照。
(62) マタイ25・40。
(63) ヨハネ13・34。
(64) レビ記11・44〜45、19・2、20・7、マタイ5・48参照。
(65) ヨハネ6・35、48参照。
(66) マタイ25・35〜40参照。

(67)　マタイ27・29、マルコ15・17、ヨハネ19・2。
(68)　マタイ27・26、マルコ15・15、ヨハネ19・1。
(69)　マタイ27・30、マルコ15・19。
(70)　詩編42・2。
(71)　マタイ26・26、マルコ14・22、ルカ22・19、一コリント11・24。
(72)　ヨハネ6・30～58参照。
(73)　マタイ9・21、マルコ5・28参照。
(74)　ルカ1・43～45。
(75)　聖ヨハネ・ベルクマン（一五九九～一六二一）はイエズス会神学生で、謙遜と信心深さによって知られている。彼は祭壇奉仕者の保護聖人である。
(76)　ローマ8・38～39参照。
(77)　マタイ9・21、マルコ5・28参照。
(78)　マタイ8・7～9、ルカ7・1～10参照。
(79)　ルカ24・30～32参照。
(80)　一コリント11・23～25参照。
(81)　創世記2・24、マタイ19・5、マルコ10・7、エフェソ5・31参照。
(82)　ヨハネ6・35参照。
(83)　創世記1・26参照。
(84)　マタイ25・35～40参照。

Ⅲ　わたしが愛することをじゃまするもの

無限に善であられる神によって、神のために創られたわたしたちは、神および相互に対して、愛に満ちた関係のうちに生きなくてはならないのです。創造主は一人ひとりが善を行い、悪を拒むようにする基本的道徳原則を心の中におかれただけでなく、十戒の中に愛の法則をも刻まれました。残念なことに、わたしたちは自分たちのうちに、愛するための多くの障害物とそれに打ち勝とうとするもがきを見いだします。人祖が神から受けた自由を悪用し、神のおきてを犯した罪とつながっているわたしたちは、神よりも自分たちを選択し、神のみ旨と自分たちの善に逆らう傾向をもっています。マザーテレサはそれを、「悪を選択するなら、罪を犯します。そこではわたしの意志が介入します。わたしが他のすべてのものを犠牲にして、自分のために何かを求めるとき、わたしは罪を選ぶことになります。それはたとえば、うそをつきたい誘惑にかられて、うそをつくことを受け入れるときです。そのときわたしの精神は不純です。わたしは自分に重荷を課し、神と自分の間に障害物をおいたのです。うそは勝利を獲得し、わたしは神よりもうそをつくことを選んだのです」と単刀直入に言っています。わたしたちが創造された目的である幸せを得るためには、罪に導くどのような傾向にもつねに反対する意志を使い、罪を拒否しなければなりません。それはわたしたちを神から遠ざけ、法外な望みの奴隷にしてしまうからです。

道を誤った人類に属すものとして、すべての人は罪びとであり、闘うべき罪の「ルーツ」をもっています。したがってわたしたちは、他の人たちの弱さや罪のゆえに、彼らを判断したり非難したりすることを避けなければなりません。このことについてマザーテレサは次のように勧めています。「彼らが正しいことをしているなどとは言えませんが、彼らがなぜそうしているのかをわたしたちは知らないのですから。」罪びとに対して非常に慈悲深かった彼女ですが、罪深い行動を是正する義務から逃れることはありませんでした。

彼女はたびたび「無慈悲」、おもに舌の罪、中傷、誹謗《ひぼう》あるいはあらゆる種類のうわさ話について話していました。これらの罪は彼女をひどく痛めていたのです。彼女は自分の母親から、特に言葉において他人の名誉、評判に対して敬意を払うべき教訓を学んでいました。否定的な面に的を絞ること、あるいは愛の選択を妨げるようなことを拒否して、非常に困難な状況にあっても、何か肯定的なことを口にする術《すべ》を知っていました。人は彼女がいるところでだれかを批判することはまずい、と本能的に感じていました。もしだれかが他の人、特に貧しい人に対して否定的な言葉あるいは批判を口にした場合、彼女はその人たちの注意をありのままの現実に向けて次のように言いました。「もしわたしたちが彼らの立場にあったら、どのように振る舞ったでしょうか、どのようになったでしょうか、おそらくもっと悪くなっていたかもしれません。」

もう一つ、一見小さな欠点ですが、マザーテレサにとっての「重大な」罪のリストの中で目立った場を占めるのは不平でした。彼女にとって不平は実践的信仰の欠如を示し、特定の状況の中で神の御手を無視する態度と、神のみ旨への委託に不満であることを示していました。不平やつぶやきは喜びを殺します。それは与えること、愛することの喜びを破壊します。マザーは自分の模範によって、状況が完全からどんなにかけ離れたものであっても、そこから善をもたらす方法を引き出すことが、すべての人にとっていかに建設的であり、有利であるかを示していました。

マザーテレサは、苦々しい態度が愛することの最大の障害物であり、個人の霊的生活を妨げるものであると見ていました。ゆるすことを望まないのは恨みや苦みあるいは報復をもたらし、悪の連鎖と頑丈な「関係」となります。わたしたちの相互作用において、普通、悪気はなくても、傷ついたり、他人を傷つけたりすることは不可避です。傷ついた感情や妬みをもち続けることは、すべての人、特にゆるさない人にとって害となります。生来感受性の強かったマザーテレサは、傷つくことに強い痛みを感じましたが、決してそれにコントロールされたり、選択肢を左右されたりはしませんでした。自分に焦点をあてるのではなく、彼女を傷つけた人たちに焦点を当て、実際には彼女よりも彼らが傷ついていることを知っていたので、彼らを気の毒に思っていました。ゆるしによって、彼女はすべての人に再出発の機会を提供していたのです。

「不機嫌は病気です。」この簡潔な声明によってマザーテレサは、愛を深刻に妨げる霊的要素のリストに、不機嫌をおいています。不機嫌は、人が不満をかたくなに沈黙で示す受身の報復の一種であり、多くの隠れた罪の内的現実を明らかにします。すなわち、プライド、怒り、ゆるさない心、恨みなどです。不機嫌は他の人びと（共同体、家族）をも動けなくしますが、不機嫌が愛することと、愛に成長する可能性を麻痺させてしまうため、この欠点に流される本人にさらに深刻な影響があります。喜びが伝播《でんぱ》力をもっているとすれば、喜びの欠如もまた伝染します。

相互愛についての神のおきては無頓着であることをゆるさず、愛の義務を守るべきことに例外はなく、無関心に対する口実の余地もありません。「見る目をもちなさい」とマザーテレサが言うように、わたしたちは兄弟姉妹の必要に目を向け、彼らを助ける行動を起こすことが求められています。彼女がチャレンジしたのは、他の人たちの痛みや苦しみに対する無関心や冷淡でいることの悪に対してでした。「わたしはちっとも構わなかった」と言う人びとに対し、マザーテレサの行動は「これ以上構うことができなかった」と宣言していました。

貧しいからといって、その人びとを拒否したり避けたりすることは、マザーテレサの目には重大な不正義でした。その人の問題の理由がなんであったとしても、助けと配慮を与えることが当然であると、マザーは確信していました。困窮する人に出会ってマザーがする最初の対応は、直接的有効な援助を提供することであり、困難の理由を見つけることはその次のことでした。だれかが貧しい人びとを貧困のゆえに非難した場合、「あなたが彼らの立場にあったらどうしますか」と彼女は尋ねるのでした。事実、彼女はこれを聴いていた人たちに、彼ら自身が考えていた以上に、他の人たちの貧困についてよりいっそう責任をもつようにさせました。

マザーの公式講演で繰り返されたテーマは、受胎から死にいたるまでの人間の生命に対する尊敬でした。生命の与え主に対する彼女の深淵な愛と尊敬の中で、マザーは最も弱く最も傷つきやすい人間の生命の擁護について話しながら、それを犯すどのような暴力にも反対することによって、神の権利を堅固に支持しました。

彼女は中絶を、世界平和の最大の破壊者と考えていました。このような宣言の背後にある理由は、論理的です。すなわち、自分の血肉を抹殺することがゆるされ、社会的に認められるならば、家族の絆によって結ばれていない者同士の、愛すること、保護すること、命に対する「権利」はずっと少なくなり、望むならば、より簡単に「処分」することができるようになります。しばしば快楽と満足感のような不正な利己的関心を保護するために、社会が母の胎内にある子どもを直接抹消するならば、それは結果的には、疑いなく、他の守護策のない存在をも抹殺することになり、抑止できない下降への転落となります。

社会にとってますます「重荷」と思われるようになった高齢者、病人、障がい者は、現代社会の弱者に属します。マザーテレサは、家族の中で世話を必要とする高齢者に対するあらゆる形の無視や放置を、特に悲しみました。「愛は家庭から始まる」のですから、わたしたちの第一の責任は自分たちの家族です。苦しみや無能力の状態は、個人生来の尊厳を減少させません。苦しみはすべての人の生涯の一部であり、その人の態度によっては、苦しむ人だけでなく、その人に近しい人たちにも非常に大きな祝福の源となります。必要とされる愛と世話の授受をとおして、双方は神とお互いにより近くなり、自分の存在の真の目的を認識するようになります。すなわち神を知り、愛し、仕えて、永遠の幸せに達することです。

マザーテレサの公式講演のもう一つの定番のテーマは、結婚生活の聖性と家庭生活の大切さで、それは家族が社会の基本的核を形成するからです。社会の安定は家族の安定のうえに成立します。この「愛の家庭内学校」は子どもたちが成熟したおとなとなり、健全な社会建設に貢献できるために必要な権威、安定、関係性を提供します。彼女の離婚に対する反対は、ある人たちから激しく批判されましたが、それは結婚の永久性、一人の男性と一人の女性との間の聖なる絆、に対する信仰に基づいていました。存在する困難を知りながらも、彼女は愛によって共に生きることが可能であることを強調していました。

家庭は愛を与え、受ける根本的で最も自然な環境であり、またそうあるべきものです。家庭内の愛と一致は、個性の意識、平和、信頼、率直さ、喜びなどを養い、社会の中で生きるために必要な準備をしながら、子どもたちの成長の基盤を固めます。最も身近な人たちに対する小さな思いやりの行為が、彼らに受け入れられ、価値があり、評価されていることを感じさせます。喜びを分かち合い、困難を共に忍び、苦しみの中で助け合い、他の人を助けるために自分を差し出し、奉仕されるのではなく奉仕することを求めるという愛のあらゆる表現の機会を、家庭は十分に提供します。「優しさ、ゆるし、尊敬、忠実、無私の奉仕が習慣づけられていれば(1)」、家庭において、両親と子どもたちは聖性に成長するのです。

それでも、マザーテレサは家庭が一人ひとりの弱さや罪深さによって、ときには深い傷を体験する場となることにも気づいていました。その事態がどんな要求をするかという錯覚にとらわれず、彼女はゆるしと和解の必要を強調しました。「共に祈る家庭は共にとどまる」というパトリック・ペイトン神父（CSC）の引用をマザーテレサは絶えず繰り返していました。彼女以前の聖人たちと同様に、あらゆる困難は祈りによって克服できると確信していたのです。

罪を犯す誘惑に直面したとき、すなわち、愛に欠けるとき、マザーテレサの第一の勧めは、助けがつねに得られる場所でそれを求めること、つまり祈りのうちに神のもとに行くことでした。彼女は神の恵みがつねに善意と努力に寄り添うことを知っていました。こうして誘惑は、成長とさらなる善に向かう機会となるのです。神の助けに信頼し、その恵みを受けるために心を開くことは、誘惑と闘い、愛に対する妨げに打ち勝つ大切な戦略であったのです。

誘惑に打ち勝つためには、正しい道にとどまる強い決意が必要です。「わたしはそれを望まない」が罪の魅力に対して彼女が勧める回答でした。感情あるいはムードあるいは他人の意見によって動かされてはなりません。彼女がたびたび引用したのは「悪魔は決意した魂を極度に恐れている」というアヴィラの聖テレジアの言葉でした。マザーテレサにとってすべては「わたしは望む」あるいは「わたしは望まない」の二語にかかっていました。最も大切なことは悪を避け、善を貫く強い決意でした。

　決意した魂は悪魔さえも恐れる必要はない、とマザーは確言しています。というのは「だれも悪魔さえもあなたが望まないことをあなたにさせることはできない」からです。道の途中で落とし穴に出合う可能性を承知していたマザーは、「光の天使」を装ってくる「虚偽の父親」の戦術にも注意を促しています。彼女は少しユーモアを込めて次のようなコメントをしています。「もしだれかに忍耐力のノーベル賞を出すとしたら、悪魔に出すでしょう。彼は仕事において非常に狡猾《こうかつ》で無限の忍耐力をもっているからです。」

「隠さないように」は、マザーテレサのもう一つの格言でした。なんらかの困難に関して正しい相手（長上、霊的指導者、聴罪司祭）に対する率直さは、自己と自分の問題に気をとらわれたり、そこに埋没してしまったりすることを事前に防ぐ助けとなります。苦闘しているときに、適格な人からのひと言がいかに大きな助けとなるかを知っていた彼女は、「遅すぎないうちに話す」ことをつねに勧めていました。

　不純な思いや誘惑に出合うときは、「忙しくし続けること」をマザーテレサは最終的に勧告していました。そのような考えから自分の注意をそらすために役立つ何かをすることは、非常に健全です。問題にとどまらないこと、あるいは埋没してしまうほどに問題と闘わないことも、人びとが心の平静を失わないように助けたマザーテレサの具体的勧告でした。

彼女は、自分においても他の人においても、愛に対するどのような失敗に出合っても、決して失望に陥ってしまうことはありませんでした。神の憐れみがどのような罪よりも大きいことを知って、ゆるしを願うために神に向かい、他の人たちにも同様にするよう励ましました。ゆるしの秘跡、神の癒やしの愛のそのすばらしい賜物《たまもの》は、主とすべての兄弟姉妹との和解の偉大な方法でした。自分を罪びとであると認識し、入念な良心の糾明の後に犯した悪を認め、それを悔やみ、自分の行動を償う決意をします。このイエスとの出会いから、彼女はゆるされ、癒やされ、力づけられて脱出するのです。「わたしたちは罪を負った罪びととしてゆるしの秘跡を受けに行き、罪のない人として出てくるのです」と、マザーはたびたび繰り返していました。

もし彼女がだれかに悪いことをしたならば、彼女は自分の過ちを直ちに認めて謝罪しました。「ごめんなさい」と言うことは勇気と謙遜を必要としますが、往々にしてそれが唯一の和解と平和の道です。彼女は傷つけたかもしれない人との和解だけでなく、彼女を傷つけた人とも和解を求めました。姉妹たちに教えた原則を忠実に実行するだけでなく、彼女に非がなかったとしても、悪をした側に和解と謝罪の機会を与えるために、彼女からまず「ごめんなさい」と言うことにしていました。さらに一歩進めば、彼女は間違って罪を問われるときも、イエスに倣う機会としてとらえ、「だれかがあなたを非難したとき、もしあなたの良心が清明であれば神に感謝しなさい。すばらしいチャンスをつかみなさい。これはイエスに近づく最良の方法です」と言っていました。

罪

すべてはわたしの意志にかかっています。わたしが聖人になるか罪びとになるかは、わたしの責任です。

「わたしは神に仕えない」

天使たちに囲まれて、神が質問をされたときの天国を振り返ってください。どんな質問だったでしょうか。すなわち、神である御子が人となり、彼らはその御子に従わなければならない。天使たちはすべてにおいて人間より賢い。彼らの中で最も強いルシフェルは「わたしは彼に仕えない[2]」と言いました。“*Non serviam*”というラテン語は深い意味をもっています。「わたしは彼に仕えない」というこの同じ言葉を、わたしたちも何回言ったでしょうか。地獄はその時点で創られました。それ以前に地獄は存在しませんでした。一度そこに落ちたら、出てくることはできません。出てくることのできる唯一の機会は、悪魔のように人びとを誘惑するときで、そうでなければ地獄を出る許可はありません。憐れみも罪を清める方法もなく、地獄には告白もありません。ですから姉妹の皆さん、ゆるしの秘跡を有効に活用してください。

非常に美しい男性と女性がいました、実に美しい人たちでした。当時世界にはイエスがおられませんでした。今、世界には何十億もの人がいますが、当時この二人だけでした。そして非常に美しい庭園に、美しい木々が生えていました。神自ら彼らに話しかけられました。神は彼らにとても小さな一つのことを言われました。「あなたがたはこれらすべての木、他の何百本の木、有り余る木から取って食べてよろしい。しかしこの木の実だけは食べてはいけない」[3]と。そしてあの木、この木の下に座る代わりに、彼女エバは禁じられた木の下に座りました。そこでルシフェルは変装してその木の中に座り、下にいる彼女に話し始めます。「あなたがたはこの木の実を食べることをゆるされていないのですね。わたしはなぜか知っていますよ。もしこの木の実を食べると、あなたがたは神のようになり、この実を食べるともっとよく知るようになるのです。」そしてアダムは彼女を捜してあらゆるところを歩き回り、彼女にそこを離れるように呼ぶ代わりに、エバが彼を呼んで言いました。「ごらんなさい。わたしはこの実を食べて、命に満ちています。今わかりました。」そして彼女を喜ばせるために、アダムも食べました。彼らが実を二つも三つも食べたとは思えません。一つだけでしょう……[4]。

さて姉妹の皆さん、よく注意してください。皆さんに深く考えていただきたいのです。エバがその木の下に座っていなかったら、おそらく悪魔は彼女を誘惑できなかったでしょう。この不注意を見てください。不従順の罪は世界に多くの悪をもたらしました。よく聞いてください。この誘惑はどこで始まったのでしょうか。もしエバがあの木の下に座ることを避けていたなら、悪魔も彼らを誘惑しなかったでしょう。しかし、不注意が彼らに罪を犯させたのです。

愛することができない

罪は愛することができない（状態）です。この言葉はわたしにとって何を意味するのでしょうか。マルガリタ・マリアが彼女に語りかけられたイエスに、その悲しげな表情について理由を尋ねたとき、彼は「わたしに非常に近い魂が罪を犯すとき、その罪が深い痛みを与える」と言われました。罪は神によって創られたのではなく、不従順によって創られた悪です。生命が始まるとき、わたしたちは神のイメージにしたがって創られました。すべての小さなものまで非常に美しく、──「あの木からだけ食べてはいけない。(5)」その理由を、神は述べられませんでした。ごくささいなことです。

イエスに対するわたしの愛を何かが裂いていないだろうか

「わたしの心は清純だろうか。イエスに対するわたしの愛を何かが裂いていないだろうか？」

神の愛を運ぶ者として、わたしたちは自分たちについて、時間をとることが必要です。死を迎えたとしてください。あなたは自身に直面しなければならず、神の明るい光の中で、神とあなたの間に何があるか見なくてはなりません。ある神学者たちは、煉獄《れんごく》へ行く人たちは神によって送られるのではなく、彼ら自身で煉獄へ行くのだと言っています。それは彼らがまだ神を十分愛しておらず、彼らの愛が清めを必要としていることを認めるからです。彼らは神と自分たちの間に連繋《れんけい》の絆がないことを認めています。彼らは非のうちどころがないまで清くなることを喜んで、煉獄へ行くとわたしは思います。

わたしにその日を準備させてください。煉獄に行くまで待たせないでください。わたしを縛っているもの、特に執着しているものを調べましょう。単に人間だけでなく、ごく小さなものかもしれません。聖イグナチオはその執着が必ずしも重い鎖によるのではなく、ごく細い絹糸一本によるかもしれないと言っています。わたしは生涯で何本の糸にしがみついているのでしょうか。イエス・キリストに完全に属するために、まったく自由でなければなりません。「イエスは今、わたしのうちにほんとうに生きておられる」と真摯に言うことができるでしょうか。想像の中においてではなく、現実の中で、イエスを知るようになったでしょうか。外面的にわたしたちは非常に内省的で祈りに満ちているように見えるかもしれませんが、シスターたち、あなたがたの深いところでイエスがほんとうにおられることをわからないなら、それはなんの価値もありません。

罪を非難しなさい、罪びとではなく

「人を裁くな。あなたがたも裁かれないようにするためである」(6)とイエスは言われました。しかし、ある姉妹が間違ったことをしているのを見て、彼女は正しいとは言えません。行為は間違っていますが、彼女がなぜそうしているのか、その意図をあなたは知りません。わたしたちが判断するとき、その姉妹、あるいは貧しい人の意向を判断しています。

＊

次のことを覚えておく必要があります。わたしたちは人びとや子どもたちの過ちを見ないわけにはいきません。しかし、決して彼らの意向を判断してはなりません。イエスだけがその意向をご存じです。だからこそイエスは非常に親切であり、憐れみに満ちておられるのです。なぜならイエスはわたしたちがその都度、何を意図していたかを知っておられるからです。

＊

もしその姉妹が大きな間違いをしたとしても、あなたは悪魔を避けるように、判断することを避けなさい。

*

銃やナイフで闘うことはないかもしれませんが、批判や性急な判断で闘うことはあり得ます。一時的感想から自分を守りなさい。簡単にそれにとらわれてしまいます。たとえば、わたしがあなたにうそをつきます、あなたはそれがうそであると知っていて、すぐにわたしをうそつきだと言います。わたしは自分で言った直後、気づいて謝罪するかもしれません。あなたはうそが悪であると知っていますが、なぜわたしがうそをついたかは知りません。わたしはうそをつく事実が悪であることを否定できません。言葉だけでなく、頭の中でも判断をしないこと、この態度を保ちなさい。

*

あるシスターは毒舌家でした。そしてある日、それがまた燃え上がりました。皆、興奮していました。わたしは彼女を呼びにやり、彼女は手帳を見せてくれました。そこには十九回自分を抑えた記録があり、たった一度だけ、失敗してしまったのです。他の人たちは彼女が努力して抑えた十九回は知らず、失敗した一回だけを見たのです。周囲の不平は彼女をいっそう謙虚にする助けとなったことでしょう。彼女の欠点はわかりますが、その理由は決してわかりません。だからこそイエスは裁いてはいけないと言われたのです。この人の心の中の葛藤をだれも知りません。ですから、あなたがたの心から批判、あら探し、判断を取り除いてください。目を開いてシスターたちの長所を見つけてください。聖ヨハネ・ベルクマンは、共同体の中で非常に困難を感じていましたので、諸聖人の連祷を創ったそうです。たとえば、謙遜の鑑《かがみ》ブラザージョン、わたしのために祈ってください。美しい声の持ち主ブラザーポール、わたしのために祈ってください、など。それが彼の召命を救い、聖人にまでさせました。共に生きる喜びをもちなさい。相互に分かち合いなさい。お互いに対してまったく気楽に、率直に、愛し合いなさい。イエスにうそをつくことはできません。お互いを愛さないならば、それは真の愛ではありません。

＊

裁いてはいけない。わたしたちは知らないのです。不親切な考えに陥らないようにしなさい。

愛するのですから親切であるはずです。裁きにおいて不親切であることは、とても簡単です。判断をコントロールしなさい(8)。

*

ある臨終のブラザーが、神にゆるしを乞う代わりに笑っているので、長上は心配していました。このブラザーは、「わたしはだれに対しても批判したり、不平を言ったりしたことはありません。わたしはまっすぐ神のもとへ行くと知っています」と言いました。人は生涯にわたってうそをつくことができますが、死ぬときうそをつくことはできません。そしてこのブラザーは大きくほほえんで「わたしはだれも裁きませんでしたから、神もわたしを裁かれないでしょう(9)」と言いました。

愛徳の欠如

不親切であったり愛徳に反していたりするとき、それはイエスに平手打ちすることです。それは神にとっての屈辱です。その平手打ちを受け入れることは[10]、イエスにとって最大の苦しみでした。あなたが背負う小さな十字架を、イエスの大きな十字架に結びつけなさい。今日わたしはイエスのみ顔から流れる御血を拭きとったでしょうか。

わたしたちはなんと彼に似ていないことか

わたしたちはなんと彼に似ていないのでしょう。なんと愛のないこと、なんとコンパッションのないこと、なんとゆるしがないこと、少しの親切しかもっておらず、……イエスに近づきイエスのみ心に入れていただく値打ちもありません。それなのに彼のみ心は、わたしたちを抱き締めるために、まだ開いています。彼のみ頭《かしら》はまだいばらの冠をかぶされています。彼の御手は今日も十字架にくぎづけられています。「そのくぎはわたしのくぎでしょうか、み顔の唾はわたしの唾でしょうか、その御体と精神のどの部分がわたしゆえにお苦しみなのでしょうか」を見極めましょう。苦しまれたのはイエスの御体のどの部分なのか、わたしの罪がどの御傷に痛みを加えたのか、心配や恐れからではなく、柔和で謙遜な心によって、見つけましょう。一人ではなく、自分の手をイエスの御手において見つけに行きましょう。御父がわたしを愛されること、彼がわたしを特別な道に導いてくださったこと、名前をくださったこと、わたしのすべての惨めさ、罪、弱さ、よさ、わたしが彼のものであることを知っているかぎり、イエスはそこで七の七十倍までゆるして(11)くださるのです。

あなたの心の不親切を空にしなさい

わたしたちの何人が、心の静寂の中で神が語られることに、ほんとうに耳を傾けているでしょうか。心を満たしているものによって、口は語り始めます(12)。まえにも述べたように、わたしたちは殺害とか銃で撃つことを暴力と考えます。たった一発でもそのたびに……。あなたがたに特に調べていただきたいことは、神のお声を聞いたことがあるかどうかです。わたしの心は静かでしょうか。不親切な言葉や怒りの言葉があなたの口から出るならば、あなたの心はイエスで満たされていません。心の充満から、口は語るのです。そして心の静寂において神は語られるのです。わたしはあなたがたの心から、すべての不親切、すべての辛辣さ、あなたが見たり聞いたりするすべての虚偽を空にしてほしいのです。

イエスからあなた自身を切り離す

神はすべてに超えてよくわたしたちを知っておられます。わたしたちの可能性もご存じです。わたしたち個々についての神の知識は完全です。一人ひとりの中になんらかの神の美しさが存在します。わたしたちは神のイメージにそって創られています[13]。神の愛すべき点が個人個人の中にあるのですから、それぞれの中に神の何があるのか見ましょう。この美しさを見るためには、清い目と清い心が必要です。不親切であったり、傲慢であったり、辛辣であったりするとき、「今日なぜわたしは辛辣なのか?」と自問しましょう。わたしの心は清くありません。何かがわたしをイエスから切り離しています。

あなたの言葉を調べなさい

あなたは聖なる者であるか自問しなさい。自分がほんとうに聖であるか知りたいなら、自分の舌を調べなさい。すべての最大の罪はそこにあります、うそも不平も[14]。すべての美しいこと、神のみ言葉もそこにあります。イエスがわたしたちの心に来られるのも、舌をとおしてです。舌はいかに聖でなければならないでしょうか。「イエスのみ心の静寂、わたしに話してください。」どこででもしゃべっているあなたがたが、どのように祈ることができるのか、わたしにはわかりません。舌は非常に密接に心と結ばれています。心の充満から舌は話します[15]。……人びとがいかにイエスを傷つけたか、平手で打ち、唾を吐きかけたことは、驚きです[16]。わたしたちが溝に捨てるものを、イエスに浴びせたのです。そしてイエスはひと言もいわれませんでした。わたしたちが汚いことや不親切な言葉を吐くとき、同じことをイエスにしているのです。「わたしにしてくれたことなのである[17]。」恐ろしいこと、唾を吐きかけるなんて！　そのときヴェロニカが来て、イエスのお顔を拭いたのです。主に唾をかける――「あなたはわたしにしてくれた。」いつですか？　今だ。彼らがしたことは、わたしたちに関係ないと思いがちです。彼らがしたことをまさにわたしたちは今、しているのです。皆さん、今日ご聖体の前に行ってまっすぐイエスに目を注いでください。あのシスター、あの貧しい人にしたことは、「わたしがイエスに唾をかけていたのです。」……このことをしっかり心に留めておけば、あなたの態度全体が変わるのを見ることができるでしょう。

ちょうど今朝、わたしもイエスと共におりました。愛の言葉の代わりに、汚い罪をささげました。そしてイエスはわたしたちに愛の言葉を与えられます。あなたの心が大丈夫かどうか知りたいなら、あなたの言葉を調べなさい。

お互いを尊敬すること

わたしたちは平和と喜びと一致のうちに生きなければなりません。どのようにしてでしょうか？　お互いを尊敬し合うことです。もし神がわたしを選ばれたのなら、あなたをも選ばれました。もし神がわたしを愛されるなら、神はあなたをも愛されます。神がわたしを信頼されるなら、あなたをも信頼されます。

お互いに対して決して汚い言葉を使ってはなりません。悪いことを見ようとしないでください。お互いのよいところを見つけなさい。教皇パウロ六世は、お互いの中に最良のものを見いだすよう努力しました。彼女はわたしがもっていないものをもっていて、もしかしたら、わたしは嫉妬心が強いかもしれません。嫉妬心は残酷なもので、共同体を破壊することもできます。それは根深い傲慢です。

お互いに深い信頼と尊敬をもつことを、わたしは願います。すべてに超えて尊敬、互いの間の尊敬です。わたしは人びとの心の中におられるイエスに、お辞儀をすることもあります。

批判

第一の、そして最も残酷な武器は舌です。あなたの舌が、平和か暴力を創り出すために、どんな役割を演じたか調べてみてください。あなたはほんとうに人を傷つけることができます。わたしたちは舌だけで人を殺すこともできます。

一つの腐ったりんご

謙遜で誠実な魂は、霊的生活において「心の癌」と呼ばれる批判に落ち込むことはありません。それはすべての神の愛、神の関心に向けてわたしたちがもっているすべてのエネルギーを食い尽くします。それはまた非常に感染的です。一人の姉妹が批判を始めると、短時間のうちに二人、四人、八人、十人が追随します。わたしたち兄弟が幼い子どもだったとき、母は悪い仲間の影響を教えたくて、たくさんのりんごの中に意図的に一個だけ腐ったりんごを入れた籠をもってきました。数日後、母はわたしたちを籠の周りに集め、わたしたちは二、三日まえに美しかったりんごがすべて悪くなっているのを見ました。そこで母はたった一つの腐ったりんごが、いかに他のすべてのりんごに悪影響をおよぼすかを説明しました。同様に悪い仲間は他の人たちに害をおよぼします。こうして批判は他の霊魂たちに影響をおよぼします。真に寛大な魂は、決して批判に身を低めてはなりません。普通、批判する人びとは公にはしませんが、ささやきかけて歩き回ります。それは罪です。今日ご聖体の前に行くとき、批判の癌から守ってくださるようイエスに願いなさい。批判は失敗でも、人間の弱さでもありません。それは心にかかわることです。ときどきそれに陥ってしまったとしても、それを避ける決心をし、それから守られるようキリストに願いましょう。批判から自由になるためには、謙虚でなければなりません。

一度口から出た言葉

ここローマにおいて、聖フィリッポ・ネリは、ある一人の恐ろしい舌をもった女性の霊的指導者でした。彼はつねにこの女性に、舌を抑制するように言っていました。ある日、このことをわからせようと、彼女を聖ペトロ大聖堂の最上階まで連れていき、彼女がもってきた枕を開けるように言いました。枕は羽毛でいっぱいでしたから、彼女がそれを開けると、すべての羽毛はあたりに吹き飛ばされました。そこで彼は女性に、「さあ空になった枕に飛散した羽毛を集めなさい」と言いましたが、彼女は十の羽毛しか集められませんでした。そこで彼は、「これらがあなたの舌から出た言葉です」と言いました。わたしたちにとっても同じことです。一度口から出た言葉は、絶対に取り返すことができません。決して繰り返しはしないでください。ご聖体の前でイエスに繰り返すことができないような言葉を口にしてはいけません。沈黙は正されることがありません。

不満を言うことはやさしい

何も拒まない、何も望まないなら、不満を表明することもないでしょう。不満を言うことはやさしいですが、喜んでだれかの杖《つえ》になることは非常にむずかしいのです。不満を言うことによってなんと多くを失い、なんと多くのエネルギーを費やすことでしょう。わたしたちはなんとばかなのでしょう。わたしたちは皆、その傾向があるので、注意しなければなりません。好むか好まないかが行動の基準ではありませんように。わたしたちを呼ばれたかたのみ旨を行うために、ここにいることを思い起こしましょう。姉妹の皆さん、自分たちをよく見張ってください。だれもこの作業をあなたがたのためにすることはできません。神に向かってつねに「はい」と言うことによって幸せになるために、自分を訓練しなければなりません。生活の中で神に向かって心からの「はい」を言う努力をするならば、あなたがたはもっともっと神に近くなる自分に気づくでしょう。

不平

不平を言う姉妹は祈ることができません。そして彼女たちの顔には、何か心を惑わせるものがあることに気づくでしょう。その原因を見いだそうとすると、それはいつも不平、誤解、うわさ話によるものでした。四、五人でこれが起こると、多人数の場合は別ですが、共同生活は非常にむずかしくなります。アメリカ人が医師の診断を受けに行くように、わたしたちも「癌があるでしょうか」とチェックしなければなりません。不平と批判はつねに嫉妬の実りです。繰り返しますが、嫉妬は隠れた傲慢以外の何ものでもありません。

偏見

偏見から遠ざかりなさい。偏見とはだれかに対してあなたの考えを固定させることで、相手は長上でもあり得ます。それが生活の一部になることはとても悲しいことです。わたしたち修道者にとって、偏見のある態度はまったく無価値です。つねに不満でつぶやくこと、それはなんという悪でしょう。自分たちをしっかり見張っていないと、あなたがたも不平を言う餌食になってしまうでしょう、それは非常に伝染力の強い病ですから。

不機嫌

わたしたちの生活は、内に住まわれるキリストと結ばれていなければなりません。神の現存のうちに住んでいないなら、続けることはできません。さらに、もう一つ欠けていることは沈黙です。二人の人が共にいて話し始めます。そうすると、沈黙がないので、よい祈りができません。不機嫌もまた抑制されなければなりません。不機嫌は傲慢を意味します。神に対する愛のために、不機嫌をコントロールしなければなりません。普通のよい家庭であれば、機嫌を悪くして答え返すようなことはありません。そのようなことは、ここでも起こってはなりません。

嫉妬

「心の清い人びとは、幸いである。その人たちは神を見る。[18]」わたしたちの心を不浄にすることの一つは嫉妬です。だれか他の人がもっているものを破壊したくて、不平を言ったりぶつぶつ言ったりします「どうしてわたしでなくて彼女なの？」と。批判も同様であり、これらすべては傲慢の結果です。傲慢には非常に多くの枝があり、わたしたちのうちでどこに伸びていくかわかりません。嫉妬とは、他の人たちの善良さを悲しむことです。自分の心の中にそのようなものがありはしないでしょうか。

怠慢の罪

あなたがたに、怠慢の罪について、祈り、良心をしらべてほしいと思います。ごめんなさいという勇気をもちましょう。

ごめんなさいという最良の方法は、その逆を行動に現すことです。不機嫌だったのなら、幸せを表してください。あなたがたの立場や仕事を変えるのではなく、心を変えてください。死はいつやってくるかわかりません。

*

現代の最悪の病気は重い皮膚病や結核ではなく、すべての人から望まれず、心にかけてもらえず、放置されていると感じることです。最大の悪は愛と愛徳の欠如であり、搾取、腐敗、貧困、病気などの犠牲者に対する恐るべき無関心です。愛は犠牲のうえに成り立つべきです。痛みを感じるまで与え尽くさなければなりません。

そこに横たわったわたしの兄弟

先日わたしは日本の道路を歩いていて、通りの向こう側に横たわっている人がいるのを見ました。彼は泥酔しているようでしたが、彼もわたしの兄弟です。わたしの兄弟。そのことはわたしの心を痛めましたが、何もすることができませんでした。だれ一人、手を貸さないことにとても困惑しました。大勢の人が通っていきましたが、だれ一人、手を貸して彼を起こそうとせず、道の端に寄せようともしませんでした。わたしは日本での法規を知りませんから、そうすることができませんでした。わたしはたった二、三日、日本にいただけですから。それでもわたしは痛みを感じていました。わたしの兄弟がそこに横たわっていて、わたしはそこを通り過ぎたのです。あれは困窮の姿に変装したイエスであり、愛に対して飢えたイエスだったのです。それなのに、わたしは愛を与えることができませんでした。それは人間の尊厳をはぎ取られた姿でした。彼も人間であり、だれかの父親であったにちがいありません。彼もだれかの息子であり、だれかの兄弟でありながら、道の真ん中に横たわっていたのです。多くの車が通り過ぎ、大勢の人が通り過ぎていきました。どうしてなのでしょうか。あなたがほんとうに愛したいなら、「愛は家庭から始まる」というのはまさにいちばん近いところ、そこから始まるのです。今この時点で愛することを恐れてはなりません。愛は傷つくまで与えることですから、自分たちが痛みを感じるまで愛することを恐れてはなりません。

わたしには時間がない

イエスは非常に世界を愛されたので、ご自分を重い皮膚病の患者、道路で倒れた哀れな精神病患者にしました。それによってあなたやわたしがイエスを愛し、わたしたちの愛に対するイエスの飢えを満たすことができるからです。死に直面して、あなたとわたしが裁かれるときは、どんな偉大なことをしたかではなく、貧しい人、空腹だった人、門前まで来た人、孤独な人、街を歩いていた視力のない人、寂しい人、望まれない人、このわたしの家族の中で愛されない人に対してどのような対応をしたかによって裁かれます。もしかしたらわたしには年老いた父、年老いた母、病気の子どもがいるかもしれないのに、わたしには時間がない、非常に忙しくて時間がない、他の人びとにほほえむ時間もない。わたしには足の不自由な娘がいる、足の不自由な妻がいる、病気の夫がいる、が時間がない。しかし、それはまさに助けを求めるために変装したイエスです。わたしの家族の中に、共同体の中にいる愛に飢えるイエスです。そして、わたしは時間がないのです。わたしたちはお互い同士にほほえむ時間さえないのに、イエスは永遠の愛によってわたしたちを愛しておられます。そしてイエスは「わたしがあなたがたを愛したように、あなたがたも互いに愛し合いなさい[19]」と言われます。彼はご自分の愛を他のだれの愛にも比べず、「父がわたしを愛されるようにわたしもあなたがたを愛した[20]。わたしがあなたがたを愛したように、互いに愛し合いなさい[21]」と言われました。

あなたはどこにいるのか

あなたがたには、パンあるいはお米、その国で食べるものに飢えている人はいないかもしれません。しかし愛に飢えた人、寂しい人が街の通りにたくさんいます。次の場所に行っても同じです。望まれない人、愛されない人、放置された人、愛に飢えた人が大勢います。彼らの周りには空瓶が三本も四本もころがっていますが、彼らが飲むのはそれ以外のものをだれも彼らに与えないからです。あなたはどこにいますか。わたしはどこにいるのでしょうか。裸であるということは、単に衣服の問題だけではありません。こうした人びとは、人間としての品位、神の子の品位を失ってしまったのです。あのホームレスは単に住む家がないだけでなく、拒絶され、望まれず、愛されず、世話をされず、見放され、社会の「放置物」になってしまったのです。ニューヨークでもロンドンでも、ヨーロッパの大都会では、新聞紙一枚を敷いて寝ている大勢の人たちがいます。MC（神の愛の宣教者会）の姉妹たちは夜十時から午前一時まで、サンドイッチと温かい飲み物をもってローマの街を回っていますが、ひどい寒さの中で、彼らは新聞紙一枚しかもっていないのです。わたしはロンドンで、こういう人たちが寒さをしのぐために工場の壁に寄りかかっているのを見ました。なぜですか？　どのように？　わたしたちはどこにいるのでしょうか？ですから、家庭から愛し始めることが、わたしたちにとって必要です。痛みを覚えるほどの愛をもって愛することを学んだなら、その愛を与えることができ、わたしたちの目が開かれ、見えるようになる、見えるようになるのです。多くの場合、わたしたちは目を開けているのですが見ないのです。または、見てはいるのですが、見たくないのです。ですから、身近なところから実行しましょう。妻に対する夫のように、子どもたちのために、共に工場で働く人たちのために、人びとに対する優しい愛を！

貧しい人を知っているでしょうか

何が起こっているのでしょうか、「わたしはあなたをほしくない」というこの中絶、これはすべて愛を殺していることです。これがこの国での最悪の貧しさです。どこの国においても愛を殺し、愛を破壊することは、貧しさの中で最悪の貧しさです。あなたがたもわたしも多くのものを受けた者は、そうした人びとに向き合わなければなりません。貧しい人とはだれであるか、ほんとうに知っているでしょうか。それぞれの家庭で、近所で、住んでいる街で、世界で。もし知っているなら、その人たちを自然に愛するでしょう。そしてもし彼らを知っているなら、彼らを愛するでしょう。彼らを愛しているなら、彼らに奉仕することが理解されます。奉仕するというのは、有り余る豊かさから数ドルあるいは数ルピーを与えることではありません。痛みを覚えるまで与えなければなりません。彼らがだれであっても、彼らがどこにいても、彼らを愛するために心を与え、彼らに奉仕するために手を貸さなければなりません。

周囲の人を知っているでしょうか

傷つくまで与えなければなりません。真実の愛であるためには、痛みが伴わなければなりません。わたしたちを愛することは、イエスに痛みを与えました。わたしたちを愛された神は、御子を与えなければならなかったゆえに、痛みを覚えられました。今日わたしたちは共にここにいます。わたしは何ももっていないので、あなたがたに何も与えることができません。しかし、わたしがあなたがたに求めることは、わたしたちが共に目を開き、家族の中に貧しい人を見るとき、痛みを覚えるまで、家庭において愛し始めることです。それはいつもほほえむことができ、人びとに対する時間もあるということです。貧しい人びとを知るようになれば、隣に住む人がだれであるかも知るでしょう。自分たちの周囲の人びとを知っているでしょうか。寂しい人がたくさんいます。

先日、街を歩いていましたら、一人の男性が歩いてきて、「マザーテレサですか」と尋ねました。「はい、そうです」と答えると、「どうぞ、シスターの何人かをわたしの家に送ってください。わたしは半分目が見えず、妻はほとんど認知症で、わたしたちは、ただただ人間の声を聞きたいと切に願っているのです。わたしたちにはすべてがありますが、一つだけ欠けていることは……」とのことでした。姉妹たちをこの場所に送ってみると、それはほんとうでした。彼らにはすべてがありましたが、この二人の寂しさは、家族と呼ぶ人がだれもいなかったことです。息子や娘たちは非常に遠くにいるらしく、老夫婦はいまや望まれず、彼らの役にも立たず、無益な存在で、寂しさだけの中で死を迎えなければならないのです。

他の人から避けられる

　寂しさというのはどういうことか、それに直面してみなければわからないことだと思います。飢えについて話す人びとにとっても同じことです。実生活において飢えを体験しないかぎり、飢えによる苦しみを理解するのはむずかしいことです。寂しさ、望まれないこと、愛されないこと、放置されることにおいても同じです。たとえば、みんなから避けられる重い皮膚病の患者の約四千六百人を、わたしたちは世話していますが、その病気以上にわたしが感じることは、すべての人が彼らを避け、彼らから逃げていく寂しさです。それは重い皮膚病そのもの以上に深刻なことです。

放置される存在

　重い皮膚病が非常にむずかしい病であることは確かです。しかしそれが人びとから避けられ、望まれず、放置され、ただ一人でおかれることほど痛ましいことはありません。忘れられない思い出があります。ある日、コルカタのＭＣ（神の愛の宣教者会）の施設で、重い皮膚病の患者のパーティーがありました。全身病に覆われ、顔も変形してしまった紳士が立ち上がって次のように言いました、「昔、遠い昔、わたしは政府高官階級にありました。わたしにはすべてがあり、どこへ出かけても人びとが後についてきました。しかし病気に感染し、職を辞さなければならなくなったとき、家族を救い、娘や息子が見捨てられるのを避けるために、世間を去り、そして現在このような状態になりました。今、わたしにはだれもいません。だれもわたしを愛してくれません。わたしたちに命を注いでくださるこのシスターたち以外に、だれもわたしを望みません。」これがこの施設にいる人たちの感じている痛みです。あるいはまた、道端で見つけて連れてこられた人が言いました。「道路でわたしは動物のように生きていましたが、今、天使のように死んでいきます。」これこそ人びとが必要としていることです。彼らは奉仕するあなたがたの手を必要としていますし、彼らを愛するあなたがたの心を必要としています。

望まれない存在

わたしはある日、夜遅く起こったことを忘れられません。真夜中だったでしょうか。ドア・ベルが鳴るのを聞いて下りていきました。すると幼い子どもが泣いているので、どうしたのか、何が起こったのか尋ねました。彼が言ったことは、「お父さんのところへ行ったら、お父さんはぼくをほしくない、と言った。お母さんのところへ行ったら、お母さんもぼくをいらないと言った。

でもマザーがぼくをほしいと言ってくれると思ったので来たの」でした。あなたの子どもは望まれない、愛されないと感じていませんか？

多くの心配

ある日、わたしは一人の貧しい女性、善良で敬虔な女性に、「朝あなたが最初に思うことはなんですか」と尋ねました。それは彼女がまず祈ると思っていたからです。ところが彼女は「今日、子どもたちに何を食べさせることができるか考える」と答えたのです。彼女はまったく善良な女性でした。でもそうした心配に直面しなければならないのです。わたしたちはそのような心配をする必要がないのです。

不正

わたしにとって貧しい人びとに対する最大の不正は、物質的欠如ではなく、神の子としての品位を奪っていることだと思います。「彼らはダメな人間、彼らは怠け者、彼らはあんな、彼らはこんな」というさまざまな修飾語で、彼らの人格に対する尊敬を欠いていることです。わたしにとってはこれが最大の不正だと思います。こういう人たちに、「あなたがたがそのような立場にあったらどうしますか。来る日も来る日もおなかがすいて、子どもたちが飢えと寒さで死んでいくのを見たら……」と尋ねます。わたしたちのだれも、そのようなことを体験していません。

ある日、道路で六〜七歳の子どもを見つけてきたときのことを忘れられません。その子の顔を見ただけで、空腹である、極度の空腹であることがわかりました。そこで、もっていたパンを与えましたら、少しずつちぎってちびりちびり食べ始めました。「あなたはおなかがすいているのだから食べなさい、食べなさい」と言うと、彼女は「でも、食べ終わったらまたおなかがすくから」と言って少しずつしか食べませんでした。こんなに幼い子が、すでに再び空腹を味わうことの苦しみを体験するのを恐れているのです。満腹しているわたしたちは、貧しい人びとに尊敬を欠いた批評を安易にします。そしてこれは最大の不正です。

彼らを名前で知っているでしょうか

貧しい人びとを名前で知っているでしょうか。個々の子ども、おとなを名前で知っていますか。顔を見ただけで、その子が食べていないことがわかりますか。あなたがたは彼らが落ち着かないとき、なぜ落ち着かないのか理由を確かめずに叱ります。あなたがたはおなかがすいていないからすべてはやさしくでき、彼らのことが理解できないのです。

ニルマル・ヒルダイの二十五周年記念の祝賀会での出来事に、心を深く打たれました。貧しい人びとは、自分たちがもらったランチボックスを、食事していない他の人びとと分かち合うために、手をつけずにそのままもち帰ったのです。

先日一通の手紙を受け取りましたが、次のように書かれていました。「国内には多くの問題が山積している。その原因は貧者と政府で、糾弾されるべきである。」わたしはこれに返信して、「満腹している人が、国をかき乱すのは非常に容易なことです。この点について記事を書くことによって政府を攪乱《かくらん》し、不満を募らせることは満腹しているあなたにとって、とてもやさしいことです」と書きました。

チャリティー、貧しい人への麻薬か？

先日、チャリティーは、貧しい人への麻薬だというイエズス会の司祭によって書かれた記事を読みました。貧しい人びとに何かを無償で与えることは、麻薬を与えるようなものだと言うのです。わたしは次のように書いて、彼に尋ねることにしました。「なぜイエスは人びとを憐れまれたのですか」と。パンと魚を増やすこと[22]によって人びとの空腹を満たしたことで、彼も麻薬を与えたのです。イエスは人びとに福音を告げるために来られましたが[23]、人びとが空腹で疲労しているのを見たとき、まず食べ物を与えられました。もう一つわたしが彼に尋ねようとする質問は、「あなたはかつて貧しい人の空腹を体験したことがありますか。あなたは酷寒の中で、夜温まる一枚の毛布さえないのを体験したことがありますか。ひどい頭痛のときに、アスピリンもないのを体験したことがありますか」です。彼にとってもわたしたちにとっても、貧しい人びとの貧困について話すことはとても簡単ですが、それについて実際にはほんの少ししか知りません。今日もミサの終了後、何も考えず、わたしたちは全員朝食の席に着きました。皆、チャパティを食べ、望むだけ十分にお茶を飲みました。そのとき、明日十分な食べ物があるだろうか、一杯のお茶はいくらかかるか、もっとお砂糖を買う余裕があるだろうか、などと考える必要がありましたか。

最初の暴力

暴力とは何か。最初に考えることは武器、ナイフ、殺害などです。舌に関連した暴力を考えることはありません。世界に最初にやってきた暴力は「虚偽」でした。悪魔はエバにうそをついたのです。そしてその一つのうそによって、全人類は罪深くなりました。そのうそとはなんだったのでしょう。「あなたがそれを食べると、神のように賢くなる。[24]」考えてみてください——そのたった一つのうそ、虚偽。わたしたちは外の人や相互にうそをつくことができますが、神にうそをつくことはできません。悪魔は神にうそをつくことができると、わたしたちに信じさせるのです。自分たち自身には何も隠すことができませんから、わたしたちは自分にうそをつくことができません。現実を知っていますから。わたしたちは信じようと努力しますが、自分を欺いてしまうことがあります。悪魔はたった一つのうそを信じさせようと、千のうそをつくのです。

うそ

「わたしは神を愛するが、隣人を愛さない」と言うことは十分ではありません。聖ヨハネは、もしあなたが神を愛するが、隣人を愛さないと言うならば、あなたはうそつきだと言っています。[25]目に見え、触れることができ、共に住んでいる隣人を愛さないなら、どうして目に見えない神を愛することができますか。ですから真実の愛には痛みがあると認めることが、非常に大切です。

命の尊厳が失われた

　命は、愛し愛されるために神ご自身によって創造された神の賜物《たまもの》です。したがって、わたしたちには神に属すものを破壊する権利がありません。命を殺すことは、愛を殺すことであり、神の現存を破壊し、美しいものをすべて破壊することです。

神のイメージ

　先日、胎児は出生まで子どもではない、というようなことを読みました。そのようなことをどうして言えるのか、わたしには理解できません。なぜなら、命があるのです。胎児には神の命があり、その子は愛し愛されるという偉大なことのために創造されたのです。そして現代世界に多くの惨めさがあるのは、痛みを感じるまで愛し、愛されることを忘れてしまったからです。

　ですから、ここに集まったあなたがたすべて、共に祈りましょう。あなたがたが何を信じていようと、どんな信仰をもっていようとも構いません。わたしたちの家庭から、わたしたちの心から、神の美しいイメージを損なうもの、家庭の平和を破壊するものを取り除いてくださるよう神に願い、他の人びとがお互いを愛し合うよう助けることと、ゆるし合うことによって、神により近づくことができるよう犠牲をささげましょう。ゆるしがなければ平和を得ることはむずかしく、愛を得ることもむずかしいからです。ご存じのように、すべての愛の働きは平和の働きです。ですから、今日のこの美しい機会を神に感謝しましょう。

殺害

空の旅をしている間、わたしは手紙を書くことに時間を使っていましたが、目を上げるたびに見えるビデオの映像は、銃の撃ち合い、殺し合い、ひきずり合いという重苦しいものでした。頭を休めて見上げると、再び殺し合い、ピストル、拳銃……ひどい緊張でした。後にわたしはエア・インディアのオフィスへ行って大いに叱責しました。「あなたがたはすべてを快適にしてくれましたが、人びとの精神をかき乱しています。彼らはあのようなことを学んでいますから。」するとた彼らは、そうしたことを考えたことがなかったと言うのです。そこでわたしは、「今後それについて考え始めてください。悪は広まっています。機内の人びとは疲れていて休息が必要なのです。わたしが目を上げるたびに、精神と心を高めるような美しいものは一度も見ることなく、銃撃、殺害、拳銃だけでした」と伝えました。大いに祈らなければなりません。

今、ユーゴスラビアでは人びとは殺し合い(26)、なんの感情もなくお互いを細かく切断しています。わたしがいつも言うことですが、「もし母親が自分の子どもを殺すことができるなら、人がしてはならないことはなんなのでしょうか。」中絶によって、何百万の赤子が殺されているでしょう。こうした殺人、こうした戦争は中絶の結果であって、ほんとうに祈らなければなりません。このようなことがどこまでいくのでしょうか。インドでも同様のことが起こっていて、小さな場所で殺し合いがあり、いたるところに問題があります。

＊

死刑

しばらくまえにアメリカから電話を受けました。非常に重い罪を犯した男性の死刑が執行されるとのこと。電話は、わたしから州知事に訴え、この男性のために何かしてほしいというものでした。神は助けてくださいました。口にのぼった最初の言葉は、「もし、イエスがあなたの立場にあったなら、なさるであろうことをしてください」でした。その男性は処刑されず、今もまだ服役しています。

故意に失われる命

今日ここにわたしたち一人ひとりがいるのは、わたしたちを創られた神によって愛され、両親はそれを受け入れ、命を与えるために心を尽くして世話をしてくれたからです。命は神からの最も美しい賜物《たまもの》です。だからこそ、今、世界の多くの場所で起こっていることを見るのは、実に痛ましいことです。戦争、暴力、中絶などによって、命が故意に失われています。そしてわたしたちは、神によってもっと偉大なこと――愛し、愛されるために創られたのです。

子どもたちは苦しみ続けている

一人ひとりの子どもは愛されて存在し、愛し愛されるという偉大なことのために創られた無限に貴い神の賜物です。それなのに、非常に多くの子どもたちが、忘れ去られ、放置され、悪用され、心身ともに想像を絶する苦しみにさらされています。わたしは子どもたちの目を見てきましたが、ある子どもたちは飢えのために目が光っており、ある子どもたちは痛みのために、どんよりした空虚な目をしています。ミルクや薬の不足のために死にかけている数え切れない子どもたちを、わたしは腕に抱いてきました。なぜこのようなことが起こるのでしょうか。どうして？　こうした子どもたちはわたしの兄弟であり、姉妹であり、わたしの子です。現代世界においてこのように恐ろしい苦しみが子どもたちにあるのは、貴重な命の賜物をくださった命の創り主である神に感謝する祈りを、男性も女性も忘れてしまったからです。そして男性と女性が母の胎内にある子どもたちを殺すことを受け入れるかぎり、子どもたちは恐ろしく苦しみ続けるでしょう。それはとても明らかなことです。もし中絶がゆるされるならば、子どもに故意に害を加えたり、苦しめたり、殺したりすることを、いかに止めることができますか。母の胎内にいる子も、出生後の子も同じ子どもです。

避妊

夫婦が家族計画を立てなければならないこと、そして自然法による家族計画があることも知っています。家族計画を立てることは、避妊法によるのではなく、自然法によるべきです。避妊法によって命を与える力を失効させることは、自分に何かを課すのです。それは自分に注意を向けることで、彼あるいは彼女のうちにある愛の賜物を破壊します。夫婦の愛は、自然法による家族計画が示すように、相互に注意を向けるべきであって、避妊法で起こるように、注意を自分に向けることであってはなりません。生きた愛が避妊法によって失われると、中絶が簡単にそれに続きます。世間の大きな問題は通常、夫婦が自然法による家族計画を実行するほどには、お互いを十分愛していないということも、わたしは知っています。わたしたちは世の中にあるすべての問題を解決することはできませんが、最悪の問題を引き起こすことが決してあってはなりません。それは愛を破壊することです。避妊や中絶の実行が勧められるとき起こるのはこのことです。

貧しい人びとは偉大な人びとです。彼らはわたしたちに、実に多くの美しいことを教えてくれます。ある日そのうちの一人が、自然法による家族計画を教えられたことを感謝するためにやってきました。それは相互に対する愛のために自分をコントロールする以外の何ものでもないからです。そしてこの貧しい人が言ったことは真実です。貧しい人びとは食べ物もなく、住むホームもないかもしれませんが、彼らが霊的に豊かであるとき、彼らは偉大な人びとであることがわかります。

街路で飢えた人を見つけると、お皿にご飯を盛り、それと一切れのパンをあげます。しかし自分は望まれない、愛されていない、社会から見捨てられたとして心を閉ざしている人に対しては、その霊的貧しさを克服するのは非常にむずかしいのです。そして避妊法に続く中絶は、往々にして人びとを霊的に貧しくし、それが最悪の貧困であり、克服がむずかしいものです。

最大の貧困

最大の貧しさ！　それは子どもです、生まれなかった子ども、母親の胎内にいた小さな子どもです。母親は子どもがほしくないのです。彼女は子どもの存在を恐れるのです。「もう一人子どもを養わなければならないなら、もう一人子どもを教育しなければならないなら、車を買うことができない、テレビを手に入れることができない。だから、子どもを殺さなければ……。」中絶――殺人！　だれによって？　母親によってです。医師によってです。なんと恐ろしいことでしょう。その無垢な子ども、望まれない子ども、中絶された子ども。深刻な貧困！　最悪の貧困。家庭においてです。おそらくあなたの家族の中では、一切れのパンの欠乏で死ぬ人はいないと思います。しかし、その小さな命は、あなたが望まないことから、死ななければならないのです。

＊

わたしにとって最大の貧困は、国も国民もあなたもわたしも、もう一人の子どもを養うことができない、教育することができない、衣服を与えることができない――そしてその子どもは死ななければならない、ということです。そしてこのことが、世界に多くの不幸をもたらした、とわたしは思います——生まれなかった子どもの叫びです。

神と隣人への愛

神が存在するのと同じ目的のために、神のイメージに従って神が人間の命を創造されたことを思ってみてください。神はわたしたちを愛するために存在され、あなたとわたしとあの小さな生まれなかった子どもは、同じ目的のために創造されたのです。すなわち愛し、愛されるためです。ですから、わたしは中絶が神ご自身に背く行為であると信じるのです。なぜならそれは、神の現存、神のイメージを排除しようとするものだからです。

神の慈しみ

どんな中絶においても、二人が殺され、犯人も二人いると思います。殺されるのは子どもと母親の良心です。ですから、犯人たちが神に謝罪し、彼らの魂に平和が生まれ、神のゆるしがいかに大きいかを理解し、神の慈しみは彼らの過ちよりはるかに大きいことを理解する恵みを祈りましょう。そして彼らが、そうです、神はわたしを愛し、わたしをゆるされました、と理解するよう、優しさと愛を示しましょう。彼らがゆるされたと感じること、わたしたちが彼らに再び中絶などしないと決心する美しい機会を与えることは非常に大切で、そうして彼らは生まれなかった小さな子どもに対する優しい愛と心遣いをもつようになるのです。

母親の心の痛み

先日、わたしは八年まえに中絶をした女性と話し合っていました。彼女がわたしになんと言ったと思いますか？「マザー、わたしは心に痛みがあります。八歳くらいの子どもを見るたびに、わたしの子どもも八歳になるはずだったと思います。昨年は七歳の子どもを見るたびに、でした。そしてそれが心を痛めるのです」と。彼女はキリスト者ではなく、ヒンドゥー教徒でしたから、中絶することの意味を理解しなかったかもしれませんが、心の深いところでは、宗教に関係なく、母の愛、母の本能は「わたしは子どもを殺した、わたしの子どもの命を奪った」と生涯言い続けることでしょう。

わたしの母

母がわたしをほしいと思ってくれたことを感謝しています。もし母がわたしを望まなかったら、今、わたしは「神の愛の宣教者」ではないでしょう。ですからわたしは母に心から感謝し、貧しい人びともわたしを望んでくれた母に感謝しているでしょう。

最大の平和破壊者

わたしたちは子どもたちをほしいですし、子どもたちを愛しています。しかし、他の何百万の子どもたちはどうでしょうか。多くの人びとが、大勢栄養失調や飢餓で死んでいくインドやアフリカの子どもたちについて、とても、とても心を配っています。しかし、他の何百万人は、母親の意志によって故意に死に導かれているのです。そしてこれが現代の最大の平和破壊者です。というのは、母親が自分の子どもを殺すことがゆるされるなら、わたしがあなたを殺し、あなたがわたしを殺すことを妨げる何が残されているでしょう。この二つのことはまったく同じです。

女の子を除外する

ムンバイとデリーでは新しいことを実践しています。彼らは女の子を処分したいのです。というのは娘が結婚するとき、両親は非常に多額の持参金を必要とするからです。そのため今日では、妊娠二か月で胎児の性および身体的欠陥を診断できる方法を使っています。統計によれば近い将来百人の男性に対して、たった二十人の女性が存在することになり、結論は罪になるでしょう。ここから生じる罪を想像してみてください。それは家族生活を破壊します。わたしたちは祈る労をとらなければなりません。そして祈ることを家族の中にとり戻さなければなりません。

愛による説得

どのように女性に中絶しないよう説得できるでしょうか。いつものように、愛によって説得しなければなりません。そして愛によってということは、痛みを覚えるまでに与え尽くすことです。イエスは、わたしたちを愛するために命さえも与えられたのですから、中絶を考えている母親に、愛すること、すなわち彼女の子どもの命を尊ぶために、彼女の自由時間の計画など、痛みを覚えるまで与え尽くすよう助けることです。その子どもの父親がどんな人であっても、彼も痛みを覚えるまで与えなければなりません。中絶によって、母親は愛することではなく、自分の問題を解決するために、自身の子どもを殺すことを学び、父親は命をもたらしたその子のためになんの責任も負う必要がなくなります。そのような父親は、おそらくまた別の女性に同じような問題を引き起こさせ、中絶はまたもう一つの中絶を生むことでしょう。中絶を受け入れるような国は、国民に愛することではなく、彼らが望むものを手に入れるために、どんな暴力でも使うようにと教えているのです。

養子受け入れ

わたしたちは養子受け入れによって、中絶と闘っています。母親と乳幼児の世話をすることによって、何千という命を救ってきました。クリニックにも病院にも警察にも「どうぞ子どもを処分しないでください。わたしたちが子どもを受け入れて世話をします」と伝えました。それによって問題を抱えた母親に、わたしたちがあなたがたの世話をし、あなたの子どもに家を用意するから、どうぞ来てください、とつねにだれかが伝えられるように。子どもを得られない多くの夫婦から養子受け入れの希望がだされますが、受胎回避のために何かしたカップルには、決して子どもを贈りません。イエスは「わたしの名のためにこのような一人の子どもを受け入れる者は、わたしを受け入れるのである」[27]と言われました。養子受け入れをするカップルはイエスを受けるのですが、中絶をするカップルは、イエスを受け入れることを拒否するのです。どうぞ子どもを殺さないでください。わたしは子どもがほしいのです。どうぞわたしに子どもをください。わたしは中絶されようとしていた子どもを喜んで受け入れ、その子を愛し、その子に愛されるような結婚したカップルに差し上げます。コルカタにあるMCの乳児院ホームだけでも、三千人の子どもたちを中絶から救いました。この子どもたちは養子受け入れをした両親に豊かな愛と喜びをもたらし、愛に満たされて成長しました。

神はわたしたちを愛される

もし神がわたしたちを愛されること、神がわたしたちを愛されるようにわたしたちも他の人びとを愛することができること、を覚えているなら、アメリカは世界のために平和のしるしとなることができるでしょう。弱者の中で最も弱い者――まだ生まれていない子どもへの配慮をするしるしは、正義と平和の燃える光となって世界中に出ていかなければなりません。そうすれば皆さんは、この国の創建者が願ったことを真に立証することができるでしょう。神が皆さんを祝福されますように！

家庭崩壊

愛が家庭から始まるように、悪もまた家庭から始まり、罪も家庭から始まる。

世界は逆転している

家庭に愛と平和の喜びを与えることができるのは、あなたでありわたしです。今日、世界が多大な憎しみと殺戮《さつりく》と不幸によって逆転しているのは、家庭における愛と平和と喜びが破壊されてしまっているからです。家族はもう共に祈っていません。そして祈っていないので、共にとどまることができないのです。そして、もし共にとどまることができないならば、お互いを愛することもできません。そして母親が自分の子どもを殺すことができるならば、他の人びとにはお互いを殺す以外に何が残されているでしょうか。

愛は家庭から始まる

聖ヨハネは「目に見える兄弟を愛さない者は、目に見えない神を愛することはできません(28)」と言い、非常に強い言葉を使って「『神を愛している』といいながら兄弟を憎む者がいれば、それは偽り者です[29]」と言っています。これはわたしたち皆が理解しなければいけないこと、すなわち、愛は家庭から始まるということです。今日、わたしたちは、世界のあらゆる苦しみが家庭から始まっていることを、ますます目にします。現代はお互いに顔をつき合わせ、言葉を交わし、お互いの存在を楽しむ時間さえないのです。そしてさらに子どもたちが両親から期待し、夫が妻から期待し、妻が夫から期待する時間はもっと少ないのです。したがって家庭を離れる時間はもっともっと多くなり、家庭内での相互の接触はもっともっと少なくなるのです。

家庭における愛

わたしは自分の母のことを決して忘れることができません。彼女は終日非常に忙しくしていましたが、毎日夕方になると母は素早く動いて父を迎える用意をするのが常でした。当時わたしたちは理解しておらず、ほほえみ、笑い、母をからかっていました。今になって、母が父に対してなんとすばらしい繊細な愛をもっていたかを思い出します。何が起こったかは問題ではなく、母は、ほほえみをもって父を迎える用意ができていました。今日、わたしたちは時間がありません。父親も母親も非常に忙しく、子どもたちが帰ってきても、彼らを愛し、彼らにほほえみかける人はだれもいないのです。

それほど忙しい

現代世界において、結婚したカップルはお互いに対する親密な愛を深める時間がないので、大きな困難に出合っています。彼らはそれほど多くのことで忙しいのです。

＊

最近は多くの崩壊した家庭、家族を見ます。なぜでしょうか。年老いた父、年老いた母は施設に行かざるを得ないし、父親は忙しく、母親も忙しい。子どもが家に帰っても愛してくれる人も、冗談を言える人も、話し合える人も、笑顔を向けてくれる人もいない。それで子どもは外へ出ていかなければならないのです。あなたがたが見たことがあるかどうか知りませんが、わたしはロンドンでもローマでもアメリカでも、そうした子どもたちが街にあふれているのを見ました。そして今、ＭＣ（神の愛の宣教者会）の姉妹たちは世界中に広がって、この恐ろしい貧困を見つけています。ですから、愛が家庭から始まること、愛はわたしたちの共同体から始まることを、あなたがたもわたしも理解しなければなりません。家庭や共同体ではお互いにたびたび顔を合わせます。それなのにお互いのための時間さえなく、相互を無視することがあるのです。

子ども、愛と平和が始まるところ

わたしは、西欧において多くの青年男女が薬物依存に陥っているのを見て驚き、それはなぜかを発見しようと努力しました。西欧の人びとは東洋に比べて、非常に多くのものをもっているのに、なぜでしょうか。その答えは、帰宅する彼らを待ち受ける人がいないということでした。子どもたちは、身の安全、神を知り神を愛すること、すべてをわたしたちに依存しています。彼らはすべてのことを、信頼と希望をもって親たちから期待しているのに、しばしば親たちはとても忙しいのです。彼らには子どもたちのための時間がありません。あるいは親たちは結婚さえしていなかったり、結婚を放棄しており、そこで子どもたちは街へ行き、薬物その他に巻き込まれているのです。わたしたちは子どもの愛について話していますが、それは愛と平和がどこで始まらなければならないかを意味します。

共に祈る

　ある日、わたしはごみ箱の中から一人の女性を引き上げました。彼女は高熱で死にかけていました。彼女は死に直面しているのに、「わたしは傷ついている、息子がわたしにこのようにしたのだ」と言い続けていました。わたしは彼女を助け、ＭＣ（神の愛の宣教者会）の施設に運びました。彼女が息子をゆるすように彼女と共に祈りましたが、それには長い時間がかかりました。祈る、祈る、祈る。彼女が空腹ならパンを与えればすみます。しかし、彼女が「息子をゆるします」と言えるまで手伝うには非常に長い時間がかかりました。神に感謝！　彼女は死の直前に「わたしは息子をゆるします」と言ったのです。この恐ろしい苦しみをごらんなさい。わたしたちには想像もできませんが、こうした状況を富んだ国でもたびたび目にしてきました。寂しさは恐ろしいことです。今日、病人のために祈るようここに集まっていますが、今、述べたような人がもしかしたら、わたしたちの家族の中にもいるかもしれません。愛は家庭から始まります。愛は共同体から始まりますが、どのようにしてでしょうか。共に祈ることから始まります。共に祈る家庭、共同体は、共にとどまります。共にとどまれば、神がわたしたちを愛されるように、わたしたちも自然にお互いを愛します。そしてこうした愛の作業は平和の作業であり、その家族においては、自然に平和のうちに生きることができます。

少女たちを悪用する

いかに不純な愛がビジネス優先のために広がり続けているかを知るのは、悲しいことです。非常に若い少女たちが巻き込まれています。それはイエスを傷つけるビジネスです。若い少女たちは仕事がないので、生きるために体を売るのです。これらの少女たちを保護してください。彼女たちは男性に悪用されるために、毎晩大きなホテルへ行くのです。この少女たちがどこに住んでいるのか、どのように彼女たちを保護することができるか、調べてください。もしかしたら彼女たちに仕事を与えることができるかもしれません。彼女たちは夜を仕事として使い、悪用されることによって支払われているのです。悪用する男性によって、異なった金額が支払われています。二、三人の少女が逃げてきたときのことを覚えていますが、彼女たちはそうした場所へ行くことを要求され、そこへ行ってみたところ——裸の男性が近づいてきたのです。少女たちは窓から飛び出して、わたしのところへ逃げてきました。こうした少女たちを助けてください。彼女たちのために何かしてくださいさい。彼女たちが普通の生活ができるよう保護する特別な場所をつくってください。そして将来、真の夫を得させるためです。わたしたちには、果たすべき美しい仕事があります、少女たちだけでなく、悪用される女性あるいは主人たちによって遺棄される女性を助けることです。男性は女性を得るために、たくさんのお金を支払います。こうした人びとを祈りの中に含み、彼らのために現実的犠牲を払ってください。MC（神の愛の宣教者会）のシシュ・ババン施設ではこうした大勢の少女たちを救済し、彼女たちは今、普通の生活に落ち着いています。悪用されたこれらの少女たちはすばらしい少女たちです。

高齢者たちは今どこにいるのでしょうか

これこそが愛の始まる場所であると思います――それは家庭です。現在高齢者たちはどこにいるのでしょうか？　施設にいます。生まれてくるはずの子どもたちはどこにいるのでしょうか？　どこですか？　亡くなりました。なぜですか？　わたしたちがその子を望まなかったからです。西欧においても、この国においても、[30]もう一人の子を養わなければならない、教育しなければならないことを恐れて、子どもを死なせるということは、非常に深刻な貧困だと思います。生まれるまえにその子どもが死ななければならないということ、それは非常に深刻な貧しさではないでしょうか。家庭内でもう一人の老人を養わなければならないことを恐れ、その人を家族から排除すべき者とする、しかしわたしたちもまたある日、主に出会わなければなりません、その際の答えはどうなるでしょうか。葬られた小さな子、年老いた父や母について、主になんと答えるのでしょうか。彼らも主の被造物であり、神の子らであるのです。神はその人間の命を創造するために、すべての愛を注がれたのですから、その命を絶つ権利はわたしたちにはありません。人間の命を救うために死なれたキリストを理解するわたしたちにとっては、特にそうです。キリストは死なれ、その子のためにすべてをささげられました。ですから、もしわたしたちが真のキリスト者であるならば、ヒンドゥー教の人が言ったように、「それは与えることです。」

結婚の聖性

夫と妻はお互いに忠実であるために、婚姻の誓約をもって生涯にわたって相互を絆で結びます。家庭に喜びをもたらすために、双方が純潔で聖でなければなりません。教会は結婚式を行うよう準備され、結婚の聖性とともに、豊かな平和と愛が家庭にもたらされています。それは破棄できないものであり、それによって家族がお互いに忠実であるチャンスが与えられます。現代社会には多くの妨害があり、離婚はこの一致を砕くので悲しむべきです。家族が愛のうちに、お互いに忠実であるよう祈りましょう。イエスとマリアのみ心のうちに、一つの心でありますように！

死にいたるまで忠実である、という結婚の誓約を破ることは、真の愛に反するだけでなく、子どもたちまでも傷つけます。

＊

子どもたちはすべてのこと――健康、教育、配慮、価値観、指導、そしてすべてに超えて愛について、両親に依存しています。しかし、なかには母親も父親も子どものために時間がなかったり、あるいは両親の一致が損なわれて、子どもたちが家庭を去り、あちらこちらを徘徊《はいかい》したりし、大勢のこうした若者が日に日に増え続けているのです。

愛するとは何を意味するかを示す

父親と母親が相互に対し、また子どもたちに対して忠実であるために、痛みを覚えるまで与えることを望まないかぎり、彼らは、愛するとは何を意味するかを子どもたちに示すことはできません。そして、もし両親が子どもたちに、愛がなんであるかを示さないならば、だれが彼らにそれを示すことができますか。この子どもたちは霊的に貧しく成長し、そのうえこの種の貧しさは、物質的貧しさよりも克服するのがもっとむずかしくなります。

多くの家庭が暴力、アルコール中毒、虐待によって、多くの苦しみを体験し、それはしばしば人間関係の崩壊につながっているのです。

投げやりの仕事

あなたがたは祈ることが特別に必要です。というのは、わたしたちの修道会において、仕事は祈りの結実であり、行動による愛だからです。もしあなたがたがほんとうにキリストを愛しているなら、仕事がどんなに小さくても、それはよりよく、心を込めてなされるでしょう。もしあなたがたの仕事が投げやりなら、あなたがたの神に対する愛も投げやりです。あなたがたの仕事は愛を証ししなければなりません。

人びとがわたしたちに期待すること

主は、主に対するわたしの飢えを満たすために、ご自分を命のパンとされました[31]。主はその後で、ご自分を飢える者とされましたが、それはわたしに対する主の愛をわたしが満たすためでした。ですから、わたしたちが主に対して飢えているように、主もまた飢える者なのです。ですから、これがわたしたちに対する神の飢えを満たし、神に対するわたしたちの飢えを満たすのです。み言葉はまずお互いのうちに肉とならなければならず、そのみ言葉は地上で生きられなくてはならず、み言葉は愛と一致と平和と喜びのうちに、お互いの間で肉となるものであり、そこで初めてあなたがたは外へ出ていくことができるようになります。シスターたちが初めて外へ出ていったときのことを思い出します。公園のベンチで泥酔した男性がたった一人で座っていた。シスターたちは白いハビットでロザリオを祈りながら近づいていきました。すると、その男性はシスターたちを見て、「おお、わたしはまだ用意ができていない、まだ用意ができていない、まだ用意ができていない」と繰り返したのです。それで、姉妹たちが近づいて「わたしたちはシスターです。イエスはあなたを愛しておられます。イエスはあなたを愛しておられます」と言いました。すると彼は「わたしは用意ができていない。あなたたちは遠い天国から、わたしを連れていくためにやってきた天使たちだ。わたしは用意ができていない」と言うのです。彼は、天使たちが彼を連れていくために来た、と思っていたのです。これはとても美しいことで、人びとがわたしたちから何を期待しているかを示しています。彼らは、わたしたちがただ存在する以上のことを期待しているのです。

信仰が足りない

信仰が十分でないため、わたしたちはたびたび「投げやり」に仕事をしています。もしわたしたちがイエスのためにその仕事をしていることを、ほんとうに信じるなら、その仕事をきちんとするでしょう。信仰を得るようにたくさん祈りなさい。聖体拝領の後、聖体礼拝のとき、深い信仰を与えてくださるよう聖母に祈りなさい。聖母はかならず「この人の言うとおりにしなさい[32]」と答えられるでしょう。

誘惑

　ある日、一人の男性が赤ちゃんを抱いて門のところにやって来て、母親が逃げてしまったと言うのです。わたしはその娘を知っていましたので、すぐに彼女を捜しに行き、彼女を見つけて事情を聞きました。彼女の話はあり得ないようなことでしたが、ほんとうでした。

「わたしはヴェランダに立っていたとき、男性がやってきて、最初の日は二人の目が合いましたが、それだけでした。二日目に再びわたしたちの目が合いましたが、それは特別な目でした。三日目にわたしは故意に出ていきました――彼に会いたかったのです。これが何日間か続きました。そしてある日、彼は中に入ってきました。そしてその後、彼と一緒に逃げ出しました。」そしてその間ずっと、彼女は夫に、何も言わなかったのですが、この隠し事が彼女の間違いのすべてとなりました。

　彼女は夫に何も話しませんでした。彼女は隠したことで、悪の罠《わな》にはまってしまいました。このようなことが生活の中で起こります。

　愛される欲求、望まれる欲求、しかし遅過ぎないうちにはっきり話しましょう。恐れないで、恐れは悪魔の誘惑です。遅すぎないうちに話しましょう。

隠し事は大きなうそ

不純になる最初は隠し事から始まります。悪魔はうその父親です[33]。悪魔はうそ以外の何事もしません。間違ったことをし始めると、――だれかに「許可なく」手紙を書くとか、ある男性と二人だけで話をするとか――それを話してはならないと感じるかもしれません。隠し事は大きなうそです。あなたがそれをし始めたら、注意しなさい。

＊

自分を欺くことが非常に多く、「構わない。大丈夫」と自分に言うことができます。しかし、あなたがそれを隠れてしていること自体が、それが正しくないことを意味しています。それは間違っていることのサインです。もしあなたが、それが罪かどうか知りたければ、「マザー[34]の前だったら、そうするだろうか？」と自問してみてください。そうすれば、それが正しいかどうかわかるでしょう。

あなたがたは彼を知りません。悪魔はしばしば光の天使としてやって来ます。[35]彼は美しい聖書の言葉によってイエスを欺こうとしました。[36]彼はあなたがイエスに近づこうとすればするほど、さらにあなたの近くにやって来ます。あなたがたはもっと多くの時間を祈りに使わなければなりません。イエスはあなたがたを聖櫃《せいひつ》の中だけでなく、貧しい人びとに接し、彼らを愛しながらスラムで待っておられます。

悪魔は非常に高いアイディアをもっていて狡猾《こうかつ》であり、美しい聖書の引用[37]をもってイエスのところへさえもやって来たのです。彼は悪い言葉はひと言もいわず、イエスをさえも欺くために、非常に美しい言葉を使いました。彼はわたしたちを欺くために美しい言葉を使い、それについて聖イグナチオはすばらしい説明をしています、「悪魔はわたしたちを鎖で縛るのではなく、絹の糸で囲うのです」と。

*

悪魔にとって、わたしたちはなんでもないのです。彼は多くの人に悪をしますが、目指すことはわたしの魂の中の神を破滅させることです。彼はキリストがわたしたちのために亡くなられたことを知っているので、わたしたちを引き離すため、わたしたちのうちで御血が無駄になることを望んでいるのです。神に対する憎悪、神に対する悪魔の憎悪、彼はわたしたちが罪を犯すことによって彼の憎悪を分かち合いたいのです。悪い行いや、悪い望みを実践させることで……。わたしたちが意志をもって承諾するまで、罪ではありません。そしてそれが最も美しい部分です。悪魔はうその父親[38]であり、自分にかなりの力があることを知りつつも、わたしたちが望まないかぎり、どんな小さなことであっても、「はい」と言わせることはできないのです。これは神から一人ひとりの魂に与えられたすばらしい恵みであり、あなたが望まないなら、悪魔さえも全地獄さえも、これを破ることはできません。したがって罪とは、わたしたちがそれを望むときに初めて起こることなのです。悪魔は、だれを食いつくそうかと徘徊《はいかい》し探し続ける、ほえたけるライオンのようです[39]。罪はわたしたちの内にある神の神殿を破壊する悪であり、魂を神から引き離そうとします。そしてわたしたちに罪に対する「はい」を言わせようと、忍耐強く耐え忍ぶのです。だからわたしは、悪魔の悪における忍耐強さにノーベル賞を与えたいほどです。

小さなことにおいても

小さなことにおいて忠実でなく、「構わない」と言っていると、それを排除しようと思っても、どのようにすべきかわからなくなる日がやって来ます。悪魔を偽りの父として表現されたとき、イエスはこのことをひと言でいわれました。悪魔は荒れ野においてイエスさえをも試みるため、光の天使としてやって来ました。悪魔はまずイエスに向かって「あなたは空腹である。それはこの石をパンに変えるとてもよい理由だ[40]」と言います。しかし、もしイエスがそうしたならば、物質を神のみ旨のうえにおくことになります。「わたしの食べ物とは、わたしをお遣わしになったかたのみ心を行うことである。[41]」そしてイエスは悪魔になんと答えられたでしょうか。「人はパンだけで生きるものではない。神の口から出る一つ一つの言葉で生きる。[42]」どんなに鈍い人であってもイエスが石をパンに変える権能があったと言うでしょう。イエスはすでに四十日間断食していたのですから、だれもそのことに反対したり不平を言ったりしなかったでしょう。もし、イエスが屈服していたなら、悪魔はさらに誘惑を継続したことでしょう。イエスが十字架に架けられたとき、「十字架から下りてこい、そんなに苦しいのだから[43]」と人びとがイエスを罵ったとき、もし彼が最初の誘惑で「はい」と言っていたなら彼は下りてきたかもしれません。

偽りの父

わたしたちは生ける神の聖櫃《せいひつ》ですから、心を清純に保たなければなりません。わたしたちの心は何によって不純になるのでしょうか。傲慢、虚偽、利己主義、不誠実、特に誠実に欠けることによります。MCの会を去った人たちの生活をとおして見ると、その原因は誠実さの欠如です。悪魔は虚偽の父親です(44)。

彼は際限のない忍耐をもっていて、どうしようもない存在です。彼はあなたがたに一つのうそをつかせるために、千のうそをつき、再現のない忍耐であなたがたが負けるまで待ち続けるのです。あなたがたもわたしも疲れてしまいますが、彼は諦めず、何回も何回も誘惑しに戻ってきます。わたしが「はい」と言わないかぎり、彼はわたしに触れることはできません。わたしが「それを望む」と言わないかぎり、何も言うことはできません。小さき花の聖テレジアは、悪魔の無能と悲惨を、非常に美しく説明しています。彼女は夢の中で悪魔が樽《たる》の上に座っている姿を見ます。彼は非常に強力で、少女である彼女はこの悪魔をじっと眺めています。彼女が悪魔を眺めれば眺めるほど、悪魔は恐れで震え始め、どこへ身を隠したらよいかわからなくなります。悪魔が自分を恐れているのを見た彼女は、もっと近くから悪魔を見つめます。すると悪魔は消え去ってしまった、というのです。そこで聖テレジアは、悪魔がいかに恐れ、無能であったかを書いているのです。この話はわたしたちにも当てはまります。悪魔はわたしたちが望まないかぎり、何もできないのです。これらは多少ばかげた例かもしれませんが、非常に生活に密着した例です。あなたがたも皆、誘惑を経験したことでしょう。人間だれも誘惑を体験しないで生涯を過ごすことはできません。誘惑は罪ではありません。罪が介入するのは、あなたがたがそれを望んだときです。だからこそ、昨日わたしはあなたがたに、「わたしはそれを望みません！」ということを教えたのです。

陰険さ

悪魔は決して大きなものを盗むように言いません。彼はとてもチャラック[45]です。「旅行費用からほんの十ナヤ・パイサだけ取りなさい」とあなたに言うでしょう。翌日もう少し、日ごとにかさんでいきます。彼は最初の日から十ルピー取りなさいなどとは言いませんが、彼がマザーのテーブルから大金を取るように言う日がきます。ちょうどわたしたちが偉大な愛を込めて、小さなことを行うように、わたしたちは心に深い憎しみをもって、小さなことを行うこともできるのです。

だれもあなたに触れることはできない

　地獄全体があなたに近寄ることができますが、だれもあなたに強制したり、あなたに触れたりすることはできません。ある巡礼者が非常に大きな都市にやってくる話があります。彼は通りで小さな悪魔が居眠りをしているのを見て、彼を起こし、なぜ働かないのか尋ねます。彼の答えは、その街の人びとはあまりにも悪いので彼らを誘惑する必要はない、というのです。そこでその街を去った巡礼者が旅を続けていると、一軒の小さな家の前に何百の悪魔がいるのに出合います。彼らは非常に忙しそうでした。巡礼者は彼らにその理由を尋ねます。彼らの答えは、その家の中に一人の隠遁者《いんとん》がいて、少なくとも一秒でも彼を誘いたいと努力しているが、この隠遁者は祈りに熱心で清純なため、悪魔たちは成功しないのだということでした。わたしが望まないなら、悪魔はわたしに触れることはできません。悪魔はいる、そして彼は虚偽の父親だ、(46)とイエスは言われました。悪魔はあなたに罪を犯させるために、千ものうそを告げるでしょう。

誘惑と闘う

聖人であろうと罪びとであろうと、双方ともに誘惑があります。それはよいことでもあります。主と同じように[47]信頼と謙遜をもって、誘惑と闘わなければなりません。主と共にあれば勝つことができます。主と共にあればすべてができます。[48]神はわたしたちを助けられます。自分たちだけでは、何もできません。傲慢は悪魔を助けます。悪魔は、砂漠において山々や世界のあらゆる財宝を示しながら主を誘惑したようには、[49]やって来ません。わたしたちの場合には、祈りを美しく唱えるとか、敬虔に聖水をいただくなど、小さなことに来ます。悪魔はわたしたちに、「いつも、いつも同じ願いをすることになんの意味があるの？」と考えさせます。修道者をとらえるために、悪魔は縄ではなく絹糸を使いますが、縄のときもあります。あなたは高台の上にいるから安全と思ったら、大間違いです。それについて逸話があります。一人の聖人がすべてのドアが閉まった部屋を見ていました。ただ一つ開いたドアのところに小さな悪魔がいて、ぐっすり寝込んでいました。悪魔が目を覚ましたとき、聖人は何もすることがないのか、と尋ねました。するとその小さな悪魔は「おお、この美しい家では自分一人で十分だ。ここに住む人たちはつねに悪いことをしているから」と答えたそうです。わたしの心の中にはたった一つ空いた席があります、それはだれのためでもなく、神さまのためです。誘惑は金が精錬される火のようなもので、わたしたちはこの火の中を通らなければなりません。誘惑は神によってゆるされているのです。わたしたちがしなければならないことは、そこに陥らないようにすることです。もし「わたしはそれを望まない」と言うことができれば、安全です。清純、信仰、自分の召命についても誘惑があるでしょう。聖テレジアをごらんなさい。彼女は実に多くの信仰決意をしています。神はわたしたちに近く、心の内におられます。でも誘惑はやって来ます。わたしたちが召命を愛するならば、誘惑されます。こうしてわたしたちは聖性においても成長することでしょう。神への愛のために、誘惑と闘わなければなりません。

マリアはわたしたちを助けられる

誘惑がやって来るとき、不親切な思いもやって来ます。だれがわたしたちを助けてくれるでしょうか。マリアです。「まことに美しく、清純で、汚れなく、愛と謙遜に満ちたあなたのみ心をお与えください。それによってわたしが命のパンのうちにイエスをいただき、あなたが愛されたようにイエスを愛し、貧しい人びとの中で最も貧しい人の困窮に姿を変えたイエスに仕えることができますように。わたしはあなたのように聖なる者になりたいのです。イエスにだけ属する者になりたいのです。」確信をもってあなた自身の祈りをつくってください。それがあなたの生活を変えるでしょう。だれかが愛徳に反することをあなたに話しにくる、あるいは不純なことにあなたを巻き込もうとするなら、マリアをとおして、あなた自身をイエスのためにだけ保ちなさい。

ロザリオを使う

悪に立ち向かう兵器のように、武器のように、ロザリオを使わなければなりません。それは神のみ国を広げるために、最前線で闘うよい兵士のように戦うことです。

忙しくしていること

中国にはとてもよい格言があります。すなわち、「悲しい鳥は飛び回らなければならない、しかし、その鳥があなたの頭に巣を作らないよう気をつけなさい。」そうです、わたしたちは苦しまなければならないのですから、快活に苦しみましょう。生活の中で浮き沈みは必ずありますが、聖性を探求するわたしたちの道で、それらに左右されてはなりません。自分の失敗に驚いてはなりません。わたしたちは生活のあらゆる部分を、聖体拝領に結びつける必要があります。すべての失敗も、弱点も、傲慢も、惨めさも。誘惑されるにもかかわらず、あなたがたは負けていないことを見てください。

人があなたがたを非難するとき

姉妹たち、これからわたしが言うことをよく覚えておいてください。人があなたがたを非難するとき、あるいは、あなたがたがだれかを非難したいとき、この一つのことを覚えておいてください。「自分は潔白だろうか?」と振り返ることです。そして「わたしはあれをしていた、これをしていた」などと言い訳をしないでください。もし沈黙を愛するなら、そして自分に言われたことが真実であるならば、わたしは直ちに「ごめんなさい」と言います。もし真実でないならば、謙虚な心で沈黙を保ちなさい。もしあなたが怠惰でないと自覚していて、だれかがあなたを怠け者だと言うなら、それは心の貧しい人になるすばらしいチャンスです。

ゆるすことを学ぶ

わたしたちも……ゆるしましたように、おゆるしください。[50] あなたがたが人をゆるさないときに、「ゆるす」などと言うことは、なんという偽りでしょう。主の祈りの中でこの部分を唱えるとき、一瞬止まって「自分が唱えていることは真だろうか」と自問してみてください。わたしはイエスがわたしたちよりも、もっともっと十字架上で苦しまれただろうと思います。イエスは、「わたしは柔和で謙遜な者だから、わたしに学びなさい[51]」と言われました。あなたがたがゆるさないならば、柔和にも謙遜にもなることができません。わたしたちを破滅させるのに、大きなことは必要ではないのです……もし神を見ることができないなら、なぜ？　と自問しなさい。

わたしの心の苦み

過去一年を振り返って、いつから自分の心にこの苦みがあるのか調べましょう。もしかしたら子ども時代から、修練院時代から、誓願を立ててから、それを見つけて心を完全に空にしましょう。総告白によってそうすることができ、それによってすべての苦みは流され、清い心だけが残ります。だれによって、いつあなたの心に苦みが生じたか、いつどのようにあなた自身が多くの人に愛の欠如と不親切によって、言葉と態度によって、苦みを与えたかを見つけてください。そして繰り返しますが、総告白によってあなたの心からすべての苦みを取り除いてください。

キリストも人びとから拒否された

きのう一人の若い青年が会いにきました。彼は家族に拒否されたことで深く傷ついていましたが、彼はまったくゆるすことができないのです。そこで「ゆるすことができないかぎり、神の恵みはあなたの内にありません」とわたしは彼に言いました。同じことはわたしたち一人ひとりについても真実です。わたしたちがゆるさないかぎり、神の恵みはわたしたちのうちにありません。「しかし、わたしはたくさん祈ります」と彼は言うのです。そうです、彼は祈ることはできますが、ゆるさないかぎり、神の恵みは彼のうちに宿りません。そこで、「あなたは自分をキリストと比べたことがありますか。キリストは近しい人たちからもつねに拒否されていました(52)」と尋ねました。すると彼はうつむいて、そのようなことは一度もしたことがないと答えました。あなたがたもキリストのご生涯の跡をたどらなければならず、彼のご生涯と自分とを比べてください。あなたは何度傷つき、その苦みを今ももっているのですか。あなたがた自身過去において家庭で傷つき、その苦みを保ち続けていないか省みてください。よく見ると、今も同じパターンを繰り返していているかもしれませんが、それはあなたがたのうちにある人間性です。この期間に、あなたがた一人ひとりがこのことを心に留め、すべての苦みを心から追放するよう願います。

ゆるすことを学ぶ

ある日、一人のシスターがわたしの部屋へやって来て、恐ろしくひどいことを言いました。わたしは黙って聴いていましたが、彼女に対して、そのように話させてしまったことを心苦しく思いました。わたしたちはイエスに害を与えることはできませんが、イエスはわたしたちが傷つくことを悲しまれます。それでわたしは彼女の部屋へ行って、彼女に謝るチャンスを与えようとしましたが、謝罪はひと言もありませんでした。わたしは自室に戻って待ちましたが、だれも来ませんでした。そこで彼女に仕事を依頼する口実をつくって彼女を呼びましたが、謝罪はまったくありませんでした。「イエスよ、彼女に『ごめんなさい』という恵みをお与えください」と祈りながら部屋で待っていました。四度目になるまえに、彼女はやって来て謝りました。あなたがたもこのことを認識してください。ある姉妹があなたがたに何か思わしくないことをした場合、自分たちの側を見ないでください。彼女のほうに目を向けなさい。彼女は自分を傷つけ、彼女のうちにいるイエスに痛みを与えています。ゆるすことを学ばねばなりません。わたしたちはゆるしを必要としていることを学ばなければなりません。彼女は後にこのことを理解しましたが、それは彼女にとって大きな屈辱でした。わたしも彼女に対してもっと厳格であることもでき、その厳しい言葉が彼女の生涯にわたって残ったかもしれません。でもわたしはイエスを愛しますから、そのことはイエスとの愛を深める一助となりました。謙遜は偉大なことです。もしあなたがたが真のＭＣ（神の愛の宣教者会員）になりたいなら、柔和で謙虚になることをイエスから学んでください[53]。そして柔和と謙虚に、さらに一語清純を加えてください。あなたがたは新しい目をもって一人の姉妹を見ることでしょう。彼女はイエスに痛みを与えている、と。

ゆるすことができないとき

「彼女がわたしの悪口を言った」というたった一度のことでも、ゆるすことができないことがあります。たったひと言ですべてを崩壊させることができるイエスでさえも、ゆるしました[54]。ゆるさないことは、あなたを生涯にわたって崩壊させることができます。あの姉妹が言ったひと言を考え続けますが、彼女をゆるすために、自分の罪を認める必要があります。ゆるさなければなりません、待たないでください。自分の心にゆるさない何かがあるのなら、それは生涯にわたる妨げです。遅すぎれば、手の施しようがありません。

わたしの兄は小さい吹き出物がありましたが、たった三か月の間に癌の根が広がってしまいました。同じことがわたしたちのゆるさない態度にも起こります。悪魔を信じないでください。悪魔は追い出しなさい。もしかしたら、院長に対し、姉妹たちに対し、両親に対して妬みがあるかもしれません。修練女のとき、修学生のとき、悪魔は非常に美しい考えをもってあなたがたのところへやってくるでしょう。悪魔と語り合わないでください。父よ、わたしをゆるしてください。

一人の患者が死に瀕《ひん》していましたが、なかなか死ねませんでした。ある姉妹が「何か困ったことがありますか? 何か気になることがありますか? どこか痛いですか?」と尋ねたところ、彼は「はい、父にわびるまでは死ねない」と言うのです。そこで、その姉妹が彼の父親の居所を調べ、父親がやって来ました。父は「わたしの愛する子」と言い、息子は「お父さん、ごめんなさい」と言って二人はゆるし合い、接吻し合い、抱擁し合い、二時間後に息子は旅立ちました。なんとすばらしいことでしょう。

苦みとプライド

苦みとプライドのあるところに、完全なゆるしはあり得ません。苦みを抱えた姉妹を見せてください、わたしは傲慢な姉妹を示しましょう。苦みをもった姉妹は、傲慢な姉妹でもあります。

苦みと傲慢は双子のような関係であり、そこへ不機嫌がついて回ります。謙虚な姉妹は苦みがなく、不機嫌でもありません。あなたがた自身を調べてください。

だれかに対して苦みを抱えていませんか

ゆるしがないために、多くの苦しみと不幸があるようです。姉妹の皆さん、忘れないでくださ い。主の祈りの中で「わたしたちが人をゆるすように、わたしたちの罪をおゆるしください[55]」と祈ります。ということは、もし人をゆるさないならば、あなたがたもゆるされません。心の深いところまでよく見てください。

だれかに対して苦みがないでしょうか。姉妹でしょうか、貧しい人でしょうか、もしあったなら、その人に会うかあるいは手紙を書くかして、ゆるし合いましょう。そうしないと、あなたは分かたれない愛をもってイエスを自由に愛することができなくなります。あなたがたの心の中にどんな苦みももってはなりません。ゆるすことができない非常に多くの姉妹たちがいます。ある姉妹たちは「ゆるします。でも忘れることができません」と言います。告白はゆるしであり、神が与えられるゆるしです。わたしたちはそのような種類のゆるしを学ばなければなりません。何年もまえにある人がこう言った、あのようなことをした、それに対しわたしは「彼女がこのようなことを言った、そして彼女が……、そして彼女が……、彼女が……」と言いがちです。あるところに、なんらかの理由で、司教や司祭たちに反対する一人の司祭がいました。彼を訪問するたびに聞く話には、非常に多くの苦みが含まれていて、「わたしはゆるさない、いいえ、ゆるさない」と言っていました。先日、彼を訪問したとき、「今がチャンスです。司教様にひと言謝ってください。司教様があなたから期待しているのはそのひと言だけです」と彼に話しました。そしてわたしは祈り、姉妹たちも皆、祈っていました。わたしの祈りが終わったとき、「マザーテレサ、紙をください」と彼が言うので、紙を渡しましたが、わたしはとてもうれしく思いました。わたしは直ちに彼を伴って司教館へ行き、その紙を司教様に渡しました。そうしなければ彼の気持ちが変わってしまうことを恐れたからです。そしてわたしは彼に、「これだけでは十分ではありません。『ゆるします』と言いなさい」と言うと、彼はそのようにしました。

苦みを明け渡す

少しまえにルーテル派の女性牧師が、はるばるスウェーデンからコルカタへやって来ました。彼女は神学教授のように見えました。わたしたちは話しましたが、彼女は父親が母親を殺害したので、子どものときから父親を憎んで、話をしたことがないと言うのです。憎しみはずっと続き、彼女の成長と共にますます募っていったそうです。わたしは彼女に、すべきことは一つだけである、父親のところへ行って、謝ることです、と告げました。長い間、彼女は自分の苦みを明け渡すことができませんでしたが、突然、彼女はその言葉に従ってまっすぐ父親のもとへ行き、「お父さん、愛しています」と言ったのです。今、彼女は父親の世話をしていて、わたしに次のように言いました。「父がわたしを抱き締めたときのような喜びを、今まで一度も体験したことがなかった」と。姉妹たち、ごらんなさい。神は彼女が苦みを明け渡したとき初めて、彼女をゆるし、父親をゆるしたのです。

わたしたちが知っているのは、ゆるしが必要であること

「ここをたち、父のところへ帰ろう(56)」と言った放蕩息子を覚えていますか。自分たちにゆるしが必要であると知ったとき、初めてゆるすことができます。ゆるすことができない何かを心に抱いていないか調べなさい、そうでないと主の祈りを唱えるとき、うそをついていることになります。何かまだ自分に痛みを与えているのではないか？　と。もし何かあれば、その人を捜しなさい。ある一人の姉妹が、彼女を傷つけた姉妹に美しい手紙を書きました。もしあなたが聖櫃《せいひつ》のうちにおられるイエスを見ること、貧しい人の内にイエスを見ること、長上の内にイエスを見るこ

とがむずかしいなら、他の人をゆるさない思いを捨てなさい。というのは、その心の態度があるかぎり、貞潔の誓願による分かたれない愛をもってイエスを愛することはできないからです。先日だれかが迫害——監禁について話していました。するとある人は「おお、わたしは準備ができている」と言うのです。少しして別の人が三つの言葉でその人を非難すると、その人は反発で燃え上がりました。それでもその人はこの種の迫害を受ける用意ができていたのです！

わたしは命を保護することを望み、実行する

命は神によって偉大なことのため、すなわち愛し、愛されるために創られたのですから、わたしは命を保護することを望み実行します。イエスはこの小さな子どものために十字架上で亡くなり、愛するために亡くなられたのです、その尊い御血をこの子どものためにささげながら。ですから心から愛する喜びをもって事に当たりましょう。それを実行する最善の方法は、若い母親たち、とわたしが呼ぶ未婚の母親たちですが、彼女たちを助けることです。彼女たちは皆さんに分かち合う何かをもっています。彼女たちは皆さんに愛する喜びを分かち合い、彼女たちに奉仕するチャンスを与えているのです。ですから、このような女性を捜しにいってください。そして彼女たちを見つけたら、優しい愛を示してあげてください。「この最も小さい者の一人にしたのは、

わたしにしてくれたことなのである[57]」とイエスは言われましたから。

清い心をもってお互いに愛し合いなさい

若い男性が若い女性を愛し、若い女性が若い男性を愛することは、美しいことです。それは神の賜物《たまもの》です。しかし、清い心で愛することです。純潔な愛で愛し合うことです。身も心も純潔で汚れない愛を保って相互を愛し、それによって聖書が述べるように将来結婚するのです。「こういうわけで、男は父母を離れて女と結ばれ、二人は一体となる[58]。」ですからその日、二人はお互いに清い心、清い体、清い魂を与え合うことができます。これはあなたがた二人に対する神の賜物です。

清純

わたしは幼い聖アグネスのことを考えていました[59]。彼女は幼い少女にすぎませんでしたが、イエスへの愛のために命を捨てました。彼女は清純の天使です。わたしたち一人ひとりは彼女の助け、導き、保護を願って祈りをささげることができます。彼女には特別なことは何もなく、普通の生活をしていましたが、純潔に対する特別な愛をもっていました。わたしたちは聖アグネスに祈らなければなりません。彼女が亡くなったのはたった十三歳のときでしたが、なんという勇気をもっていたのでしょう。自分の純潔を保つために、斬首刑を受けたのですが、わたしたちに果たしてそのような勇気があるでしょうか。彼女は清純を犯されないために、だれにも身体に触れることをゆるしませんでした。

「ごめんなさい」を言う最初の人でありなさい

もしあなたが間違っていたなら、「ごめんなさい」を言う最初の人でありなさい。わたしの家族では、父が熱しやすい気性でしたから、時折、父は母に向かって怒った言葉を吐きました。しかし、数時間後、母は服装を整え、父の帰りを用意して待ち、父が帰るや否や「ご機嫌いかが」と挨拶をし、用意された食卓につきました。それが母の「ごめんなさい」と仲直りでした。世の中でそれができるのなら、どうして修道生活でそれができないことがあり得ますか？

＊

今日は、以前いた共同体であなたがどんなであったかを紙に書き、礼拝のときにそれをもっていって、「イエスよ、これがあなたにささげるわたしのすべてであり、わたしはあなたの浄配です」と言いなさい。つねに「ごめんなさい」と言う勇気をもちましょう。相手がおとなであっても、姉妹であっても、子どもであっても、マザーであっても、だれかに気まずい思いをさせたなら、ごめんなさい、と言う最初の人でありなさい。謙虚な人だけが、ごめんなさいと言うことができます。わたしたちは罪により、イエスから遠ざかることで彼に痛みを与えます。わたしたちは他の人たちの内におられるイエスに痛みを与えることはできません。彼らがイエスから離れるなら、わたしたちは痛みを覚えなければなりません、というのは、その行為によって彼ら自身が傷つくからです。姉妹たち、お願いです。地獄や煉獄《れんごく》を恐れるから罪を犯さないのではなく、イエスを愛するために罪を犯さないでください。地獄や煉獄はあります。しかし、それは罪を犯さない理由ではありません。大聖テレジアを思い出してください。彼女は地獄に対する恐れから、罪を犯すことを避けましたが、彼女は教会博士であり聖人です。わたしたちはなんでしょうか。ですから、今日礼拝のときに、あなたがたにわたしが話したことをすべて祈ってください。あなたがたの心からすべての苦みを取り除きなさい。心の清い人はつねに神を見るのです。(60)

もしあなたが不親切であったなら

あなたは貧しい人とどう接してきましたか。厳しかったですか？　不親切？　失礼？　引っ張ったり？　押しやったり？　あなたは貧しい人たちをどう扱ってきましたか？　もし悪いことをしたなら、ゆるしの秘跡を受けてイエスに謝罪し、償いなさい。この第四の誓願は非常に繊細な良心をもつことを意味します。あなたが厳しかったり、不親切であったり、失礼であったりしたなら、貧しい人からゆるしていただきなさい。もしかしたら、あなたは姉妹たちに対してもそのようであったかもしれません。それなら姉妹たちのゆるしを願いなさい。あなたがかかわったすべての貧しい人を、今日、聖櫃《せいひつ》の前に連れていらっしゃい。あなたがたは一人ひとりのところへ行っておわびできませんから、すべての人を聖櫃の前で思い出し、傷つけたかもしれない人のゆるしを願いなさい。直接に「ごめんなさい」を言うことはできませんから、頭の中で、心の中で、精神の中でゆるしを願い、彼らをイエスのもとに連れてきて、彼らのゆるしを受けて、再びそのようなことをしない決心をしましょう。

そうでなければ沈黙を守りなさい

自分が悪ければ、謝ります。そうでなければ、沈黙を守ります。それは美しいことです。謙虚さは、屈辱を受け入れることによって学ばれます。聖母マリアのうちに、非常に美しい典型を見ることができます。彼女は聖ヨセフが傷ついたことを知っていました。

和解

あなたが祭壇に供え物をささげようとして、兄弟が自分に反感をもっていることを思い出したなら、戻ってまず兄弟と仲直りをしなさい、とイエスは言われました(61)。あなたがたにとっても同じことです。相手の姉妹に謝罪するか、可能ならゆるしの秘跡を受けるまで床《とこ》に就かないでください。あなたの生活、わたしの生活がまったく透明で、他の人が「目をあげたら、イエスだけを見る」ことができるものになってください。そうすればあなたがたはイエスに似た者へと成長するでしょう。

休むまえに

もしあなたが姉妹を傷つけたのなら、就寝まえに謝りなさい。あるいは、もし姉妹の一人があなたを傷つけたなら、不機嫌にならないで、イエスのもとへ行って、「イエスさま、わたしはあなたを愛します。彼女の心にお入りください」と言いましょう。

イエスはどう感じられたか

ある日、一人の姉妹が恐ろしいことをしました。わたしはひと言もいいませんでしたが、彼女が謝りに来ると思って待っていました。しかし彼女が来なかったので、わたしのほうから彼女を捜しに行きましたが、なんの応えもありませんでした。わたしは別の理由を見つけて彼女のところへ行きましたが、それでも応えはありませんでした。彼女がどのようにしてその罪の状態にとどまることができるのか、わたしにはわかりません。彼女のことを哀れに思いましたが、わたしたちがイエスを拒否するとき、彼がどのように感じられるかを理解しました。しかし、イエスはつねに待っておられます。神の慈しみはわたしたちの罪よりも大きいのです。神はわたしを愛されるので、より大きなことのためにわたしを創造されたのです。

何がわたしの心を変えるだろうか

場所の変更がわたしの心を変えるのではない。何がわたしの心を変えるのだろうか。イエスに対するわたしの愛です。わたしがあなたがたに望むことは、ほんとうに、ただイエスだけのためになることです。あなたがたの心をイエスに向けてまったく開いていただくよう、この日、聖母マリアのお助けを願いましょう。あなたがただけでは、その勇気はありません。告白し、心の障害物の根を掘り起こしてください。そうすればイエスを見つけるでしょう。そしてイエスを見つければ、平和と愛と一致を見つけるでしょう。

ゆるしを願う

神の愛に対するわたしたちの信頼と、喜んでそのみ旨に完全に委託することによって、神の激しい渇きに応えましょう。罪を痛悔し慈しみを願いながら、深い信仰と愛をもって神に向かいましょう。また他の人びとに与えた痛みのゆるしを願い、わたしたちが受けた痛みをゆるしながら、愛と信頼のうちに、お互いに向き合いましょう。

ゆるしの秘跡

イエスは罪びとを憐れまれます。イエスの前に立った罪深い女、イエスは彼女の罪を問われませんでした[62]。これがゆるしの秘跡です。わたしも同じようにゆるされる必要があります。ゆるしの秘跡はまさに、罪深い女のようにイエスの前に立つことです、なぜならわたしも罪の中にある自分をとらえたのですから。

主はなんとわたしたちの後を追われることか

主はなんとわたしたちの後を追われることでしょう！　わたしたちのすべての罪にもかかわらず、彼はなお、わたしたちが聖なるものになることを望まれます。「安心して行きなさい。これからは、もう罪を犯してはならない[63]」と主は罪深い女性に言われました。ペトロはあれほど大きな過ちを犯しましたが、それでもなおイエスは、「わたしを愛するか？[64]」と言われました。姉妹たち、ごらんなさい、これが神の愛です。

ここをたとう

放蕩息子は「ここをたち、父のところへ行って言おう。『お父さん、わたしは天に対しても、またお父さんに対しても罪を犯しました(65)』」と言ったとき初めて、父のもとへ帰ることができました。彼は「ここをたとう」という決意のステップをとるまで、父に謝ることはできませんでした。彼は自分の家庭には愛があり、親切があり、父が彼を愛していたことを知っていました。聖母マリアはわたしたちが同じようにするのを助けてくださるでしょう。今日、これを実行しましょう。たって父のもとへ行き、そしてわたしたちが主に属する者として、ここにいる値打ちがないことを告白しましょう。

恥ずかしいと思わないで

「神父様(66)はそれについてどうお考えになるだろうか」と恥ずかしく思わないでください。神父様はあなたから罪を取り除くためにそこにおられます。わたしたちは神に罪を告白し、神からゆるしをいただくのです。神はわたしたちの罪を取り除いてくださいます。わたしたちは子どものように単純になり、「ここをたって父のもとへ行かなければ[67]」なりません。そして御父はどうされるでしょうか。着物、指輪、履物、肥えた子牛をもってこさせ[68]……その大きな喜びを見てください。なぜですか。「この息子は死んでいたのに生き返った[69]」からです。わたしたちにとっても同じことですが、子どものような単純さをもってゆるしの秘跡を受けに行かなければなりません。姉妹たち、もしあなたがたが貞潔に関して問題があるのなら、忠実にゆるしの秘跡を受けてください。現代においては、修道者や司祭の間でも五年、六年もゆるしの秘跡を受けないことが起こっています。そして何が起こりますか？　つまずくと去っていきます。

ですから、ゆるしの秘跡について、決して明日と言わないでください。その明日は翌日になり、またその翌日になり、決してやって来ません。この秘跡のためにあなたの準備を助けるのはだれでしょうか。聖母マリアです。聖母マリアなしで準備することなく、つねに聖母のもとに行きましょう。神は彼女をわたしたちの母として与えてくださるほど、よいかたであられます。

わたしたちは罪のない罪びとになり得る

十字架の道行きでキリストのご受難に向かい合うとき、十字架を見てください。わたしは自分の罪を十字架上に見ることができます。わたしたちは罪をもった罪びとでもあり、罪をもたない罪びとでもあり得ます。あなたがたはほんとうにキリストを愛していますか？　世間に直面できますか？　あなたは「他のどんな被造物も神の愛から、わたしを引き離すことはできない」[70]、「わたしを切り刻んでください、すべての部分はあなたのものです」と言えるほど確信していますか？

わたしたちの召命は仕事ではありません。目立たない仕事における忠実は、わたしたちの愛を行動に表す方法です。昨日、罪に溺れていたある男性が亡くなりました。そのようなことは、わたしたちのだれにでも起こり得ます。わたしたちは用意ができているでしょうか？　神の愛の運び手であるわたし、十字架につけられたイエスの浄配としてのわたし、MC（神の愛の宣教者会）としてそのような確信をもっているでしょうか。

聖性の出発点はよい告白です。わたしたちは皆、罪びとです。罪のない聖性もあり得ます。というのは、わたしたちは罪のない罪びとになる必要があるからです。聖母マリアは「罪びとであるわたしたちのために祈ってください」という必要はありませんでした。わたしは罪をもった罪びとです。よい告白をするとき、わたしは罪のない罪びとになります。どのように、罪をもった罪びとになるのでしょうか。自分の内に「それを言ってはいけない」という声が聞こえるのに、わざとその言葉を発するときです。そのためにこそ、告白が必要なのです。あなたがたが毎週よいゆるしの秘跡を生かすことを願っています。

イエスのご受難

イエスのご受難とはなんでしょうか。わたしたちは自分たちの罪によってイエスを傷つける、と言います。いいえ、イエスは傷つけられません。わたしたち自身が傷つくのです。イエスが傷つかれるのは、わたしたちが愛さないからです。イエスはわたしたちのためにそれを感じられるのです。罪によってわたしたち自身が受ける傷を、彼はご自分に課してくださるのです。以前はわたしもあのように考えていましたが、今は、わたしたちが罪を犯すとき、イエスがどのように感じられるかがわかるようになりました。

恐れないでください

何かしてしまったと感じるとき、恐れないでください。神は愛に満ちたお父さんです。神の慈しみはわたしたちが想像できないほど大きいのです。神はわたしたちの心が清く、愛に満ちたものであるようにゆるしの秘跡を制定されたことを思い出してください。わたしたちは罪をもった罪びととしてゆるしの秘跡を受けに行きますが、罪のない罪びととして秘跡から戻ります。わたしたち全員に対してなんというすばらしい神の賜物《たまもの》でしょう。

イエスの近くにとどまりなさい

「大切」とは何を意味するのでしょうか。それは特別ということです。あなたがたの母、父のような特別な人が訪ねてくるとき、何を言おうか、何をしようか、その他のことをまえもって時間をかけて準備することでしょう。ちょうどそのように、わたしたちは神にとって特別なのです。神はあなたがたが祈りの中で、彼のところへやって来るのを待っておられます。神はあなたがたをその現存で満たすことによって、あなたがたに栄誉を与えたいと望んでおられます。だれが、何が、この一致を分かつことができるでしょうか。もしわたしたちがほんとうに清い心であるならば、何がわたしたちをイエスから引き離すことができるでしょうか。

*

罪だけが成長に向かう愛を妨げます。罪を犯したなら、ゆるしの秘跡を受けましょう。神だけを見て、神に語り、神を愛しなさい。清い心はイエスに非常に近く、彼を愛し、彼に奉仕することができます。あなたがゆるしの秘跡から遠ざかると、罪は歳を重ね、そのうちに妨げを感じなくなります。多くの司祭たちは毎日ゆるしの秘跡を受けに行きます。心の清さはイエスにとって最上の場です。毎週ゆるしの秘跡を受ける努力をしなさい。わたしたちがイエスの近くにとどまるならば、それによって罪から守られます。罪はわたしたちを引き離す壁です。自由な心は神を愛し、神に仕え、神のためにすべてになり得ます。「わたしは神の祝福によって、聖になることを決意し、それを望みます。」わたしたちは小さくても、罪を避けなければなりません、それは非常に危険ですから。虫は大きな穴を必要としません、しかし、穴はしだいに大きくなり、ついには腐敗にいたります。すると修復はさらに困難になります。つねに改心のよい行為である「ごめんなさい」を言うようにしましょう。

空になること

神がその愛でわたしたちを満たすことができるよう、わたしたちは自分たちのあらゆる利己心を空にします。何度も重ねて言ったように、再び繰り返しますが、全能の神でさえすでに満杯であるものを、満たすことができません。もしわたしたちが神の充満で満たしていただきたいのなら、空にならなければなりません。聖母マリアは恵みで満たされるまえに、空の状態でなければなりませんでした。神が聖母を満たすまえに、彼女は主のはしためであることを公言しなければなりませんでした。[71] ですからわたしたちもまた、神がその愛でわたしたちを満たされるまえに、あらゆる傲慢、嫉妬、利己心などを捨てて、空にならなければなりません。

わたしはゆるされる必要がある

十字架をごらんなさい。わたしの罪がそこにあります。十字架を見ながら、わたしたちの罪がいかに深いかを知ることができます。「あなたに対するわたしの愛は冗談ではなく、非常に個人的なものだ」とイエスは聖マルガリタ・マリアに言われました。ＭＣ（神の愛の宣教者会）本部の階段の横にある十字架は、すばらしい良心の糾明となりますが、あなたはほんとうに十字架を見ていますか？　想像ではなく――十字架を両手にとって黙想してください。わたしはコンパッションを感じるでしょうか。イエスは罪びとに対してコンパッションをもっておられました。イエスの前に立っていたあの罪深い女性をイエスは罪に定めませんでした。[72] これが告白です。わたしもまたゆるされる必要があります。ゆるしの秘跡はあの罪深い女性のように、イエスの前に立つことです、わたしは罪の中にある自分をとらえましたから。

わたしたちの会憲には、「たって、父のもとへ行こう[73]」と書かれています。ゆるしの秘跡を受けることは、ゆるされる必要を表明することであって、落胆ではありません。ゆるしの秘跡は聖金曜日ではなく、復活の日曜日に制定されたのですから、喜びの方法です。それは戒めのためではなく、喜びの方法として定められたのです。ローマで姉妹たちが、恐ろしく汚い家の一軒に男性を見つけました。彼女たちは家を掃除し、男性を洗ってやりましたが、彼はひと言も口を利きませんでした。姉妹たちがすべてを終えたとき、「あなたがたはわたしの生活に神を連れてきてくれました。次は司祭も連れてきてください」と彼が言ったのです。六年ぶりに、彼はゆるしの秘跡を受けました。姉妹の皆さん、わかりますか。あの小さな仕事が、彼の生涯に神をもたらしたことはなんとすばらしいことでしょう！

ゆるしの秘跡によるつなぎ役としては司祭が必要です。もし電源の元栓が閉じられれば、都市全体は暗闇に覆われます。そして人びと、特に空調が効かない人たちは不平満々でしょう。わたしのうえに大切な御血を注ぎ、わたしの罪をゆるしてくださる司祭は、どんなに清い者でなくてはならないことでしょう。「わたしはあなたの罪をゆるします。安心して行きなさい」という言葉を決して疑ってはなりません。たとえ司祭に欠点があっても、彼はあなたの罪をゆるし、自由にする権能をもっています。おそらくそれはわたしたちから謙虚を必要としますが、それでも彼は元栓のスイッチなのです。

真の喜び

ゆるしの秘跡は真の喜びでなければなりません。それをないがしろにしてはなりません。自分の魂を清め、純粋にする機会なのだから、愛をもってこの秘跡を受けに行かなくてはなりません。ゆるしの秘跡においては、神と直面します。死を迎えるときにも神に直面しなければなりませんが、今は罪をもって神のもとに行き、罪なしで帰ってくることができます。

あなたがたの告白を吟味しなさい。物事をありのままに言う、心からの望みと真の誠実をもって告白しますか、あるいはある部分は隠したり、すべては言わない半々[74]で告白しますか。悪魔は非常に狡猾《こうかつ》です。イエスは「恐れてはいけない[75]」と言われました。何か心配事があるなら、告白のとき表明しなさい。一度表明したなら、それについて考え続けないようにしなさい、というのは何か月たってからも、悪魔はわたしたちの告白に対する愛を破るまで、わたしたちにつきまとうのです。告白は責め苦ではありません。

ゆるしの秘跡を受ける場所は、何時間も何時間もとどまるところではありません。告白はイエスとわたしの問題であって、他のだれのものでもありません。このことを生涯覚えておいてください。告白室をおしゃべりの場としないで、自分の罪を告白し、ゆるしを受ける場としてください。神に感謝し、この秘跡を受ける機会を逃さないようにしましょう。

時間を無駄にしないように

過去に起こったことについて時間を無駄にしてはなりません。もし何かによって心が痛み、気がかりならば、よい告白をして表明しなさい。修練長[76]のことでさえも、あれこれ考えてはなりません。乳児は与えられたものを調べたりしません。イエスと共に忙しくし、一人で彼と共にあることに時間を使いなさい。そのような時間はもう再び来ませんから。

愛の秘跡

わたしたちはそれを償いと呼んでいますが、実際には愛の秘跡であり、ゆるしの秘跡です。だからこそ、そこは自分たちの問題について、長時間おしゃべりする場であってはならないのです。そこは分裂と破壊をもたらすあらゆるものを、わたしからイエスに取り除いていただく場です。わたしとキリストの間にギャップがあったり、わたしの愛が分裂していたりすると、何かがそのギャップを満たそうと入ってきます。わたしたちに対するキリストの愛をほんとうに理解したいと思うならば、ゆるしの秘跡を受けに行きなさい。告白においては、とても単純な子どものようでありなさい。「わたしは子どものようにここにいて、御父のもとへ行きます。」もし子どもが甘やかされず、うそをつくことを知らなかったなら、彼はすべてを言うことでしょう。これこそわたしが「子どものように」と呼ぶことで、告白においてこの態度を模倣しなければなりません。

ゆるしの秘跡は偉大な愛の美しい行為であり、罪をもった罪びととして行き、罪のない人としてそこから戻ってこられるのは、ゆるしの秘跡だけです。大罪あるいは小罪によって愛をはかるのではありませんが、罪を犯してしまったとき、わたしたちを清めるためにゆるしの秘跡があるのです。大きなギャップがあったとしても、恥ずかしいと思わないでください。それでも、子どものように行きなさい。

告白の必要

毎朝ここへミサのために来る女性がいます。彼女の生活に何かが起こるまで、彼女は大酒飲みでした。そこで彼女は次のステップを踏み、遠路USAからやって来たのです。今、彼女は毎朝、わたしたちより早く聖堂にいます。彼女は唇も爪も頬も真っ赤に染めているので、わたしはある日、どうしてそんなに真っ赤にするのか理由を尋ねました。そこで彼女は驚くべき話をしてくれました。「マザー、わたしは体のあらゆる部分の自己統御を実行しようと努力しているのです。爪の手入れ、化粧、そしてミサに来る準備など。あらゆるときに自分を忙しくしていなければならないのです」とのことでした。今日、彼女に話しながら、彼女が毎朝ミサに来るのを始めたことはとても美しいが、ゆるしの秘跡について話すと、彼女は、なぜその秘跡を受けにいかなければならないかを尋ねてきました。彼女はその必要を感じていなかったのです。そこでわたしは彼女が告白に行くとき、それは罪をもった罪びとであるが、帰ってくるときは罪のない人であることを話しました。すると「おお、それなら告白に行きたいのですが、準備のために助けが必要です」と答えました。それで彼女は今夕礼拝に来て、わたしは彼女が明日告白することができるよう準備します。帰るために立ち上がった彼女は、罪を告白する決心をしたことによって非常に幸せで、すでに自由と喜びと平和を体験していました。彼女は罪をもった罪びとであることを受け入れ、生活に神を求めていたのです。

イエスよ、ありがとう

先日、「あなたの罪をわたしにください」とイエスが言われるのを読みました。わたしにとって最大の罪はイエスを信頼しないことであり、イエスのみ言葉を信じないことです。イエスを正面からしっかり見て、「ごめんなさい」と確信をもって言いましょう。そしてこの一語の後で、「わたしの罪を取り除いてくださるイエスよ、ありがとう」と加えましょう。聖体拝領の後で、「イエスよ、ありがとう、その優しい愛でわたしの罪を一つも残さないで取り除いてくださって」と言いましょう。

司祭にではなく、イエスに向かって

あなたはなぜ総告白をするのですか。それを疑っているからではなく、神のすばらしさ、主がわたしに対していかに善良であられたかを認めて、その絆を強めるためです。わたしは罪びととして告白場にいきますが、そこを去るときは罪のない人として出ていきます。わたしたちは司祭にではなく、イエスに向かって誠実で謙虚な告白をするのです。

償い

償いの意味はなんでしょうか。第一の意味は、キリストのご受難に参加することです。それは数ではなく、どれだけの愛を注ぐかです。第二に、わたしの罪の修復をするためです。だれがその修復をするのですか。もしわたしが渇きを感じていたら、全心をもってその償いをするでしょう。それをしたいのです。わたしはイエスに何かを拒みましたので、償いをしたいのです。自主的にそれを選択すれば、それは優れた愛の行為になりますから、わたしはそれを望みます。ある姉妹の父親は頭に傷があり、そのことが彼女に痛みを与えていましたが、彼女はそれをイエスにささげました。「わたしの罪がイエスの痛みになっている。わたしの罪がいばらの冠の原因になっている。わたしはイエスのご受難を分かち合うという確信をもって、償いをすることを望みます。」

賠償

十戒中(77)の第七戒に従えば、キリスト者として、わたしは盗むことはできません。もしわたしが貧しい人から盗めば、その行為自体と、さらに知識と意向によって大罪です。告白に行くとき、ただ罪を表明するだけでなく、罪の全体あるいは部分に対する賠償、あるいは少なくともその約束をしなければなりません。それがなければ、神父様は罪のゆるしを与えられません。

謙遜

心優しく謙遜である主から学ぶ方法は、お互いに優しい心をもつことです。礼儀正しくお互いに接しなさい。わたしたちは人間ですから、礼儀正しさが必要です。わたしたちが柔和と謙遜を身につければ、他の徳がそれに続くでしょう。「わたしがあなたがたを愛したように、互いに愛し合いなさい。」[78] イエスはどのように他の人びとを愛されたでしょうか。彼はどのように与えられましたか。わたしたちはどのように与えることによって、愛することができますか。神への感謝を示す最善の方法は、「柔和になることを学びます」ということです。そうすれば神は「これはわたしの愛する子」と言われるでしょう。

どのように謙遜を学ぶか

もし注意深く祈りのうちに読むならば、福音全体はイエスのみ心から、この一つのレッスンを学ぶように告げることでしょう、すなわち、柔和で謙遜であることです。あなたがたはどのように謙遜を学びますか。多くの書物を読むことでも、多くの講話を聴くことでもなく、屈辱を受け入れることによってです。一日をとおしてだれの生活にも、小さなこと、自尊心を傷つける小さな出来事に、イエスに対する愛を示す美しい機会が絶えずあります。もしわたしたちが謙虚で心が清ければ、祈りの中で神のお顔を見ることができ、お互いの内に神を見ることができるでしょう。すべては連鎖しています。祈りの実りは喜んで小さな屈辱を受け入れることによって示される、イエスに対する愛なのです。

謙遜は真実であって、隠すことではない

謙遜は「わたしにはこれはできない、あれはできない」と言って才能を隠すことではなく、謙遜は真実です。主がわたしたちに学ぶことを求められたのは、心優しく謙遜であることだけです。(79) 貧しくなること、従順であることを学びなさいとは言われませんでした。それはまず、お互いに心優しくあることです。いくつかの言語では、「心優しく」ということが柔和、親切と訳されています。それによっても心優しくという語がなんと美しく、意味深いかを理解してください。謙遜はイエスがわたしたちに教えるために来られた徳であり、それは神のみ心の謙虚さです。謙遜は読書によって学び得るものではなく、屈辱を受け入れることによって学び得るものです。

彼女は謙遜によって沈黙を守られた

受胎告知のとき、天使はマリアに「あなたは神の母となる」と言い、マリアはご自分を主のはしためであると言われました。[80] そして天地の女王として選ばれたマリアは、宮殿や栄光を求め、あるいは聖ヨセフに事を告げるために彼を捜しに行ったのではなく、神の母として彼女が最初にしたことは、エリサベトに奉仕するために、急いで出かけたことでした。そして三か月後にナザレに戻ったとき、[81] 彼女は聖ヨセフの困惑と疑惑を見たのです。しかし、彼女は神が道を示してくださることを待ちました。聖ヨセフが言うことのできたただ一つのことは「それはわたしの子ではない」でした。彼はマリアを批判したり、人びとの前で彼女の罪を公にしたりせず、ひそかに縁を切ろうとしました。[82] 天はそれがだれの子であるかを告げるため介入します。聖母は聖ヨセフに言い訳をしたり、強い印象を与えるために決して天使の告知を話したりされませんでした。マリアは謙虚に沈黙を守りました。ですから、わたしたちも決してうそをついたりせず、すべての真実を明らかにできないこともありますが、沈黙を守るほうがよいのです、沈黙は訂正されることがありませんから。これは非常にむずかしいかもしれませんが、聖母をごらんなさい。彼女は主を信頼していたので、それができたのです。

あなたが謙虚であるならば、地獄全体もあなたに触れることができません。謙遜は傲慢の破壊者です。謙遜は悪魔の破壊者です。

望まれない人イエス

イエスご自身ほど望まれない人はいませんでした。イエスが体験されたことを、わたしたちは決して体験できないでしょう。ヨハネ福音書の冒頭に、「み言葉は、ご自分の民のところへ来たが、民は受け入れなかった(83)」と記されています。注意深く読んでみてください。四福音書はみな、ご自分の民に望まれなかったイエスについて述べています。あらゆる人びとと群衆の中で、聖母だけがイエスを理解し、イエスを望んでいたと思います。そして、もしわたしたちが十字架につけられたイエスの浄配であるならば、それを分かち合わなければなりません。わたしたちは屈辱を受け入れ、しかも喜びをもって受け入れることによって、ますますイエスに似た者とならなければなりません。今日はとてもよい機会です。姉妹の皆さん、屈辱がきたとき、その機会を逃さない習慣ができたら、どんなにすばらしいことでしょう。たとえば、あなたがしなかったことで非難された場合、自然に否定の言葉が上ってきて答え返すでしょう。その代わりに一瞬待ってください。もし、相手の姉妹が言ったことが正しく、あなたの心が純粋でなんの罪もなければ、あなたは直ちに答えがでます。答えが「はい」であったなら、「シスター、ごめんなさい。これから気をつけます」と言います。もし真実でなかったなら、姉妹の皆さん、チャンスを逃さないでください。それはすばらしい屈辱であり、その屈辱はあなたを謙虚な姉妹にします。わたしは昼も夜も一日中ここに座って、謙遜について話すことができますが、あなたがたはおそらく疲れてしまい、眠ってしまうかもしれませんし、謙遜についてたくさんの本を読むこともできるでしょうが、それでもあなたがたは謙遜にはなれません。しかし、こうした小さな屈辱がやってくるとき、それらをつかみなさい。謙虚なシスターであることの喜びを体験しなければなりません。マリアのように謙虚であってください。

ザアカイ

ザアカイ(84)という男性は裕福な徴税人であり、知名度の高い人でした。彼はイエスを見たいと熱望していましたが、イエスに会うことができず、ある日「自分は背が低いのだ」ということを認めます。そして小さな子どもがするようなことをしましたが、その謙虚な行為が彼に恵みをもたらしたのです。イエスはその木のすぐ下までやって来ました。だからこそ、小さな者であるあなたがたもわたしも、大きな愛をもって小さなことを果たす望みを実践しなければなりません。小さな花の聖テレジアが亡くなり、列聖されようとしたとき、すべての人が教皇はなんのために彼女を列聖するのだろうと首をかしげていました。そして教皇はひと言、次のように書かれました。「彼女は普通のことを、普通以上の愛をもってしたから、列聖します」と。大きな愛をもってする小さなこと。ですから、わたしたちもまた、小さなことだけをすることによって列聖されるチャンスがあります。というのは、イエスにまったく奉献された修道者としてのわたしたちは、そうした小ささ、無一物、貧弱さに固執する存在であるからです。御父の世界に対する愛を証しするため、イエスはとても小さく、実に無力になられました。

神から学ぶ

悪魔が最も恐れている一つの徳は謙遜です。謙遜を除いては、彼は深い信仰さえも恐れていません。謙遜こそはわたしたちをイエスに似た者とするのです。「わたしは柔和で謙遜な者だから、わたしに学びなさい(85)」とイエスは言われました。神ご自身から学ぶのであって、本からではありません。本から学ぼうとすると、「謙遜の道」を模倣することは非常にむずかしく、困ってしまいます。福音の中で、ある女性が望むことを最後まで懇願し続けて得た例を(86)、イエスは示しています。ですから、わたしたちもまた、イエスがわたしたちの祈りに疲れてそれを与えてくださるまで、謙遜の賜物《たまもの》をイエスに懇願しなければなりません。謙遜の実りは柔和ですから、もしあなたがたが謙遜であれば、愛徳においてなんの問題もないでしょう。傲慢な人は愛で満たされることができません。傲慢の実りは憎しみと苦みです。傲慢の実りは嫉妬です。ですからあなたがたが謙遜であるかどうかを言うのは、むずかしくありません。

放っておく

わたしはあなたがたに何回も言いましたが、人びとがあなたがたを褒めるとき、神の栄光のために放っておきなさい。彼らがあなたがたを軽蔑するなら、それによって傷つかないでください。彼らがあなたがたをたたえるなら、傲慢にならないでください。片方の耳でそれを聞いて、他方の耳から放り出してください。決してそれを心の中に収めないでください。神はわたしに一つの恵みをくださいました。人びとが何かわたしのよい点をあげても、その場所を去るまえにすでに忘れてしまうのです。そうでないと、わたしに何が起こるかを神はご存じなのです。決して自分自身にしがみつかないでください。神はわたしたちがだれかに与えるように、よいものを与えてくださいました。人びとはつねにさまざまなことを言うものです。

屈辱──美しいチャンス

どんな価を払っても、聖なる者にならなければなりません。わたしはあなたがたよりずっと多くの屈辱を受けていますが、それらを美しいチャンスだと思っています。ラジャシュリーというプナ(87)に住む一人の男性が、新聞に多くの醜いことを書きました。彼はわたしを偽善者、キリスト者をつくっている宗教的政治家だと言い、ノーベル平和賞やその他の活動について酷評しました。わたしは彼を不憫《ふびん》に思って返事を書きました。彼がわたしを傷つけている以上に、彼は自分を傷つけているので、わたしが彼をかわいそうだと思っていること、彼が書いたことに反対して多くの人が彼に抗議した醜い手紙によって、彼を哀れに思っていることを書きました。ラジャシュリーはマザーテレサを「偽善者」と称する、と新聞に書かれていました。わたしは神の愛によって彼をゆるす手紙を書き、シシュ・ババンを見に来るように彼を招きました。この手紙を読んだ彼はいっそう怒り、さらに多くのことを書きました。彼はわたしを「ミスター」と呼びましたから、わたしも彼を「ミス」と呼ぼうと考えました、再び彼は新聞に書きました、「彼女が誠実でない、というのではありません。彼女は誠実ですが、人びとを間違った道に導いています。ですから今も偽善者です。」姉妹の皆さん、おわかりですか、受け入れなければなりません。この人は、わたしが「神があなたを祝福されますように！　わたしはあなたをゆるします」と言ったので、非常に怒りました。ですからあなたがたも叱られるとき、ゆるしてあげなさい。そうすればどこにいても大丈夫です。もしわたしが別の言葉を使っていたら、神の愛、神の喜びを与えるチャンスを失っていたことでしょう。以上のことは公共のことですが、わたしたちは日々の生活の中で他の多くのチャンスがあります。「大きなほほえみをもって神が与えられることを受け入れ、神が取られることをささげなさい。」この言葉を心に留めてください。それが聖性です。彼らがあなたがたをたたえるなら、それを受け入れなさい。神が与えられるすべてのもの、賞賛も非難も大丈夫です。どんな非難も失敗も賞賛も神からわたしを引き離すことはできないでしょう。「彼のものになる」ことをあなたがたが理解しさえすれば！「わたしにはそんな価値はありません」などと言わないでください。言えば言うほど、自分たちに注目を引き寄せ、さらに傲慢になります。今日、あなたがたをたたえる人たちが、明日は「十字架につけろ」と言うでしょう。デリーの「ジャン・サン」新聞に悪い記事が掲載されました。あるイエズス会士がわたしに手紙を書き、「わたしは手紙を新聞社に書いたが、あなたにも書いてほしい。マザー、あなたも応えなければ」といってきました。しかし、わたしはこの神父に、記事を書いた人をゆるさなければ、と返事を出しました。イエスに対しても、「十字架につけろ[88]」と叫んだ人びとは、たった数日まえに「ホザンナ[89]」と言って歓迎していたのですから。

わたしに学びなさい

わたしたちに清い心、謙遜な心さえあれば、イエスに近づく最も美しい道があります。これについてイエスは「わたしは柔和で謙遜な者だから、わたしに学びなさい(90)」と言われました。本からではなく、人びとからでもなく、彼から学ぶのです。彼イエスはこれをまったく真剣に言われました。MC（神の愛の宣教者会）において、謙遜は最も必要な徳です。わたしたちに与えられた仕事は聖であり、現実的なものです。主の仕事を果たすためには、謙遜を必要とします。主はわたしたちに実に美しい仕事を託されました。ある司祭が「わたしは主の渇きを癒やしたい」と書いてきました。彼は苦しんでいて、イエスの渇きを癒やしたいと熱望している、「わたしは渇く」が、つねに彼の精神と心と体に響く、というのです。しかしわたしたちMCの修道会は、信心業ではなく、清貧・従順のような神との誓願をもってこの働きをしているのです。

わたしたちには清く謙虚な心が必要です。「わたしに学びなさい(91)」と直接、彼から学ぶように言われました。イエスはあれをし、これをする手間をかけなさいとは言われませんでした。

注

(1) カトリック教会のカテキズム2223。
(2) イザヤ書14・12〜15、黙示録12・1〜8参照。
(3) 創世記2・7〜9、15〜17参照。
(4) 創世記3・1〜6参照。
(5) 創世記2・17参照。
(6) マタイ7・1、ルカ6・37参照。
(7) 同右。
(8) ヤコブ4・11〜12参照。
(9) ルカ6・37参照。
(10) ヨハネ18・22〜24参照。
(11) マタイ18・21〜22参照。
(12) ルカ6・45参照。
(13) 創世記1・27、9・6。
(14) ヤコブ3・6〜10参照。
(15) ルカ6・45参照。
(16) マタイ26・67、27・30、マルコ14・65、15・19、ヨハネ18・22〜23参照。
(17) マタイ25・40参照。
(18) マタイ5・8。
(19) ヨハネ13・34参照。
(20) ヨハネ15・9参照。
(21) ヨハネ13・34参照。
(22) マタイ14・13〜21、マルコ6・35〜43参照。

(23) ルカ4・18参照。
(24) 創世記3・1〜6参照。
(25) 一ヨハネ4・20参照。
(26) 一九九〇年旧ユーゴスラビアでの紛争に言及。
(27) マタイ18・5、マルコ9・37、ルカ9・48参照。
(28) 一ヨハネ4・20参照。
(29) 同右。
(30) イギリス。
(31) ヨハネ6・35参照。
(32) ヨハネ2・5参照。
(33) ヨハネ8・44。
(34) マザーテレサは姉妹たちに話すとき、自分を「マザー」と呼んでいる。
(35) 二コリント11・14参照。
(36) マタイ4・1〜11、ルカ4・1〜13参照。
(37) 同右。
(38) ヨハネ8・44。
(39) 一ペトロ5・8参照。
(40) マタイ4・1〜11、ルカ4・1〜13参照。
(41) ヨハネ4・34参照。
(42) マタイ4・4、ルカ4・4参照。
(43) マタイ27・40、マルコ15・30参照。
(44) ヨハネ8・44。

(45) ベンガル語で「ずるい」の意。
(46) ヨハネ8・44。
(47) マタイ4・1～11、ルカ4・1～13参照。
(48) フィリピ4・13参照。
(49) マタイ4・1～11、ルカ4・1～13参照。
(50) マタイ6・12参照。
(51) マタイ11・29。
(52) マタイ13・53～57、マルコ6・2～4、ルカ4・28～30、マタイ27・15～26、マルコ15・6～15参照。
(53) マタイ11・29参照。
(54) ルカ23・34参照。
(55) マタイ6・12、ルカ11・4参照。
(56) ルカ15・18参照。
(57) マタイ25・40参照。
(58) 創世記2・24、マタイ19・5、マルコ10・7～8、エフェソ5・31参照。
(59) ローマの聖アグネス（二九一年～三〇四年）おとめ殉教者。伝説によれば、ローマ皇帝ディオクレティアヌスの下で、十二～十三歳で殉教の苦しみをささげた聖女。
(60) マタイ5・8参照。
(61) マタイ5・23～24参照。
(62) ヨハネ8・1～11参照。
(63) ヨハネ8・11参照。
(64) ヨハネ21・15～17参照。
(65) ルカ15・11～32参照。

(66) 告白を聴く司祭に言及。
(67) ルカ15・18参照。
(68) ルカ15・22〜23参照。
(69) ルカ15・24参照。
(70) ローマ8・38〜39参照。
(71) ルカ1・38参照。
(72) ヨハネ8・1〜11参照。
(73) ルカ15・18参照。
(74) 事の半分しか言っていない。
(75) ヨハネ14・27、マタイ10・28、ルカ12・4参照。
(76) 養成担当者。
(77) 申命記5・19、出エジプト記20・15。
(78) ヨハネ13・34参照。
(79) マタイ11・29参照。
(80) ルカ1・26〜38参照。
(81) ルカ1・39〜56参照。
(82) マタイ1・19参照。
(83) ヨハネ1・11参照。
(84) ルカ19・1〜9参照。
(85) マタイ11・29参照。
(86) マタイ15・21〜28参照。
(87) インドの八大都市。

(88) マタイ27・22～23、マルコ15・13～14参照。
(89) マタイ21・9、15、マルコ11・9～10、ヨハネ12・13参照。
(90) マタイ11・29参照。
(91) 同右。

Ⅳ　行動による信仰は愛

わたしたちの仕事がまったく神のものとなって実を結び、美しくあるためには、キリストに対する信仰、その信仰のうえに建てられなければなりません。「わたしが空腹であったとき、裸であったとき、病気であったとき、家がなかったとき、あなたはわたしにしてくれた」と言われたキリストへの信仰です。わたしたちのすべての仕事は、キリストのこの言葉のうえに据えられています。この信仰が真実であるためには、与える愛がなければなりません。愛と信仰はともにあり、相互を補い合います。

この言葉によって、マザーテレサは貧しい人のための彼女の仕事は、彼女の信仰の具体的表現だったことを明らかにしています。マザーが行ったほとんどすべての講話で、彼女はマタイ福音書二十五章で「これらの最も小さい者の一人にしたのは、すなわちわたしにしたのであり、しなかったのはわたしにしなかったのである」とイエスが言われたことに言及しています。[1] この箇所は、イエスが貧しい人の内に現存されるという彼女の確信の根拠でした。イエスのみ言葉に対する全面的信仰をもって、彼女は自分の使徒職をイエスご自身にする奉仕ととらえていたのです。「最も小さい者」[2] の内におられるイエスの現存に対する彼女の信仰は、実に現実的であったので、貧しい人とのあらゆる出会いが、イエスとの神秘的出会いを意味していました。「わたしたちは、貧しい人びとの中で最も貧しく惨めな姿に変容されたイエスを二十四時間見て、愛し、奉仕しながら、世界の真っただ中で行動する観想者なのです。」

ご聖体におけるイエスの現存に対するマザーテレサの信仰は、福音の中にある「これはわたしの体……これはわたしの血」(3)というイエスのみ言葉に基づいています。ご聖体と貧しい人の中にはイエスを「見る」ことは、謙虚な信仰を要します。「可視的にはパンでしかありませんが、それはイエスです。可視的には貧しい人ですが、それはイエスです。説明するのはむずかしいのですが、それは愛の神秘です。それは人間の頭では到達できないことの一つであって、わたしたちは頭を下げて受け入れなければなりません。」

広範囲にわたる要求の多い活動を成し遂げる力をどこで見つけるのかと問われるとき、マザーテレサはいつも決まって聖櫃《せいひつ》を指さしていました。彼女が貧しい人びとの間で働く力を得たのはご聖体からでした。彼女の一日は朝の聖体祭儀と午後の聖体礼拝を中心に回っていたのです。ご聖体に養われた彼女は、自分の愛の表現として貧しい人びとの中におられる主を捜し求め、奉仕するために出かけました。すなわち、「イエスは神に対するわたしたちの飢えを満たすために命のパンとなられ、さらに、わたしたちの愛に対する彼の飢えをわたしたちが満たすように、彼ご自身を飢える者とされたのです。ですからご聖体と貧しい人――わたしたちはイエスによって養われ、そのうえでわたしたちは貧しい人の中におられるイエスを養うのです。」

「聖体は、貧しい人びととの連帯を強めさせてくれます。わたしたちのために渡されたキリストの御体と御血をふさわしくいただくには、その兄弟である最も貧しい人びとのうちにキリストを認めなければなりません。[4]」教会によって与えられたこの勧告は、マザーテレサの生涯に、特に鮮明に示されています。彼女はたびたびイエスと貧しい人との同化に触れ、それをご聖体におけるイエスの現存と関連させました。「ご聖体におけるイエスと、貧しい人のうちにあるイエスを決して切り離してはなりません。」イエスは真に、実質的に、パンとぶどう酒の外観のもとにご聖体に現存され、また貧しい人びとの中で最も貧しい人に変容された惨めな姿の中に現存されます。ともに「変容された」この二つの形の現存は、彼女の信仰と愛を行動に移す機会を与え、たびたび「貧しい人とご聖体の内にイエスを愛する喜びを保ち、出会うすべての人とその喜びを分かち合いなさい」と姉妹たちを励ましていました。

現存のあり方は同じではありませんでしたが、ご聖体におけるイエスの現存と貧しい人におけるイエスの現存に対する彼女の信仰は非常に強く燃えていて、貧しい人への奉仕に対する深い愛と奉献に向けて姉妹たちを励ますとき、ミサをささげる司祭たちを励ますときと同じ表現を用いていました。

先日司祭たちのグループに話す機会があり、次のように彼らに言いました。「『これはわたしの体』と言うことができるために、あなたがたの口はどんなに清くなくてはならないことでしょう。

キリストの体となるパンに触れるあなたがたの手はどんなに清くなくてはならないことでしょう」と。「パンに触れるあなたがたの手はどんなに清くあるべきことでしょう。キリストの砕かれた御体に触れるわたしの手は、いかに清くなければならないでしょうか。」

そして、彼女は姉妹たちに言いました。ニルマル・ヒルダイ――苦しむキリストが生きる聖櫃《せいひつ》――では、病におかされた体に触れるあなたがたの手は、どんなに清くなければならないことでしょう。安楽と信仰と愛の言葉を語らなければならないあなたがたの舌は、どんなに清くなければならないでしょう。というのは、彼らの多くの人にとっては、それが愛との最初の触れ合いであり、彼らにとって最後になるかもしれないからです。「あなたはそれをわたしにしてくれた」[5]とイエスが言われたことをほんとうに信じるなら、イエスの現存に対してどんなに目覚めていなければならないことでしょう。

「貧しい人びとの中で最も貧しい人の惨めな姿に変容されたイエス」というマザーテレサがつくった表現は、イエスの現存への固い信条だけでなく、その現存の確信を示していました。第一に、貧しい人の中のイエスの現存は目に見えません。彼はそこにおられますが、変容された姿の中に彼を認めるためには、信仰の目を必要とします。第二にイエスが貧しい人、苦しむ人の中で受難を継続されるのを目の当たりにすることは痛みを与え、彼女を苦悩させました。この痛みは、彼女にできるかぎりを尽くして目前にいる人の苦しみを軽減するようにさせました。つねに実践的であったマザーテレサは、彼女の苦悩を貧しい人に奉仕し愛することによって、「生きた行動」に移したのです。それはイエスの苦しみを排除したいという彼女の心の望みを具体的に表す一つの方法であり、貧しい人に対する正真の愛だったのです。

聖母は世界に対する神の愛の最初の「運び手」でした。というのは、神のみ言葉イエスを受けて、彼を他の人びとに伝えるために急いで出かけたからです。マザーテレサが、貧しい人びとの中で最も貧しい人に神の愛の光をもたらすという召命を満たすために助けを願ったのは、聖母に向かってでした。マザーが創った祈りは彼女の感じたことをよく表明しています。

「わたしの最も愛する御母、あなたの美しく、清純で、汚れなく、とても愛と謙遜に満ちている、そのみ心をお与えください。それによってわたしが命のパンのうちにイエスをいただき、あなたがイエスを愛されたように、貧しい人びとの中で最も貧しい人の惨めな姿に変容されたイエスを愛し、イエスに仕えることができますように。」

マザーの貧しい人のための仕事と、イエスの渇きを癒やす召命との間には、分離しがたい関連があります。貧しい人への奉仕という奉献生活を誠実に生きることによって、マザーはイエスの渇きを癒やし、創設した修道会の目的を果たしていました。「わたしは渇く」という言葉がマザーテレサの召命を表し、「わたしは癒やす」が彼女の全心の応えを表明しています。「あなたがわたしにしてくれた」は彼女のすべての活動のモットー、貧しい人の中につねにあるイエスの現存の現実を思い起こさせる標語となっていました。

　社会の最も弱い人びとに愛を方向づけながら、マザーテレサは一人ひとりの中に、愛を受け与えることのできる神の子を見ていました。貧しい人の必要に直面し、さらに、愛を受け与える機会を彼らに提供することによって、人間としての生来の尊厳を回復させました。そのうえ、できるかぎり彼らに似た者となるために生活様式を変え、自由意志をもって貧しい人びととの同化を図りました。貧しい人との一致のうちに、自由意志をもって貧しさを抱擁することによって、彼女は「彼らのレベルに下っていき、彼らを引き上げる」ことができたのです。

「わたしたちの貧しい人」と彼女が宣言する人たちのことを語りながら、マザーテレサは「わたしたちの人びとは偉大な人びとです」とたびたび繰り返していました。「彼らはほんとうにすばらしい人たちです。彼らを知ることによって、多くのことを学ぶでしょう。あなたがたは彼らに与えること以上に多くのことを彼らから与えられるでしょう。わたしは貧しい人に与えた以上のことを彼らから受けたということができます。」彼らはマザーにとって「英雄たち」であり、彼らの善良さを他の人たちに模範として示していました。彼女が特に心を打たれたのは、彼らの苦しみにもかかわらず示される喜びであり、自分たちの欠乏の中にあって他の人たちに配慮する寛大さであり、深く傷つけられたときでさえも、苦々しさや対抗心を退けてゆるす態度でした。

「これこそが物質的に貧しくても、霊的に豊かな人びととの偉大さです。」
「貧しい」という表現は普通、物質面での欠乏に関して使われていますが、マザーテレサはより広い意味で理解していました。すなわち「愛がなんであるかを忘れた人びと、だれも彼らを愛さなかったので、人間の愛を知らない人びと」もまた、貧しい人びとの中で最も貧しい人でした。物質的欠乏がどんなにむずかしく過重なものであっても、「愛されない、望まれない、配慮されない」ことはさらに大きな痛みでした。マザーテレサはこの種の貧しさを、先進国でも発展途上国でもあらゆるところで見つけ、物質的欠如を解決するよりもはるかに困難であることを認識していました。

出会った一人ひとりがユニークで大切であり、それぞれの人の内にイエスと出会いイエスを愛するという確信とともに、マザーテレサは「一人、一人」と好んで言っていたように、分かたれない愛と配慮を個々の人に与えていました。大勢の人が集まっている中でも、彼女は最も助けを必要としている人を見つけてその人に接しています。この「清純なビジョン」といちずな態度は、恩恵と彼女自身の努力、双方の賜物《たまもの》でした。

マザーテレサはつねに他の人の長所を認め、それを励ます用意ができていました。彼女の開かれた態度、温かさ、尊敬、偏見のなさは、すべての人にそれぞれが独自性において認められていることを感じさせました。彼女は成長のための必要な時間と機会を認識し、聖パウロが愛の資質(6)

の一つとして掲げる忍耐の模範を示しています。他の人びとの弱さと限界が、彼女の強い性格に対してどんなに大きな挑戦であったとしても、それに耐えるのを助けたのはこの愛でした。

一人ひとりの最良のものを引き出すことを目指して、マザーテレサはときには強靭《きょうじん》で強い要求もしました。「人気集め」ではなく、個人と社会に対して有害あるいは破壊的なすべてのことに、くじけない勇気をもって反対し、ある人たちに不満を感じさせても、理想と確信において妥協をゆるしませんでした。しかし、柔軟性がないわけではなく、他の人びとの弱さに出合うときは、つねに変わらず理解と慈愛をもって対処していました。

「真の愛は痛みを感じさせる」というマザーが繰り返した教訓は、愛する人およびその人の関心を本人の前にはっきりと示すためには、価を払わなければならないという彼女の認識を示しています。その価はしばしば自己愛や利己心を殺すことであり、それが痛みを覚えさせるのです。他人のために苦しむことをより望むほど、その人の愛は深まります。自己投与の完全な模範であるイエスは、わたしたちのあらゆる苦しみを喜んでご自分に課し、「極みまで愛されました。」わたしたち各々は聖パウロと共に、「彼はわたしを愛し、わたしのために死んでくださった」と言うことができます。イエスについて行く者であるわたしたちもまた、イエスに倣いながら「痛みを感じるまで愛する」ために召されています。

マザーテレサ自身の生涯は、痛みを感じるまで愛する機会に満たされていました。おそらく最も明らかなことは、苦しい内面の試練でしょう。自分の命以上に愛するかた、を覆い隠す暗闇の厚い壁は、徹底的な混じり気のない信仰によってしか破ることはできなかったでしょう。彼女が神を求めれば求めるほど、神は遠ざかられるように見えました。神に対する彼女の憧れは、神の一見、不在に見えることが彼女の魂に残した寂しさを、いっそう研ぎ澄まされたものにしました。彼女は痛みを感じつつも絶えず神を探し求め、痛みを感じるまで誠実に神を愛しました。

貧しい人に対する愛において、彼女は彼らと一つになることを望み、彼らの代わりに苦しむことさえ望んでいました。ある意味で神秘的な、しかし非常に現実的なあり方で、彼女の望みは実現されます。「街路に見捨てられ、愛されず、声もかけてもらえない貧しい人の身体的状況は、まさにわたしの霊的生活、イエスに対する愛の姿です。しかしこの恐ろしいほどの痛みが別のものに変えられることを望みはしませんでした。」彼女のこの苦しみを抱き締める態度は、ほんとうに痛みを感じるまで貧しい人を愛する英雄的な方法でした。

内的闇を受け入れることが、神と貧しい人に対する彼女の愛の深い痛みと驚くべき証しだったであろうにもかかわらず、彼女の生存中それが認識されることはありませんでした。その代わり、最も放置され、最も等閑視された人びとへの愛の奉仕が、ほとんど半世紀にわたって彼女の評判の種でした。

マザーテレサは「行動による愛は奉仕である」と宣言しています。奉仕とは、自分と自分の時間、努力、物質的手段を喜んで与えることを前提とします。それは受ける人の必要に応じて与える人の愛を表明します。それは相手がだれであっても、愛され、望まれ、心にかけられていると感じさせる普通の方法でした。

マザーテレサは「神の光」になり、貧しい人が住む「暗いあばら家」に神の愛をもたらすという召し出しに寛大に応えました。その名においても事実においても神の愛の宣教者として、内面的にも外面的にも、最も助けを必要とする人びとと一体となるミッションを果たしたのです。彼女は神の愛の運び手となる神秘的召し出しを、具体的言語に「翻訳」していました。それは現代世界においての、神の「手」、神の「心」の表現です。仕事において彼女は神の力に信頼し、「地に足をつけて」とどまることを望みながら、貧しい人びとの中で最も貧しい人の必要に見合う単純な方法を使っていました。それでも彼女は謙虚な奉仕をとおして、彼らの生活において愛を現実のものとしていたのです。

愛、喜び、希望、平和、情熱を輝かせたマザーは、個人的に苦しむ人に対してつねに変わらない関心を寄せ、たとえ短時間の出会いであっても、特別に愛されていると相手に感じさせました。人びとが受けたこの並外れた影響の理由は、彼女がもっていた特別な資質や才能によるものではありません。むしろそれは彼女の個人的聖性と、神に完全にささげられた魂の力と魅力の輝きに見いだされるものでした。彼女は神と非常に深く一致していたので、彼女に接する人びとは神が耳を傾け、彼らを助け、世話をし、愛しておられると感じたのです。毎日のミサ後、姉妹たちと共に唱えていた「キリストを輝かせ」の祈りは、彼女の生活の中で現実になっていたのです。この祈りの中で彼女が願ったことは、「姉妹たちが目を上げ、わたしではなく、イエスだけを見ますように！」であり、実際、彼女が他の人びとに輝かせていたのは、イエスとイエスの愛の光でした。

マザーテレサは遭遇するさまざまな困難にもかかわらず、神とその愛に満ちたみ旨に対するゆるがない「はい」をとおして、聖性の優れた域に達していました。こうして「聖性とは、ほほえみをもって神の聖なるみ旨を果たすことにあるのです」と、彼女に耳を傾ける人に単純ながら非常に骨の折れる真理を度重ねて思い起こさせました。神は例外なくすべての人を、それぞれの生活環境に応じて、愛と聖性の完成に立ち向かうよう召されています。教会の教えを反映させて彼女が強調したのは、社会人として、奉献された人として、司祭として、それぞれの召命を忠実に生きることによって、人は聖なる者になり得るということでした。これは選択肢ではなく、神によって与えられた義務です。というのは、個々の聖性は個人的に益をもたらす以外に、キリスト者共同体および社会全体の善に貢献するからです。

会の姉妹たちに対して、聖性に向かって努力する義務についてマザーテレサは特に厳格でした。「姉妹の皆さん、単によい修道者であることにわたしは満足しません。わたしは神に完全ないけにえをささげたいのです。聖性だけがいけにえを完全なものにします。」マザーテレサは貞潔、清貧、従順、そして、貧しい人びとの中で最も貧しい人への無償の奉仕の修道誓願を忠実に生きることで達し得る聖性を、彼女たちの存在理由そのものと考えていました。

なぜ誓願を立てるのでしょうか。愛で十分ではないのでしょうか。マザーテレサの考えでは、誓願を立てることによって自己を束縛することが愛の一つの表現方法でした。初期の熱意を冷ましてしまうような変わりやすい感情にもかかわらず、誓願はわたしたちがコミットメントに忠実にとどまることを可能にします。さらに修道誓願はマザーテレサがよく言ったように、「痛みを覚えるまで愛する」一つの方法です。わたしたちの堕落した人間性は、愛のうちの自己の完全な奉献とは逆の傾向、過度の快楽（好色）、必要以上の所有（貪欲）、力と支配（自我とプライド）などを求めようとします。これらの傾向は正当な必要であると、自分たちを説得しようとしたり、他の人から納得させてもらおうとしたりします。しかし実際にそれらは、わたしたちが愛し、与え、分かち合う可能性を損なわせてしまうのです。福音に見られるこれら病的現象[7]の伝統的治療薬は、貞潔、清貧、従順の勧めです。キリストによって奉献生活に招かれた人びとにとって、誓願の宣立は、すべてに超えてキリストを愛しながらより近くキリストに従い、自分たちを神にささげるよう導きます。それは「洗礼に根をおいて神にすべてをささげる〈いっそう親密な〉奉献を体験する一つの方法です[8]。」

「イエスは生涯をとおして、忠実な個人的友情をわたしたちに提供されます。その友情を完成させるために、イエスは親しさと愛のうちにわたしたちを伴侶とされます。そしてさらにこれを完全にするために聖体を与えられます。」マザーテレサはこうした言葉をもって、他の三誓願がそのうえに立てられる貞潔の誓願の本質を要約しました。この誓願は伴侶としての愛のうちに、完全にイエスのものとなる排他的唯一の関係を彼女にしるしました。それは単に結婚を放棄することではありませんでした。それは彼女のイエスとの親密な関係を生き、愛し愛されるという人間の心の根本的必要を表明する方法でした。貞潔は、神のすべての子らに自由に与えられる愛に根ざし、その愛のうちに示されなければなりません。「自由な心、だれにも、何にも分かたれない愛、イエスだけの愛。わたしたちはイエスに執着します――わたしはすべての人を愛することができます、しかしわたしが愛する唯一のかたはイエスです。」

マザーテレサの貞潔の誓願に対する忠実の実りは、霊的母性でした。貧しい人びとの必要と苦しみに心を合わせて、彼女は神が摂理によって彼女の世話に委託された人びとを霊的に養うという彼女自身の召し出しに応えていました。真の母親として、彼女は愛し、世話をし、高め、賞賛し、励まし、助け、導き、同時に戒めたり、あるいは叱ったり、ときには彼らと共に沈黙のうちに苦しんだり、自分の子どもである彼らゆえに、苦しんだりしました。彼女のうちに豊かに見られた母親としての特質は、故ヨハネ・パウロ二世教皇によって高く評価されました。

わたしたちは今でも、貧しい人びとの中で最も貧しい人を求めて世界中を旅し、真の母としてだれをも喜んで迎える愛徳の新しいあり方を開く彼女を見るように思われます。修道女を「母」と呼ぶのは普通ではありません。しかしこの名前はマザーテレサにとって特別な深みをもっています。母親とは自分を与える力によって認められます。マザーテレサの行動、態度、生き方を見ることは、単なる身体的面を越えて、母であるとはどういうことかを理解するのを助けます。それは彼女が母性の霊的根源に達することを助けました。

マザーテレサは彼女が選んだ徹底的に貧しい生活様式の背後にある理由に触れながら、「清貧は放棄すること以前に愛です」とたびたび宣言していました。この貧しく質素な生活様式は、より大切な永遠のものに目を向けてとどまることができるよう、被造物を質素に使うよう諭していました。彼女は「持つ物が少なければ少ないほど、より多く与えることができる」ことを主張しながら、物の使用において自由と離脱を強調しました。

マザーテレサが生きた欠乏生活（十字架の貧しさ）と、彼女が奉仕した窮乏する貧者の現実的困難との絶え間ない接触は、彼らに対する彼女の愛とコンパッションをますます増大させました。彼女は余計なものには反対で、必要以上のものは霊的生活と他の人びとに対する愛徳の妨げになると見ていたのです。富とぜいたくの重荷にあえぐ人間の心は、苦しみの現実と他の人びとの必要に目を閉じてしまいます。彼女は貧しい人が物に不足していることを知ったとき、浪費あるいは必要以上の物の蓄積を、どのように正当化できたでしょうか。彼女は不足を恐れて物資を貯蔵したりせず、必要なときには、必要なものを神が与えてくださるという完全な信頼をもって、もっているものを分かち合っていました。

キリストに対する「分かたれない愛」がマザーテレサの貞潔の誓願の表現であったように、従順の誓願は、長上をとおして示される神のご意志に自分の意志を従わせることによって、その「愛を行動に」移す方法でした。「愛する者にとって服従することは、義務ではない――それは至福である」というのがマザーテレサの修道者にとっての従順の要約でした。彼女は神聖な伴侶への愛によって、命じられたことを賢明に、責任感をもって実行する自然と恩恵の賜物《たまもの》を使い、つねに単純に、喜んで、素早く従っていました。彼女の従い方は優れた謙遜、英知、成熟を示しています。マザーテレサは、権威を託された地位にある人びとが欠点にもかかわらず、託された権威を行使する力が与えられていることに信頼していました。祈りと識別と長上との対話をとおして、神のみ旨がいつも示されることを彼女は信じていたのです。

長上をとおして示される神のみ旨に従うこと以外に、マザーテレサは人びとや出来事や状況をとおして、神のご意志が示されていると感じたことにはすべて従っていました。神のご意志と完全に一つになるこの望みは、より大きな愛を示すチャンスとして、「完全な委託と愛に満ちた信頼と満面のほほえみをもって」神が望まれることをすべて受け入れ、つねに十字架上のキリストと共に高められてとどまることを呼びかけていました。ここでもまた、キリストが彼女の模範でした。すなわち、「御父のみ旨を行うために来られたイエスもまた、それを受け入れ、身をまかせ、従うことが大変困難であったために、ゲッセマネで血の汗を流されたのです。だからこそイエスは、御父のみ旨に従うことができるように長く祈られたのです。」イエスの模範に倣い、マザーテレサは「十字架の従順」を抱擁する用意ができていたのです。

貧しい人びとに生涯をささげるというキリストの招きに応えて、マザーテレサは「貧しい人びとの中で最も貧しい人に全身全霊を尽くす無償の奉仕」の特別な誓願を立て、それを修道家族の必要条件としていました。この誓願によってマザーテレサと彼女の修道会会員は、代価を顧みず彼らの「救いと聖性」のために心を尽くして働き、つねに貧しい人びとの求めに応じることを誓います。この誓願は貧しい人びとに奉仕の手だけでなく、自由に与えられたものを自由に与え、どのような報いも感謝さえも求めず、愛する心を与えることを要求します。こうしたあり方で愛とコンパッションを表明しながら、マザーテレサは同時に、現代世界における憎しみと冷淡の罪、貧しい人に対する愛と関心の欠如を償うことを望んでいました。

誠心誠意はマザーテレサの人柄の際立った特色、彼女の言葉と行いの特質でした。注意集中、いちずな尽力、ごく単純な仕事でさえもそれを果たす喜びにあふれた熱心さは、彼女の貧しい人への奉仕の質の高さでした。誠心誠意に反するのは、不注意あるいは彼女が「せっかちな仕事」と呼んでいた、関心も注意も愛もない仕事の仕方でした。彼女の意見では、果たす価値のある仕事は愛をもってなされるべきであり、愛をもって果たさないなら、それをする意味はない、ということでした。

マザーテレサは司祭の召命に対して、非常に特別な愛と尊敬をもっていました。彼女は個々の司祭を「もう一人のキリスト」、聖ヨハネ・マリア＝ヴィアンネの言葉を借りれば、「神の代理人」として見ていました。神の愛と慈しみの道具として召された一人ひとりの司祭は、神の民が神との愛に満ちた関係を進展させるよう養成する大切な役割を帯びているのです。主との親密な近さをとおしてのみ、司祭は神とその教会への忠誠と完全な自己否定を生きることができます。マザーテレサは個々の司祭の生活における個人的聖性の必要を強調していました。彼女は司祭たちの努力と、たびたび神の民への沈黙の奉仕に費やされる、敬虔で熱意に満ちた自己犠牲の生活を高く評価していました。同時に、司祭職の崇高な要求と人間性の脆《もろ》さを意識して、彼女はつねに励ましと評価の言葉によって、過酷で困難な状況にある司祭たちを助け、支援していました。

以前にも述べましたが、信徒たちもまた聖性に向かう義務から免れられるものではありません。マザーテレサは「愛は家庭から始まる」と繰り返すのを好みましたが、愛の揺りかごである家庭は、また聖性の揺りかごでもあるのです。「信仰者信徒は神から委託されたミッションを果たし、彼ら独自の役割を遂行しながら福音の精神に導かれて、世界の聖化のために働くはずです。[9]」まさに、この理由のためにマザーテレサは、聖化が生活環境や職業に関係なく、すべての人の純粋な義務であることを強調したのです。

わたしたちは活動における観想者である――

観想について話すとき、観想修道院のことを思いますが、わたしたちの会憲には次のように美しく述べられています。「わたしたちは〈深い〉観想者でなければならない。その意味は、主が望まれるままにわたしたちを使われるように、主との深い一致、はっきりとしたビジョンをもつことです。」

仕事を祈る

わたしたちは世界のただ中にあって、真の観想者です。仕事を祈りにすることを学んだなら、イエスと共に、イエスのために、イエスにその仕事をしてさしあげるのであって、むずかしいことはありません。これこそわたしたちが学びたいことであり、姉妹たちに教えたいことです。そしてまた、信徒たちにも家族にも同じことをするように教えています――特にみ心への奉献をとおして、キリストを家庭生活の中に招き入れるのです。

わたしたちは単なる社会労働者、あるいは仕事のために働く者になる危険があります。だれのためにその仕事をしているのかを忘れるなら、それは危険です。わたしたちの仕事はキリストに対する愛の表現でしかありません。わたしたちの心はキリストに対する愛に満ちていなければならず、そこから自然に貧しい人びとの中で最も貧しい人が、神へのわたしたちの愛の表現方法となるのです。

＊

世のただ中にある観想者

わたしの召命は、イエスに属すること、イエスに固執することです。仕事はわたしの愛の実りであり、わたしの愛は仕事に表明されています。だからこそ、わたしたちは世のただ中にある観想者だというのです。行動における祈りは、行動にある愛です。聖性はわたしたちにとって特別なものではなく、単なる義務です。聖なる者になることは何も特別なことではなく、わたしたちは奉献されているので、イエスとわたしは一つに結ばれています。わたしが一般の人に話すとき

「聖なる人になりなさい」と言いますが、奉献されたわたしたちはどれほど、より聖とならなければならないことでしょう。わたしたちは罪びとですが、罪のない罪びとでなければなりません。必要なことは、深い祈りの生活であり、熱心で聖なる者でなければなりません。

わたしたちはそれをだれかのためにしている

しばらくまえに、ヒンドゥー教徒である社会福祉大臣に会わなければなりませんでしたが、彼はわたしに次のように言いました。「マザーテレサ、あなたとわたしの間には大きな差があります。わたしたちは二人とも社会事業をしていますが、わたしたちは何かのためにします。すなわち、お金、栄誉、野心、家族など。別に悪いことではありませんが、だれかのためにされているあなたがたとの差がそこにあります。」彼はそれについて考えたにちがいありません。だれか、とはだれでしょうか。神ご自身であり、それが大きな違いを生じます。あなたがたは仕事で自分を殺すことができるかもしれませんが、もしあなたがたが、そのだれか、イエスのためにという結束をなくすなら、すべてを失ってしまうでしょう。

わたしの神よ、あなたを愛します！

神との一致の生活を生きましょう。わたしのすべての小さな行為がイエスをとおし、その尊い御血をとおしてささげられますように！　そのことを学ばなければなりません。決して満足してはなりません。イエスは数滴の御血ではなく、すべてを与えることを望まれました。わたしたちも同じように、すべてを与えましょう。労しながら、「わたしの神よ、あなたを愛します！」とたびたび言わなければなりません。会の仕事において、神に対するこの愛を示すことができます。わたしたちは今月、イエスの尊い御血という方法を手にしていますから、仕事を立派に果たさなければなりません。聖イグナチオは「すべてがわたしにかかっているかのように、仕事をしなければならない。そして結果は神にお任せ」と言われました。世の中の人びとは労を惜しみません。わたしたちもそうしなければなりません。彼らは人びとをひきつけるために、何時間も座って髪を整えます。わたしたちは聖母のように、神をひきつける努力をしなければなりません。神は聖母のもとに来られ、聖母は懐胎して御子イエスを世にもたらされました。なんと美しいことでしょう。

悲惨な状況に身を隠す

主よ、誠心誠意の奉仕とは何か、悲惨な状況に身を隠すとは何か、理解できるよう助けてください。貧しい重い皮膚病の患者の崩れかけた体に、どうしたらイエスを見ることができるでしょうか。貧しい人に対する愛徳は会において燃える炎でなければならないのです。

聖なる人物であったエリザベスという一人の女王がいましたが、夫である王はむしろ残酷な人でした。それでも彼女はキリストに対するように、彼に手厚く接していました。彼女には、息子が妻に対して注ぐ愛に、嫉妬を抱く姑がいました。ある日、女王は一人の重い皮膚病の患者を手厚く迎え、主人のベッドに休ませてあげました。これを見た姑は、息子である王を女王に立ち向かわせるこの機会を逃しませんでした。怒り狂った王が部屋に突進すると、驚いたことにベッドにキリストの姿を見たのです。エリザベス女王はキリストご自身に対する行為をしていると確信していたので、そのように行動できたのです。ですから、わたしたちは最も貧しい人の中でキリストに奉仕できる機会を与える召命に、誇りをもたなければなりません。出ていってキリストに奉仕する場を求めるために、スラムへ行かなければなりません。カリガートやシシュ・ババンへ行ったり、重い皮膚病の患者に対する仕事をしに行き、彼らに会い、彼らに触れることを、超自然的に喜ばなければなりません。司祭が祭壇に向かうように、わたしたちは喜んで彼らのもとへ行かなければなりません。その幸せが、わたしたちに有効な仕事をさせるのです。

祭壇上で司祭は、聖変化されたホスチアになんと丁寧に優しく触れ、なんという愛を込めてそれを見つめることでしょう。司祭はホスチアがイエスの変貌の姿であると信じているのです。さてスラムでは、イエスはそこにいる人びとの惨めさと貧しさに変貌することを選ばれます。わたしたちが接する人びとの中に、イエスを見る信仰がなければ、愛徳の誓願を立てることはできません。さもないと、わたしたちの仕事は、社会事業でしかなくなってしまいます。「わたしたちはそれをだれかのためにしているのです。」あなたがたが嫌悪感を抱いて走り去ってしまったら、どうなるでしょうか。感情は問題ではありません。走り去っても、戻ってきてください。あまり時間がたたないうちに。

イエスを見つける

フランスから来たパリ大学の女子学生を忘れることはないでしょう。彼女は当時大学院で博士論文を準備していましたが、ご両親に「最終試験のまえに、コルカタのマザーテレサのところで二週間過ごしたい」と言って、やってきました。当初彼女は何かに気をとられていたようでしたが、数日後わたしのところへやって来て両腕でわたしを抱擁しながら「イエスさまを見つけたの」と言うのです。わたしは「どこで彼を見つけたの?」と尋ねました。すると彼女はカリガートで、と答えました。「イエスを見つけてどうしたの?」と尋ねるわたしに彼女は、「十五年間の空白を経てゆるしの秘跡を受け、聖体拝領をした」と答えました。心の中にイエスを見つけたときの彼女の顔にあった輝く喜び、その喜びをもってイエスを受けることができた彼女の歓喜を、姉妹である皆さん、わたしは説明することができません。それからわたしは、「イエスを見つけたとき、それ以外に何をしたの?」と尋ねました。彼女の答えは、「『イエスさまを見つけた』と両親に電報を打ちました」とのことでした。姉妹の皆さん、おわかりですか、彼女は隠れた仕事の中でイエスを見つけたのです。実に多くの若者たちが、隠れた仕事にイエスを見いだしてゆるしの秘跡を受け、聖体祭儀に参加し、悲惨な状況に身を隠すイエスに触れているのです。

あなたはなぜ、これをするのですか

ある日、体の半分にウジ虫がわいた一人の男性が、街路から連れてこられました。ウジ虫が体中を這っていて、その悪臭があまりにもひどかったので、だれも彼の近くに立つことができませんでした。そこでわたしが彼の手当てに行きました。すると彼はわたしを見上げて、「あなたはなぜこうするのですか。みんなわたしを放棄したのに、あなたはなぜこうするのですか。どうしてわたしのそばに来るのですか」と尋ねました。それでわたしは「あなたを愛していますから。あなたは惨めな姿になられたイエスで、イエスはご受難をあなたと分かち合っておられます」と答えました。すると彼はわたしを見上げて、「でもあなた、あなた自身も今、やっていることをとおして分かち合っています」と言うのです。「いいえ、わたしはあなたの内におられるイエスを愛することによって、愛することの喜びを分かち合っているのです」と言いました。そしてこのヒンドゥー教の男性はこのような苦しみの中で、なんと言ったと思いますか、「イエス・キリストに栄光！」と。彼の体をむしばんでいる大きなウジ虫に対する不平はまったくなく、泣きごとも言わず、叫びもせず、彼が一人の人間であること、だれかであること、そして愛されていることを認めたのです。これこそ愛に対する飢え、あるいは聖性に対する飢え、あるいはコンパッションに対する飢え、あなたがたがどんな言葉で表明しようと同じこと、すなわち聖性に対する飢えです。そしてこういう人びと、わたしたちの人びとはわかるのです。彼らは理解し、わたしたちは彼らの苦しみを生かそうとします。世界平和のために、いかにすべてをささげるかを彼らに教え、彼らに頼むのです。そしてわたしは再び同じことを申しますが、わたしたちは彼らからずっと多くのことを受けています。というのは彼らによって、わたしたちは二十四時間イエスと共にいることができ、彼らにしたことすべて、この小さい者にしたことすべてが、イエスのためであるとイエスが言われたのですから、間違いありません。

キリストの共労者

世界中にいるわたしたちの貧しい人びとのために祈りたいと思います。貧困と飢餓を生きて亡くなる、世界中の仲間に奉仕するわたしたちを、それにふさわしい者としてください。わたしたちの手をとおして、彼らに日ごとの糧を、わたしたちの理解ある愛によって平和と喜びをお与えください。神と共にあり、神の賜物《たまもの》を分かち合う機会を与えられたこと、貧しい人と共にある特権、二十四時間キリストに接する特権を神に感謝いたします。なぜなら、キリストは言われ、キリストはわたしたちを欺くことはできないからです。「おまえたちはわたしが飢えていたときに食べさせ、のどが渇いていたときに飲ませ、病気のとき、牢にいたときに訪ね、旅をしていたときに宿を貸してくれた」(10)と。あなたがたもわたしも、悲惨な状況に身を隠されたキリストに触れる喜びをもたらそうとしています。姉妹の皆さん、それが可能になるために、貧しい人びとの中で最も貧しい人、つまり悲惨な状況に身を隠されたキリストへの全身全霊を尽くす無償の奉仕の特別な誓願を立てなさい。それを果たしている姉妹たち、兄弟たちがいます。しかしこの会には同じことをする約束をした他の老若男女もいます。彼らはまず家庭と近隣で、次に街路で、生活の場でわたしたちと同じことをしていて、彼らはわたしたちの共労者と呼ばれています。それはわたしたちが、現代にあってキリストのために力を合わせて働いているからです。

あなたはそれをわたしにしてくれた

わたしたちは皆、愛し愛されるという偉大なことのために創られたのですから、神を愛したいと願います。どのように神を愛するのでしょうか。神はどこにおられるのでしょうか。イエスはこれに答えられました。「わたしの兄弟であるこの最も小さい者の一人にしたのは、わたしにしてくれたことなのである[11]」、そしてわたしたちが死んで神の家に戻るとき、神はわたしたちが貧しい人のためにしたことによって裁きます。そこで神は「おまえたちは、わたしが飢えていたときに食べさせ、のどが渇いていたときに飲ませ、旅をしていたときに宿を貸し、裸のときに着せ、病気のときに見舞い、寂しかったときにほほえんでくれた。わたしの兄弟であるこの最も小さい者の一人にしたのは、わたしにしてくれたことなのである[12]」とイエスは言われました。そしてこれこそ、イエスが繰り返しわたしたちに言われたことです。すなわち彼がわたしたちを愛されたように、お互いに愛し合いなさい、と。

五本の指の福音

この会の貧しい人のための仕事は、非常に現実的で非常に美しいものです。というのは、わたしたちの心が清純であるならば、二十四時間イエスを見て、イエスに触れることができるからです。彼はそれをはっきりとわからせてくださいました。わたしの兄弟であるこの最も小さい者の一人にしたのは、あなたが——それを——わたし——に——してくれた[13]のである、と。五本の指で数えられるこの福音、だからこそわたしたちには深い祈りが必要なのであり、それがわたしたちを、イエスに対する親密な個人的愛と完全な一致に成長するよう助けてくれるのです。そうすれば姉妹たちも貧しい人たちも、イエスと彼の愛とコンパッションをわたしたちのうちに見ることができるでしょう。

*

ある日、一人のイエズス会司祭で優れた学者が、ローマからコルカタにやって来て、わたしたちの聖体礼拝に参加しました。事前にわたしたちは時間をかけた話し合いをし、「あなたが——それを——わたし——に——してくれた」あの五本の指の祈りを教えました。彼はこの言葉を黙想することで、礼拝の祈りの時間を過ごしたと後に話していました。その後ローマに戻ってからの手紙で、彼の講義の中でこの言葉を使っていること、そしてそれが彼自身にも学生たちにも大きな影響をおよぼしていると書いてきました。それは彼の神学に対するアプローチを全面的に変えたようです。

彼はわたしたちの愛に飢えておられる

イエスのわたしたちへの愛には、痛みが伴いました。彼は苦しみました。イエスの無限の愛をわたしたちに思い起こさせるために、彼は神の愛に飢えるわたしたちを満たすため[14]ご自分を命のパンとされました。それはわたしたちがその愛のために創造されているからです。わたしたちは神のイメージに似せて創られました。わたしたちは愛し、愛されるために創られたのであり、神がわたしたちを愛されるようにわたしたちも愛することができるために、人となられました。神はご自分を飢える者、裸の者、ホームレス、病人、囚人、孤独な者、見捨てられた者として、「あなたはわたしに、これをしてくれた」と言われます。神はわたしたちの愛に飢えておられ、これが貧しい人びとの飢えなのです。これこそあなたがたもわたしも見いださなければならない飢えです。それはわたしたち自身の家庭内にあるかもしれません。

ささやかな愛の仕事

教会の中で、教会のために、神の愛の宣教者会会員として選ばれたことを感謝するとき、聖母マリアに向かう以上によい方法はないと思います。というのは、この会が生まれたのはマリアの懇願によるのであり、「わたしは渇く[15]」という十字架上の御子の叫びに対する熱い祈りに真剣に耳を傾けるよう、心と精神を一つにしてお願いするためです。それによってマリアと共に、マリアのように、現代世界の中で、特に物質的にも精神的にも貧しい人びとの中で最も貧しい人の間で、悲惨な状況に身を隠されたイエスの傍らに立ち、愛し、愛されたいという彼の渇きを癒やすのです。貧しい人びとの中で最も貧しい人のための会のささやかな愛の仕事は、単なる社会事業ではなく、イエスに対するわたしたちの愛を示すすばらしい手段、人びとの愛と魂に対するイエスの渇きを癒やす手段となるのです。「この最も小さい者の一人にしたのは、わたしにしてくれたことなのである[16]」とイエスは言われました。

なぜわたしを迫害するのか？

教会史が始まろうとするころ、教会を迫害した最初の人であったパウロは、ダマスコへ向かう途中でした。彼は聖ペトロから洗礼を受けたすべてのキリスト者を殺害する書状をもっていました。健全であった彼が落馬し、「サウル、サウル、なぜわたしを迫害するのか」という声を聞いたのです。彼はそれまでイエスに会ったことも話を聞いたこともなかったのですが、自分がどこへ行って何をすべきなのか知っていました。そしてサウルは「あなたはどなたですか」と尋ねます。そこで「わたしはあなたが迫害しているイエス・キリストである」[17]という声を聞きます。この言葉は、わたしたちにとって非常に大切です。それは「この最も小さい者の一人にしたのは、わたしにしてくれたことなのである」を理解するために。

単に食べ物のためだけではなく

語られるのはつねに同じイエスです。

わたしは飢えていた――単に食べ物だけではなく、清い心から生まれる平和に。
わたしは渇いていた――単に水だけではなく、戦争を求める欲望の乾きを癒やす平和に。
わたしは裸であった――衣服からではなく、男女の体の美しい品位から。
わたしはホームレスだった――レンガ造りのシェルターでなく、理解し、守り、愛する心から。

あなたはわたしの世話をしてくれた

イエスは何度もおっしゃいました。「わたしの名において一杯の水を飲ませてくれる者は、わたしにしてくれた[18]。わたしの名のためにこのような一人の子どもを受け入れる者は、わたしを受け入れるのである[19]」と。そして、そのことをさらに明確にするために、繰り返し何度も「わたしが空腹であったとき、食べ物を与えてくれた[20]」と言われました。あなたがたは飢えがなんであるか知りませんが、今、世界では、アフリカで、エチオピアで、インドで、実に多くの子どもたちが飢えています。エチオピアでは現在飢えて死んでいく子どもたちがいます。先日、会の姉妹が、マザー、どうぞ食べ物を送ってください、食べ物を送ってください。子どもたちもおとなも飢餓で死んでいきます、と電話してきました。ごらんなさい、わたしたちは知らないのです。もう一つ恐ろしい例があります。ある日、街路で六歳の子どもを見つけ、顔の表情から非常に飢えていることがわかりました。わたしがパンを一切れ与えると、小さく、小さくちぎって食べ始めました。それでわたしが、あなたはおなかがすいているのだから、どんどんパンを食べなさいと言うと、その子はこれがなくなったら、またおなかがすくから、と言うのです。それで彼女はゆっくり、ゆっくり食べることによって飢えが減ると思ったのでしょう。飢えによる苦しみは非常に大きく、それゆえにあなたがたもわたしも、自分が痛みを覚えるまで与えなければなりません。ただ単に与えるのではなく、それによって自分たちが痛みを感じるまで与えることを望みます。そしてこのように与えることは、行動における神の愛です。

老人、足の不自由な人、精神疾患をもっている人、愛してくれる人がいない人など、多くの人がいて、彼らは愛に飢えています。そしてその種類の飢えは、あなたがたの家庭や家族の中にあるかもしれません。家族の中に歳とった人、病人がいるかもしれない。神に対するあなたの愛が、ほほえみを与えること、一杯の水を与えること、しばらくの間、横に座って話すことによって示されるかもしれません。日本のように豊かな国でもこういう人たちが大勢います。姉妹たちは、かなり多くの人が彼らを愛する人がいないので、愛とは何か、人間愛とは何かを忘れていることを発見しました。ですから、愛する喜びをまずは家庭で、次に近所の人に、もしかしたら教室で与えることから始めてください。あなたの隣に座っている少女が寂しさを感じているかもしれない、その子にほほえみを与えてあげなさい。あなたの横に座っている子が、あなたほど勉強ができないかもしれない。その子を助けてあげますか？　これが飢えであり、あなたの愛、あなたがほんとうに神を愛していること、その助け合いによってほんとうに隣人を愛していることを示す美しい方法です。そして裸についてもイエスは、わたしが裸であったとき、服を着せてくれた、と言われました。酷寒の国々で貧しい人びとは着るものがなく、そのために凍死する人がいます。しかしさらにひどい裸は、人間の品位の喪失、美しい徳である清純さの喪失であり、これは最低の裸です。それについてあなたがたは彼らと分かち合い、彼らのために祈り、犠牲をささげ、彼らが清純さの喜びに包まれるよう、自分たちの清純を守ってください。

仕事を祈る

二足す二は四であると同じように、イエスが言われたことを信じます。四であることを疑いません。わたしが飢えていた、わたしが裸であった、わたしが病気であったとき、あなたはわたしにそれをしてくれた、(21)とイエスが言われたことも同じです。わたしの名のためにこのような一人の子どもを受け入れる者は、わたしを受け入れるのです。(22)一杯の水を飲ませてくれる者は、わたしにしてくれたのです。(23)わたしの兄弟の最も小さい者にしたことは、わたしにしてくれたのです。これらはすべてキリストの現存の生きた証拠です。それは確かにイエスに対してしたことです。だからこそ、わたしたちは仕事を、祈ることを、学ばなければなりません。イエスと共に、イエスのために、イエスに対してそうするならば、わたしたちは二十四時間彼と共にいることになり、わたしたちを世界のただ中にある観想者にするでしょう。

イエス・キリストは再び降られた

このことは、わたしがブルドワンでラーマクリシュナ・ミッションの秘書に会ったときのことを思い出させます。そこの人びとは重い皮膚病の患者のために義援金を集めていました。彼らの要請によって、わたしはそこへ出かけました。わたしがそこへ行くことを知ったラーマクリシュナ・ミッションの秘書もやって来ました。寄付金を受け取った後でわたしは次のように申しました。「わたしたちの宗教では、イエスが言われました、空腹の人に何かを与えるのは神にささげることだ、と。あなたがたは、わたしにではなく、貧しい人びとに与えているのです。」わたしが話し終えると、秘書が「わたしもひと言、話したい」と言い、彼はゲスト・スピーカーではなかったのですが、立ち上がって話し始めました。「コルカタの街で神の愛の宣教者会のかたがたが歩いているのを見ると、イエス・キリストが再び降られ、善行をしながらシスターたちをとおして歩いておられると信じるのです。」すべてのヒンドゥー教徒は非常に驚いて、「彼はキリスト者になったのですか？」とわたしに尋ねました。わたしたちがコルカタの人びとに対し、世界に対して、真にそのようなイメージとなっているかどうか吟味しなければなりません。

キリストの体に触れる

姉妹たちが臨終の人びとのホームに行かなければならなかったときのことです。わたしたちは朝行くまえにミサにあずかり、聖体拝領をするので、彼女たちが出かけるまえに申しました。

「ミサの間に、なんという丁寧さと愛をもって、司祭がキリストの御体に触れていたかを見たでしょう。あなたがたが触れる貧しい人の体も同じであることを忘れないように。同じような丁寧さと愛を忘れないように」と。彼女たちは出発しました。三時間後に彼女たちが帰ってきて、そのうちの一人がわたしの部屋に来て、「マザー、わたしは三時間キリストの御体に触れていました」と言う彼女の顔は喜びで輝いていました。それでわたしが「どうしたのですか」と尋ねました。「わたしたちが到着したちょうどそのとき、体じゅう、ウジで覆われたある男性が運ばれてきました。彼は側溝から引き上げられてきたところでした。それで三時間、わたしはキリストの御体に触れていました。それがキリストだとわかっていました。」この若い姉妹はイエスが欺かないと理解していたのです。イエスは「わたしが病気だったとき、あなたはわたしの世話をしてくれた[24]」と言われたのですから。

わたしたちが死ぬとき

「あなたがすることはすべて――わたしにしてくれたのである。[25]わたしの名において奉仕してくれるときはいつでも」――水を考えてごらんなさい――何杯もの水。[26]最も大切なこと――死ぬとき、「あなたはいつ愛していたか？　あなたはわたしにこれをしてくれたか」と問われるでしょう。これはすべてのキリスト者、すべての人間に対してです。そしてわたしたちキリスト者はそれを教えられ知っているのですから、より大きな責任があります。他の人たちはわたしたちと同じようには、はっきりと知りません。

かすかなほほえみでもいいから与えられて

たった一つのかすかなほほえみでも、あなたは神ご自身であるイエスにしたのです。そしてあなたもわたしも死んで神のもとに行くときに、イエスはあなたが自問できると同じ質問をされます。「わたしが空腹であったとき、あなたはわたしに食べ物を与えてくれた。」パンに飢えていただけではなく、寂しく、望まれず、愛に飢え、衣服がないのではなく、人間の品位をなくした裸、清純さの美しい素質を失った裸の有り様。レンガでできた家がないだけでなく、望まれず、愛されず、拒絶された社会からの放置者。これこそわたしたちがみ前に行ったときイエスが裁かれることです。「わたしが飢えていたとき食べさせてくれた、裸であったとき着せてくれた、ホームレスだったとき宿を貸してくれた。さあ、わたしの父に祝福された人たち、天地創造のときからあなたたちのために用意されている国を受け継ぎなさい。[27]」あなたがたは喜びと平和と愛に満たされるでしょう。

そして、これこそイエスがわたしたちに教えに来られたこと――いかに愛するかです。

賜物《たまもの》としての困難

わたしは困難を決して「問題」とは呼びません。つねに「神の賜物」としています。それは問題を受け入れるより、賜物をいただくほうがはるかにやさしいからです。

イエスは相互に愛し合うことを、とてもやさしくされた

イエスはわたしたちが相互に愛し合うことを、とてもやさしくされました。わたしたちがすることはすべて彼のためにしていることを覚えていれば、です。

祈りの実りは信仰
信仰の実りは愛
愛の実りは奉仕

すべては祈りで始まります。ロザリオを家庭内に、もち込みなさい。祈りがあるところには一致があり、平和があり、愛があります。そのことを貧しい人たちのところで見てきました。愛することの喜びは分かち合いの喜びです。

あなたがたの家庭で、愛することの喜びを分かち合うために聖母マリアに祈ることを勧めます。というのは、愛があるところに、つねに祈りがあるからです。

*

わたしたちは内面にもっていないものを与えることはできません。

わたしは癒やす

わたしたちがイエスの渇きについて話すとき、それは魂に対する愛を意味します。

彼の渇き

わたしたちの会のすべての聖堂には、十字架と「我渇く」という言葉が見られます。それは十字架と修道会の目的を結びつけています――飾りでもなく、単なる言葉でもありません。その渇きを癒やすことがわたしたちの存在の真正の理由だからです。十字架上では麻酔薬のような、苦い飲み物をイエスに与えようとしましたが、彼は受け入れませんでした。イエスは彼らの親切に対する感謝を表すために、ごく少量を口にされました[28]。なぜでしょうか。彼の渇きは霊魂のため、あなたのため、わたしのためでした。わたしたちはどのようにその渇きを癒やすことができるでしょうか。スラムに生きる貧しい人びとの中で最も貧しい人の救いと聖性のために働くことによって、です。ごらんなさい、ここで自分は何をしているでしょうか、共同体において、親切心のうちに、思いやりをもって分かち合っているでしょうか？　毎時間です。本部修道院には大きな十字架がありますが、その前を何回もイエスに目を留めることもなく行ったり来たりしていませんか。「我渇く」を知っているでしょうか。わたしはスラムの貧しい人びとの中で最も貧しい人の救いと聖性のために働いているでしょうか。仕事はその人の魂のうちにある神に対する渇きを癒やし、神をもたらし、キリストに触れながら、人びとの救いと聖性に達する方法です。ささやかな仕事に厳密でありなさい。その感覚、キリストの渇きを癒やすことを失うならば、別の会になってしまうでしょう。わたしは渇く、わたしは癒やす。

イエスに対するわたしたちの愛を示す

わたしたちが相互に対してすることは、イエスの渇きを癒やすことを忘れないでください。イエスはどこにおいでですか。ご聖櫃《せいひつ》の中にいらっしゃることを知っていますが、そこでイエスを抱き締め、キスすることはできません。イエスに対する愛をどう示すことができますか。姉妹たちと貧しい人たちへの行いによってです。はっきりしています。たくさんの本を必要とはしません。十字架を見つめ、聖櫃を見つめなさい。

渇いているなら、わたしのもとへ来なさい

わたしたちの仕事は職業ではなく、召命です。完全な委託、どんな犠牲も惜しまない完全な譲渡により、イエスの渇きを癒やすために選ばれたのです。わたしたちはそうであることを知っています。今日は「我渇く」の言葉をもう一度考えてみましょう。あなたがたが水を飲むとき、それは癒やしていることを思い起こしてください。イエスがご自分を空腹な者、裸の者とされた理由の一つはこれです。それによって、その渇きをわたしたちがほんとうに癒やすことができるためです。わたしたちの存在の理由であるこの言葉は、何を意味するのでしょうか。ある司祭はこの言葉を見、その言葉を聴いてショックを受けました。わたしたちはあまりにもその言葉に慣れてしまい、関連を考えません。二千年まえにイエスが地上に来られたように、今日ここに来られたなら、わたしたちは彼を認めるでしょうか。彼は道を準備するために[29]洗礼者ヨハネを送られましたが、イエスご自身だけでは認められることができませんでした。ここ54A[30]で姉妹たちの中にイエスを認められますか。わたしたちは間違いもします。どうして人びとはイエスを認めなかったのでしょうか。もしイエスがここに来られたら、心が高鳴りますか。「わたしは54Aへ行く」そこで愛され、知られているからとイエスが言われるでしょうか。わたしたちの目的はシシュ・ババンで働くことだけではありません。それは単なる手段にすぎません。わたしたちの目的は癒やすことです。渇いている者は、わたしのもとに来なさい[31]と主は言われました。わたしたちは渇いています、飲み物をください、と主に申し上げなさい。あなたがたが傷ついたとき、あなたがたの思いは、まずどこへ向かいましたか。わたしたち一人ひとりは、それぞれイエスの渇きを理解する方法を心得ています。「井戸のほとりの女性のように[32]」とうたうとき、意味をもってうたっていますか。聖母マリアに祈りましょう、清純で美しいマリアのような心を与えてくださるよう願いなさい。

神の愛の宣教者たち

イエスはわたしたちが彼の慈しみ、彼のコンパッションとなることを望んでおられます。これが神の愛の宣教者です。彼の愛、彼の平和を運ぶこと。

人びとはわたしを神の愛の宣教者として認めるでしょうか

ほとんどつねにわたしたちは聖母のことを思い、聖母について話します。学ばなければならないのは、心の中のイエスと、共に住んでいる人たちを愛することとの喜びです。イエスが「互いに愛し合うならば、それによってあなたがたがわたしの弟子であることを、皆が知るようになる」[33]と言われましたから、わたしたちはこの愛を分かち合わなければなりません。初代教会には大勢のマリアがいました。その意味は、人びとは彼らがいかに愛し合うかを見て、キリスト者だと知るようになったからであり、それがしるしであったのです。現在、もしあなたがたやわたしが、この服装をしていなかったら、他の人びとにわたしたちがキリスト者だとわかるでしょうか。この服装によって人びとはわたしたちが神の愛の宣教者だと知っています。皆が三本のブルーライン[34]を知っています。もしわたしたちがこの服装をしていなくても、貧しい人びとへの奉仕、薬を与え、ベルが鳴れば玄関に出ていって人びとに話すその仕方で、わたしたちをキリスト者と認めることができるでしょうか。人びとがわたしを神の愛の宣教者だと認めるのは、服装とサリーによるのでしょうか。わたしがカリガート[35]で病人のために働いているとき、人びとはそれがわたしだと認めるでしょうか。あの姉妹はイエスを生きているでしょうか。わたしたちが話をするとき、歩くときも同じことが考えられます。

どんなことでも、いいかげんにしてはいけない

わたしたちの存在の理由はなんでしょうか。わたしたちはイエスの渇きを癒やし、キリストの愛を宣言し、生涯の聖性によって、人間の魂に対するイエスの渇きを癒やすためにここにいます。あなたがたは学校の統計にあるような、単なる数ではありません。教会は神の愛の宣教者を必要としています。わたしたちはイエスの渇きを癒やすためにここにいます。あなたがたはここへやって来たとき、魂をささげたいとは思わなかったでしょうか。わたしたちは渇きを癒やすためにここにいるのですから、聖なる者にならなければなりません。命のパンを食べないかぎり[36]、あなたがたは神の愛の宣教者になることはできません。あなたがたの時間を浪費してはなりません。「どんなことでも、いいかげんにしてはなりません。」

わたしたちの愛徳は真実でなければならない

わたしたちは全能の神のために何かしたいと思いますが、神に到達して直接に何かすることはできないので、インドの貧しい人びとをとおして神に奉仕しています。わたしたちは純粋に神の愛のためにここにいます。わたしたちの愛徳も真実でなければなりません。骨の髄までそうしていると感じなければなりません。わたしたちは愛の火を生きるべきです。個々の神の愛の宣教者は、燃える芝(37)のようでなければなりません。真実であろうとする愛は傷つきます。代価がどんなに高くても、自分が与えたいと思う何かでなければなりません。ご受難におけるイエスをごらんなさい。

すべての人が参加しなければならない

わたしたちが「よい知らせ」となることができるよう、あなたがたは皆、祈らなければなりません。あなたがたなしにそれを果たすことはできません。あなたがた自身がここ、あなたがたの国でそれをする義務があります。貧しい人びとを知るようにならなければなりません。おそらくここにいる人びとは物質的なものはすべてもっていると思います。しかし、自分たちの家庭をよく見ると、ときにはお互いにほほえむことが非常にむずかしいことがわかります。そしてそのほほえむことが愛の始まりなのです。

貧しい人とはだれか

わたしは世界の貧しい人びと、望まれない人、愛されない人、見放された人、足の萎えた人、目の見えない人、重い皮膚病の患者、アルコール依存症の人、社会から追放された人、人間の愛と触れ合いを忘れた人を代表するためにここへ参りました。

＊

望まれない人、愛されない人、見放された人、恐ろしいほどの家庭崩壊、どうしようもない恐ろしい苦悩がわかりますか。

＊

今では、わたしたちの仕事をとおして、大勢の人が、臨終の人、重い皮膚病の患者、病人、貧困者、望まれない人たちと、心のかよう接触をもつようになりました。

数週間まえにしばらく閉ざされたままであった部屋に、人が押し入り、すでに亡くなっていた女性を発見しました。すでにのら猫が彼女の体をむしばんでいました。それで彼女の身元を調べようとしましたが、隣の部屋にいた人でさえも、彼女の名前を知りませんでした。彼らが知っていたのは部屋番号だけでした。ですからわたしは「わたしたちの貧しい人をほんとうに知っていますか？　身近な人を知っていますか？」と質問しているのです。もしかしたら家族の中で、子どもたちが寂しく思ったり、望まれていないと感じたりしているかもしれません。家族の中で妻が、夫が、父や母が望まれていない、心にかけてもらっていないと感じていないでしょうか。もしかしたら、わたし自身の共同体の中で、ある姉妹は望まれていない、愛されていないと感じているかもしれない。これは極貧です。そのことを知っていますか。

＊

イエスご自身が飢える者、裸の者、ホームレス、病人、囚人、寂しい者、望まれない者になって、

「あなたはそれをわたしにしてくれた[38]」と言われます。イエスはわたしたちの愛に飢えておられ、それがわたしたちの貧しい人びとの飢えになっているのです。これがあなたがたとわたしが見つけなければならない飢えであり、わたしたち自身の家庭にあるかもしれません。

＊

現代においては、飢えや寒さによって路上で亡くなる物質的貧困以外に、望まれない、愛されない、放置され、孤独で、ほほえみかける人もいない、というひどい貧困もあり、これはわたしたちが閉じこもりと呼ぶ老人に見ることができます。彼らは部屋の番号でしか知られていないのです。彼らは愛され、奉仕される人としては知られていません。

＊

このすばらしい立派な大学[39]においても、あなたの友人が寂しいと感じていたり、体調を崩していたり、望まれていないと感じたり、愛されていないと感じたりしているかもしれません。あなたはそのことを知っていますか？

＊

二十四時間病人や臨終の人、足の不自由な人、望まれない人、飢えた人、裸の人、ホームレスと共にいられること、それはこの会の姉妹たちに与えられた神のすばらしい賜物《たまもの》です。拒否された人、重い皮膚病の患者、アルコール依存症の人、麻薬常習者の中に現存されるのはイエスです。

＊

姉妹たちは今、三百五十二の修道院で、貧しい人びとの中で最も貧しい人、世界中の望まれない人、愛されない人、精神障がい者、足の不自由な人、寂しい人の世話をしています。そして富んだ国々でも、恐ろしいほどの孤独の寂しさは、たいへんな苦しみです。

＊

望まれず、愛されず、恐怖のうちに

飢えている人を街路から連れてくるときは、ライスやパンを与え、彼らの飢えを満たすことで彼らを満足させることができます。しかし、締め出された人、望まれていない、愛されていない、恐怖に陥っている人、社会から捨てられた人の貧しさは非常に痛々しく、とてもむずかしいものです。

だれも彼らを愛さない

高齢者、足の不自由な人、知的障がい者、だれからも愛されない人、このような人びとは愛に飢えています。そしてもしかしたら、そのような飢えがあなたの家庭内に、家族の中にあるかもしれません。あなたの家族の中に高齢者がいるかもしれません。もしかしたら、病気の人がいるかもしれない。ちょっとほほえむことで、一杯の水をあげることで、ただ座ってちょっと話をしてあげることで、神に対するあなたの愛を示すことができると考えたことがありますか？　豊かな国には大勢、大勢、このような貧しい人たちがいます。大勢の人が。

愛する喜びを与えなさい

姉妹たちは、愛とはなんであるかを忘れてしまった、かなり多くの人に出会いました。だれからも愛されたことがないので、人間の愛がなんであるか忘れてしまったのです。ですから、愛することの喜びを与えてあげてください。まず家族の中で、次に隣人に、そして教室で隣に座っている人に、あなたの隣にいる少女が、寂しい思いをしているかもしれません。ほほえんであげなさい。あなたと同じようには勉強することができない子がいるかもしれません。助けてあげますか？　これこそが飢えであり、あなたの愛を示し、あなたが神を愛していること、それを分かち合うことによって、あなたがほんとうに隣人を愛していることを示す美しい方法です。

ホームレスとは、ただ家がないことではない

ホームレスというのは、ただレンガ作りの家がないということではありません。多くの人が泥酔者、薬物常用者、望まれない、愛されない、社会から放棄された者です。「ああ、あの人はメンタルケースだからアウト」、「この人はバカだからダメ」、こういう扱いを受ける人がホームレ

スなのであって、よく見て何かしなければなりません。視覚障がい者が道路を横切っています。急いで歩き、その人の手をとって一緒に歩いてあげることができます。メンタルケースの人については、わたしたちは笑いがちですが、笑ってはいけません。行って助けてあげ、親切にコンパッションをもって接しなさい。イエスはあなたがたに「わたしに宿がなかったとき、かくまってくれ、友だちになってくれた。あなたはわたしを愛してくれた。わたしの世話をしてくれた(40)」と言われるでしょう。これが行動による愛です。

偉大なことのために創造された

キリストの到来を宣言するために、神が胎内の子どもを用いられたことは、非常に不可思議です。そして今日わたしたちは、その生まれるまえの子が望まれず、愛されず、社会から見捨てられ、どんなに苦しんでいるかを知っています。それでもその小さな子は、愛し愛されるという偉大なことのために創造されたのです。神はその胎児を、愛し愛されるというご自身のイメージに従って創られたのです。

貧しい人はあなたがたの教師です

あなたは貧しい人を裁く人の一人ですか？　わたしたちは実際にお金を取りませんが、宙に生きているのではないことを認識してほしいと思います。家もあり衣服もあり、一日三食と必要な快適さを与えられています。朝目覚めたとき、「今日何を食べようか」と思案することもありません。わたしたちは安定を与えられていて、それがわたしたちの報酬です。一日の生活費を計算して、それを三十倍したら、いくらになるか見てください。仕事に対して十分支払われています。

聖ビンセンシオ・ア・パウロは、「貧しい人はあなたがたの師であり、主であることを忘れないで」と言っています。余暇の時間がある貧しい人などいるでしょうか。

西欧の貧しさ

わたしは西欧の貧しさは、もっと、もっと、もっと重大で、改善するのがよりいっそうむずかしいと思います。というのは、一切れのパンは彼らの心の飢えを満たすことができないからです。「閉じこもり」とわたしたちが呼んでいる人たちは、飢えている人びとです。恐れ、敵意、心の傷、寂しさ、望まれない、愛されない、世話されない感情など、重い皮膚病や結核よりはるかに重い、恐ろしい病であると思います。

大きな希望

希望があります。大きな希望があります。それはイエスがいらっしゃるから、そうでしょう！それが十字架です。イエスは静かにしておられますが生きていて、わたしたちを愛し、望んでおられます。だからこそ、わたしたちの愛に対する飢え(41)を満たすためにご自分を命のパンとされ、さらに、人間の愛に対するイエスの飢えをわたしたちが満たすように、ご自分を飢えた者とされました。しかしわたしたちは彼を見ることができず、彼に触れることができないので、ご自分を飢えた者、裸の者、宿のない者とし、それによって、あなたがたもわたしも、貧しい人において彼に触れ、彼を養い、彼を愛することができるようにされました。こうして貧しい人びとは人類の救いの希望となるのです。

周囲にだれもいない人たち

昨日わたしはある場所で姉妹たちに話していました。姉妹たちは、大勢の高齢者で周囲にだれもいない人たち、だれからも望まれない人たちがいる場所を訪問します。老人たちはただそこにいるだけです。彼らは姉妹たちが来て何か簡単なことをしてくれる日曜日を、ひたすら待っています。一瞬のほほえみ、シーツのしわをのばす、体を少しもち上げる、髪の毛をとかす、爪を切る、など、ささいなこと、非常にささいなことですが、わたしたちには彼らのための時間がないのです。しかし、彼らはわたしたちの兄弟姉妹です。彼らはこのわずかな触れ合いを待ち焦がれるのです。

ある姉妹が一人の男性の出来事を話してくれました。

彼は一週間口を洗うことができなくて、姉妹たちが訪れる日を待ち続けていたそうです。そんなかわいそうな人がいることを知っていますか。そのような人がわたしたちの兄弟であること、同じ神の家族に属す兄弟であることを知っていますか。同じ御父の愛のみ手によって創られた者であることを。そして翌週姉妹たちが訪れたとき、彼はすでに亡くなっていました。おそらくたった一人で亡くなったのでしょう。

貧しい人びとの中で最も貧しい人

　貧しい人びとの中で最も貧しい人とは、だれも身寄りがなく、霊的にも身体的にも何一つもたない人です。豊かな国ではより多くの人が愛に飢えていて、非常に多くの寂しい人、望まれていないと感じている人、怖がっている人、苦々しく思っている人がいますが、彼らは霊的に貧しい人たちです。中絶――これは霊的、物質的貧困です。わたしたちの国では、寒さに凍え、パンに飢え、家がなく、路上で夜を過ごす人たちがいます。この双方を知らなければなりません。彼らは皆、わたしたちの兄弟姉妹なのですから。そこでこそ、あなたがたもわたしも、生きた行動によって神に対する愛を表すことができるはずです。わたしたちは皆、神を愛することを望んでいるのですから。あなたがたは心の深いところで、神を愛する望みをもっていますが、どのように神を愛しますか。まずその愛を自分たちの家庭内において、生きた行動に移すことです。愛は家庭から始まり、その次に隣人におよびます。そしてその隣人は非常に貧しい人であるかもしれません。とてもすばらしいことです。

希望

人びとは霊的助け、慰めを求めています。彼らは非常に恐れ、勇気を失い、失望し、大変多くの人が自殺してしまうのです。そのためにわたしたちは言葉によるのではなく、奉仕と具体的愛、傾聴によって、神の愛、神の現存となるよう全力を尽くさなければなりません。

神に立ち戻る

最近、ある高い地位にあったブラジル人の男性が手紙をくださり、神にも人間に対しても信頼を失い、地位も財産もすべて、テレビを見ることまでも放棄して自殺だけを考えていたとのことでした。ある日、とある店の前を通っているとき、姉妹たちがニルマル・ヒルダイで病者や臨終の人の世話をしているテレビ画面に、彼の目がとどまりました。彼はそれを見た後で、長い年月を経て初めて膝をかがめ祈った、とその手紙に書いてきました。今、彼は神に立ち戻り、人間に信頼をおくことを決意したそうです。それは神が今もまだ世界を愛しておられることを見たからで、彼はそれをテレビで見たのです。

わたしたちのものすごい責任

現在二十一歳の愛すべきスニルは、父親が亡くなったとき一歳半でした。失望した母親は毒物を飲み、スニルは母親が亡くなるまで彼女の傍らに座っていました。わたしは彼をシシュ・ババン（養護施設）へ連れていきましたが、何も食べようとせず、母親のもとに行きたいと思っていたのでしょう。わたしは一人の姉妹を呼んで、「彼に何かしてあげて」と依頼しました。この姉妹が彼の母親に似ていたのでしょうか、彼は食べ始め回復しました。先日彼がやって来て、「わたしは、あなたがたがわたしにしてくださったことを、貧しい子どもたちにしたい」と申し出ました。わたしたちはなんとすごい責任をもっているのでしょう。可能なかぎり遅く奉仕活動に出かけていくのか、できるかぎり早く出かけるのか、なるべく最小限のことをするのか、最大限のことをするのか、貧しい人に奉仕する選択の責任です。

貧しい人びとは偉大な人びと

彼らを知る必要があります。彼らは愛すべき人たちであり、偉大な人びと、悲惨な状況に身を隠したイエスです。

*

貧しい人びとは偉大な人たちです。彼らはわたしたちに非常に多くの美しいことを教えてくれます。

先日彼らの一人が感謝するためにやって来て、次のように言いました。「貞潔の誓願を立てているあなたがたは、わたしたちに家族計画を教える最適な人たちです。というのは、それが相互に対する愛ゆえに、自己抑制する以外の何ものでもないからです。」これは非常に美しい名言だと思います。そしてこのようにすばらしいことを言ったのは、食べ物が不足したり、住む家庭がなかったりする人びとですが、彼らは偉大な人びとです。

母親の犠牲

わたしたちは十五万八千人の重い皮膚病の患者の世話をしていますが、彼らは愛され、人間として認められ、生き生きしています。彼らの容姿はひどく変形していますが、お互いの間に愛があります。政府が彼らの再生のために土地を与えてくれたことを忘れることができません。それですべての場所に、子どもたちのホームを設けました。両親が重い皮膚病の場合、子どもが生まれるや否や、母親が子どもにキスするまえに子どもを抱き上げます。というのは両親が患者であっても、生まれた子どもは問題ないからです。わたしが子どもを抱いて歩いていくとき、母親は頬に涙を流しながらじっと見つめていました。それでわたしは母親ができるだけ長く子どもを見ることができるように、高く掲げて歩きました。しかし、何百万という子どもたちが殺されている事実とは逆に、このように容姿がひどく変わってしまった気の毒な女性が自分の子を思うのは、なんという心の優しさでしょう。子どもが健康に育つためにキスしないということは、なんと大きな犠牲でしょう！　信じられないことです。これこそあなたがたとわたしが創り出していかなければならないことです。

美しい人びと

貧しい人たちは非常に美しい人びとです。ある夕方わたしたちは外出し、四人の人びとを街路から連れてきました。彼らの一人は最悪の状態にありました。わたしは姉妹たちに「あなたがたは他の三人の世話をしなさい。わたしがこの最悪の人を看《み》ます」と申しました。そしてわたしにできるかぎりのことを彼女のためにしました。彼女をベッドに寝かせたとき、彼女の顔には実に美しいほほえみがありました。彼女はわたしの手を取って、ただ「ありがとう」とだけ言って息を引き取りました。わたしは彼女の前にあって、自分の良心を調べずにいられませんでした。「もしわたしが彼女の立場にあったのなら、なんと言ったでしょう」という問いに対して、わたしの答えは非常に単純でした。きっと自分自身に注意をひくために、「空腹で、死にかけている、寒い、痛い」などと言ったにちがいないのです。ところが彼女はわたしにさらに大きなことを、感謝に満ちた愛を与えてくれたのです。彼女は顔にほほえみをたたえて亡くなりました。これがわたしたちの人びとの偉大さです。だからこそ、「わたしが空腹であったとき、裸であったとき、ホームレスであったとき、望まれず、愛されず、心配してもらえなかったとき——あなたはそれをしてくれた[42]」と言われたイエスの言葉をわたしたちは信じるのです。

ご受難を分かち合う

わたしがつねに感じるのは、病者や臨終の人たちのためのホームで、あれほど苦しむ、ほんとうに苦しむ人びとのいる施設は、教区の宝物殿であるということです。そこにはご受難を経ていく生きたキリストがおられます。これこそわたしたちが、苦しむ人びとを助けなければならない点です。彼らがただ痛みに耐えるだけでなく、それを受け入れてささげること、耐えるだけでは十分ではなく、それを受け入れること、神が与えられたものを受け入れ、神が彼らに与えられたものをほほえみとともにささげること、そこに喜びがあります。なぜでしょうか。彼らは選ばれた人びとだからです。

悲惨な状況に身を隠されるイエス

わたしたちは多くの場所で臨終の人びとのためのホームをもっています。そしてわたしが覚えているのは、道路から一人の女性を連れてきて、彼女が飢えていることを知っていたので、一皿のご飯をあげましたが、彼女はただご飯を眺めているだけでした。わたしが彼女に食べるように説得しましたら、「これがご飯だと信じられません。わたしは長いこと食べたことがないのです」とはっきりした口調で言いました。彼女はだれをも批判せず、裕福な人をも非難せず、だれをも責めず、ただそれがご飯であることが信じられなかったのです。彼らは偉大な人びとです。わたしたちは憐れみによるのではなく、彼らを愛さなければなりません。貧しさの悲惨な状況に身を隠されているイエスなのですから、彼らを愛さなければなりません。彼らはわたしたちの兄弟姉妹です。彼ら、すべての人、重い皮膚病の患者、臨終にある人、空腹な人、裸の人、彼らはイエスなのです。

隣人がわたしたちの愛を必要としているのを知っていますか?

会の姉妹たちは、貧しい人びとの中で最も貧しい人びと、足の障がい者、視覚障がい者、精神障がい者たちのためにつねに奉仕しています。わたしたちは病者と臨終の人たちのためのホームをもっていますが、今年はコルカタで死に向かう人びとの最初のホームの二十五周年を祝っています。過去二十五年間に三万六千人の人びとを道端から引き上げ、そのうち一万六千人がこの施設で亡くなりました。十一月一日諸聖人の祝日に、二十五周年を祝うことはとてもふさわしいことだと思います。わたしたちのホームで亡くなったすべての人は、今は天国にいて、彼らは確かに真の聖人であり、神のみもとにいると信じます。彼らはこの地上であまり望まれない人たちだったかもしれませんが、彼らは非常に愛される神の子どもたちです。ですから会の姉妹たちが、死に向かう人びとの家でしたすべての美しいことを、神に感謝して祈ってほしいのです。施設は恐れの女神のカーリー寺院の一部ですが、その横には、神との平安のうちに召されるよう人びとを助ける喜びが存在するのです。あなたがたは、彼らがいかに美しく亡くなるかに驚くことでしょう。貧しい人びとを、わたしたちはほんとうに知っているでしょうか。隣人がわたしたちの愛を必要としていることを知っているでしょうか。隣人がわたしたちの世話を必要としていることを知っているでしょうか。知っていますか？

愛の仕事

わたしたちは二等電車で旅行しますが、電車の中で、一人の紳士がやって来て「マザーテレサですか？」と尋ねましたので、わたしは「はい」と答えました。「わたしは長い間あなたのお仕事に協力したいと思っていますが、非常に貧しいのです。あなたの乗車賃を払わせていただけますか？」もしわたしが断ったら、彼は傷つくでしょう。そして、もし彼の提案を受け入れたら、もっているものをすべてくださるかもしれない。しかし、彼を傷つけるより受けたほうがよいと思い、「はい」と答えました。すると彼は汚れた布の財布から十ナヤ・パイサを出し、アメリカのお金にすれば一セント足らずの金額でしょうが、車掌にそれを渡してわたしの乗車賃を払ってくれました。彼は非常に満足して言いました。「とうとう分かち合うことができた」と。こうして彼はその後、食費にも困ったかもしれず、長い距離を歩かなければならなかったかもしれません。しかし、そこには分かち合いたいと望んでいたこのすばらしい男性の喜びがあり、彼は実際に、この愛の仕事を分かち合うことができたのです。

＊

そして街路の人びとは、何をわたしたちにくださるでしょうか。わたしは彼らに与えた以上のものを、彼らから与えられました。切望する心を与えられました。どのように神を愛するか、ご受難を分かち合うことによってどのようにイエスを愛するかを、わたしに教えてくれました。

行動による愛

わたしたちの貧しい人びとの中に、わたしは深い満足と聖性を見ました。道路の側溝から引き上げた男性、顔を除いて体じゅうにウジがはい回っていた男性を忘れることができません。体じゅうに穴があいていて、生きたまま虫に食べられていたのです。おそらく失神して側溝に落ち、大勢の人はそのまま行き過ぎてしまっていたのでしょう。ごみや汚物が彼を覆っていたのですが、わたしは何か動いているのを見て、それが人間だとわかりました。わたしは彼を引き上げてホームへ連れていきました。彼はあまり動きませんでしたが、彼を清潔にするまえに彼が口にしたひと言は「わたしは道で動物のように生きていましたが、今、愛され、世話をされて天使のように死んでいきます」でした。二時間後、わたしたちが彼をすっかり清潔にし終えたとき、彼は亡くなりました。しかし彼の顔にはなんと美しく、輝く喜びがあったことでしょう。わたしはそのような種類の喜びを見たことがありません。イエスがわたしたちに与えに来てくださった真の喜びです。それは完全な満足であり、完全な委託でした。

貧しい人びとと一つになること

わたしたちは貧しい人びとと共に働いているので、貧しさが必要です。彼らがブルグル（砕いた麦）を食べることに不平を言うとき「わたしたちも同じものを食べている」と言うことができます。昨夜は暑くて眠れなかったというとき「わたしたちもとても暑いと感じた」ということができます。貧しい人びとは自分で洗濯しなくてはならず、素足で歩かなければなりませんが、わたしたちも同じです。わたしたちは降りていって彼らを引き上げなければなりません。ロレット会修道院からスラムへ行くことは非常にむずかしいと思います。あそこの姉妹たちは生活の中で、貧しい人の体験はないのです。しかし、貧しい人びとの心を開くのは、わたしたちも同じあり方で生きている、と言えることです。彼らはときには、バケツ一杯の水しかありませんが、わたしたちも同様です。彼らは水をもらうために並ばなければなりませんが、わたしたちもときどき同じです。食べ物、衣服、すべては貧しい人と同じでなければなりません。

わたしもブラーミン（カーストの最高位階級）です

会の姉妹たちが最近ネパールのカトマンズで仕事を始め、わたしたちは一緒にヒンドゥー教の寺院へ行きました。そこには大勢の病人や臨終の人びとが、彼らを迎えに来る女神を待っていました。彼らはヴェランダのようなところに横たわり、ときどき少量の食べ物を与えられていました。わたしは姉妹たちと共に人びとの手当てをするためそこへ行き、マットの上に横になっている一人の女性を見つけました。彼女の体の下には汚物と虫でいっぱいの穴があり、彼女の背中全体は大きな傷だらけでした。わたしは彼女の体を清潔にし、ウジ虫を除くために近づきましたが、彼女は「触らないで、わたしはブラーミンですから」と言うのです。

ヒンドゥー教徒の中で、ブラーミンは神に奉献されているから、聖なる人なのです。それで「わたしもブラーミンなので、あなたに触れることができます。神に奉献されていますから」と言いました。すると彼女はわたしに触れさせてくれました。わたしはほんとうに神のものですから、ブラーミンだと言うことができました。姉妹の皆さん、この女性の勇気を見てください。このような苦痛と臭気と不潔の中で、彼女は「わたしは神のもの、わたしはブラーミンだから」ということを覚えていたのです。そしてブラーミン以外の人が彼女に触れたなら、彼女は不潔な者になってしまうのです。毎日その女性は、「あのブラーミンはいつ帰ってくるかしら？」と尋ねたそうです。あなたがたも「わたしはブラーミンです。まったく神のものですから」と言うことができなければなりません。毎日、姉妹たちは人びとの汚れた衣類を洗いにガンジス河へ降りていきます。カトマンズはガンジス河源泉の近くに位置し、そこでは死者の焼却が行われるので、あたりの臭気は並大抵ではありません。人びとはそこで卑しい仕事をする姉妹たちを、非常に高く評価しています。わたしは姉妹たちの後方を歩いていたのですが、人びとを愛し、彼らのためにこの汚いものを洗濯する姉妹たちに人びとが頭を下げているのを見ました。姉妹の皆さん、あなたがたはイエスのみに属する満足した姿、喜びを輝かせなければなりません。貞潔の誓願と第四の誓願(43)との間には深い関連があります。わたしにとって第四の誓願はイエスへの奉献を、生きた活動に表します。わたしはイエスに対する愛を、人びとに注ぐのです。

わたしは彼らと一つになっているでしょうか

ある日、シシュ・ババンに、かつて裕福であったのに今は貧しくなった一人の男性がやって来ました。彼は非常に貧しくなったので、キッチュリー(44)を食べにこなければならなかったのです。彼はそのことを苦々しく思い、キッチュリーを食べなければならないことで、わたしに話したときも激しい怒りに満ちていました。そして神に感謝ですが、わたしは彼にパラヴァ(45)しようともせず、彼に説教もせず、彼の目をじっと見て、彼に「わたしも毎日この同じ食べ物、キッチュリーを食べています」と申しました。それを聞いた途端、彼は大きな慰めを感じて平和のうちに立ち去りました。わたしが貧しい人のための食事を共にしていることを知って、少なくとも一人の人が自暴自棄から救われたことを神に感謝します。姉妹の皆さん、わたしたちは彼らをほんとうに真摯に見つめ、彼らと一体であるということができなければなりません。

＊

十五歳あるいは十六歳の少年の話を思い出します。ある日、彼は泣きながらやって来て、石鹸をくださいと頼みました。わたしは彼の家庭がかつては富んでいたのに、今、貧しくなったことを知っていたので、石鹸で何をするのかを尋ねました。そこで彼は次のように答えました。「姉が毎日高校へ行くのですが、サリーが洗ってないので、帰されているのです。家には洗う石鹸がないのです。どうぞサリーを洗う石鹸をください。それによって姉は学校へ行くことができ、教育を終えることができるのです」と。今、わたしたちは、その家族が貧しさゆえになんという屈辱を耐えなければならなかったか、わかります。そして神よ、わたしたちをたとえ一週間でも石鹸の欠乏から救ってください。しかし、それが起こったら、わたしたちの反応はどうでしょうか。不平をつぶやき、修道女にはふさわしくない多くのことを言うのではないでしょうか。わたしは貧しく、不必要な明かりを消すよう注意しているでしょうか。自分たちが使えない物、食べられなくなった物を、ゴミ箱に捨てるように貧しい人に与えていないでしょうか。これはもう食べられないから貧しい人に、あるいは、この衣類はもう古くなったから貧しい人に、などと。これが、貧しい人たちの貧困を分かち合っていることでしょうか。わたしは奉仕している人たちの貧しさと一体になっているでしょうか。彼らと一つになっているでしょうか。イエスがわたしと分かち合ってくださるように、わたしは彼らと分かち合っているでしょうか。

一対一

わたしは、大きなやり方で事を運ぶことに賛成しません。わたしたちにとって大切なことは、個人です。人を愛するようになるためには、その人と密接なかかわりをもたなければなりません。数をそろえるまで待つなら、数にとらわれて、その人に対する愛と尊敬を決して示すことができなくなります。わたしは人と人との関係を信じます。一人ひとりはわたしにとってキリストであり、イエスはたった一人ですから、その時点でわたしにとっては、世界の中でたった一人の人しかいないのです。

見ようともしない

わたしたちは貧しい人びとについて多くのことを語りますが、直接彼らとは少ししか話しません。飢餓およびそれについて、十年後には食料が十分にある、などの講演はありますが、その間だれかが飢え死にしているのに、わたしたちはその人を見ようともしません。ムンバイで大きな講演会があり、そこでは十五年したらどれだけ多くの食料があるかについて語られていましたが、その会場の前では、二十五、六歳の男性が餓死しようとしていました。それでわたしは彼を自分の車に乗せて帰りましたが、修道院に着くまえに彼は亡くなりました。まったくの餓死でした。このことはわたしの目を開きました。人びとは明日のことを計算していますが、現在多くの人がパンに飢えて死んでいるのです。わたしは人びとに向かって、何もない、あなたがたに与えることはできない、などと言ったことは一度もありません。一皿のご飯、一台のベッド、一服の薬もない、などということは、今までに一度もありませんでした。

今日だけがある

わたしたちは今日のために在ります。明日が来たら、そのとき何ができるか見ましょう。だれかが今日、水に渇いている、食べ物に飢えている。もし彼らを今日、養わないなら、明日はもういないかもしれない。ですから、今日できることに心を傾けましょう。

＊

未来の大部分は神のみ手のうちにあります。昨日は去ってしまい明日はまだ来ないし、今日だけがあるので、今日を受け入れることがずっとやさしいと思われます。それで、もしわたしが明日のことで思い煩うならば、人びとのことを今日、考慮しなくなる可能性があります。そしてこの一日だけが確かなのですから、わたしの愛と世話と力のすべてを、あの一人の人にささげたいと思います。というのは、わたしは、その時点でわたしと共にいる一人の人を愛することに信心があるのです。そして明日はこないかもしれない、それは神のみ手のうちにあります、違いますか？

それは神がまだわたしたちに与えられていないすばらしい賜物《たまもの》であり、明日を知ることを与えられなかったのは、わたしたちへの神の偉大な愛です。

わたしたちが未来を恐れているとすれば、それは今日を十全に生きていないからです。

人びとの最上のものを引き出す

だれかがわたしたちと接触したなら、わたしたちと出会ったことによってその人が変わり、よりよい人にならなければいけません。わたしたちは神の愛を輝かせなければなりません。

お互いのうちに最上のものを見つけなさい

お互いに対して深い尊敬をもちなさい。尊敬は愛に導き、愛は奉仕へと導きます。イエスの愛は彼を奉仕へと導きました。使徒たちはイエスが立って弟子たちの足を洗い始めたとき、ショックを受けました。今、わたしたちはそのようなことをしませんが、コンパッションと愛によって、姉妹たちの足を洗いましょう。イエスから受けたすべてのもの、イエスの優しさをお互いに与えましょう。イエスは共同体においてわたしたちが一つに結ばれるよう、彼の優しく忠実な愛を与えられます。

姉妹たちの優れた特質を、わたしは知っているでしょうか。祈りの中で、このことに時間を取りなさい。姉妹たちに対して喜びとコンパッションであるよう祈りなさい。

わたしは憎しみいっぱいでここへ来た

ある日、わたしたちの臨終者の施設に、一人の男性が歩いてきて、男性棟と女性棟のある中をまっすぐ男性棟へ向かいました。ちょうどそのとき、道路から汚れとウジ虫に覆われた重症患者が運ばれてきました。一人の姉妹は背後に前述の男性が立っていることに気づかず、運ばれてきた患者を洗い清めました。背後にいた男性は姉妹が重症者に触れるしぐさ、世話する仕方をじっと見つめ、その後で男性棟から出てきました。わたしは彼がだれであるか知りませんでしたが、ちょうどそこにいましたので、彼はわたしに次のように言いました。「わたしはここへ神なしで来ました。わたしは憎しみいっぱいでここへ来ました。美しいものは何一つない状態でここへ来ましたが、今、神の愛いっぱいでここから出ていきます。神の愛があの姉妹の手をとおして、あの姉妹の目をとおして患者に降ったことがわかりました。患者に対する彼女の触れ方、愛し方をとおして、彼女が信じていることをわたしも信じます、神がそこにおられますから。」彼はそのまま歩いて去っていきました。彼がだれであり、どんな人なのか知りませんが、皆さんに示したいことは、全能の神にとって大切なことは、どれだけのことをしたかではなく、どれだけの愛を込めてしたかであり、それが神に対する愛なのです。神はわたしたち一人ひとりをとおし、あなたがたに託された仕事をとおして、世界を愛し続けられるのです。

愛は要求する

貧しい人びとの中で最も貧しい人に近づくためには、彼らのようになる必要があります。そのような仕事ができるようになるために、わたしには祈りと自己犠牲の生活が必要です。貧しい人びとの中で最も貧しい人に近づくために、わたしたちは彼らのようにならなければなりません。キリストの貧しい人をひきつけるためには、完全な貧しさが不可欠です。

理解する恵み

「わたしを慰めてくれる人を捜していた。[46]」あなたのグループで、あなたの共同体でその人を捜してみなさい。「だれも見つからなかった。」神の愛の運び手であり、全身全霊を尽くす無償の奉仕に奉献された「神の愛の宣教者会」のシスターが、悲しみながらわたしのところに来て、だれからも望まれず、愛されず、寂しそうな顔でいたら、なんと恐ろしいことでしょう。その姉妹ではなく、彼女の内におられるイエスが、愛を求めておられるのです。理解する恵みを聖母に願いましょう。「わたしはだれかを捜した、そして一人の姉妹を見つけた。」彼女は何も言いませんでしたが、わたしは理解しました。すなわち、愛はここ、いちばん近いところから始まります。わたしたちは皆、女性であり、神はわたしたちに特別なもの、愛し愛される特質をお与えになりました。姉妹たちがお互いを愛せないとしたら、あまりにも傲慢で、あまりにも醜く、あまりにも忙しすぎるとしたら、なんと恐ろしいことでしょう。四旬節のために、この一つの決心をしましょう。すなわち、言葉やタマシャ[47]によるのではなく、分かち合いと犠牲と祈りによって、姉妹たちのため、修練長や院長のために自分が存在すること、いやな表情ではなくほほえみで、怒った言葉の代わりに優しい言葉によって。「わたしは三百人も姉妹たちがいる低地環状道路へ行ってだれかを探したが、『だれも見つけられなかった[48]』」とイエスは言われるのでしょうか。もしイエスが、彼の愛とコンパッションになるために送られるMC（神の愛の宣教者会）の姉妹についてそう言われるとしたら、なんと恐ろしいことでしょう。

自己愛ではなく

愛――この言葉を間違って使わないようにしましょう。現代世界でこの言葉の意味は、利己的であったり、自己中心であったりします。愛は愛徳であり、「神の愛の宣教者」と呼ばれるわたしたちは、自分たちの愛を調べる必要があります。もしわたしたちが愛することを学び、ほんとうに第一のおきてを守るならば、共同体においてもわたしたちの生活においても、実に多くのことが解決されるでしょう。聖ヨハネは「『神を愛している』と言いながら兄弟を憎む者がいれば、それは偽り者です[49]」と言っています。この数日間、姉妹たちを愛することによって、イエスに対する愛を深めなさい。

愛の御母

もう一度、聖母マリアに何が到来したか思い巡らしましょう――見事なコンパッションに満ちた愛の御母です。彼女はイエスをご自分の御子と宣言することを恐れていませんでした。すべての人がイエスを離れ去り、マリアだけがイエスと共に残りました。イエスが鞭《むち》打たれ、唾を吐かれ、重い皮膚病の患者のように、望まれず、愛されず、すべての人に憎まれても、イエスが彼女の息子であることを恥とはしませんでした。そこにもまた、マリアのみ心の深いコンパッションが現れています。わたしたちは人が苦しんでいるとき、侮辱されているとき、そばに立っているでしょうか。夫が職を失ったとき、傍らにいてあげるでしょうか。わたしは彼にとって何者でしょうか。コンパッションに満ちているでしょうか。彼の苦しみを理解してあげているでしょうか。子どもたちが間違った道に迷い出たとき、彼らを捜し、見つけ、共にいて、家に迎え入れ、深い愛の心で彼らを愛するでしょうか。共同体の姉妹たちに対して、わたしはマリアのようでしょうか。彼女たちの痛みや苦しみを察知するでしょうか。もし司祭であったなら、司祭はゆるすための コンパッション、彼の前にいて苦しむ罪びとに神のゆるしをもたらす、マリアのような深いコンパッションです。マリアはイエスをご自分の息子とすることを恥じませんでした。マリアはイエスをご自分の息子として宣言されました。

十字架刑の場面で、わたしたちは立っておられるマリア――神の母が立っておられる姿を見ます(50)。そこに立つとは、御子に対する生きた愛による、なんというすばらしい信仰をマリアはもっておられたことでしょう。すべての人から拒否され、だれからも愛されず、極悪人とされたイエスを見つめ、マリアはそこに立っておられました。そしてイエスをご自分の息子と受け入れられたのです。マリアはイエスがご自分に属するかたであるとし、ご自分はイエスに属する者であるとされました。彼女はイエスを受け入れることを恐れませんでした。人びとが苦しんでいるとき、彼らが見捨てられるとき、わたしたちは彼らを受け入れるでしょうか。わたしたちの人びとと、わたしたちの家族が排斥されるとき、苦しんでいる彼らを自分たちの身内とすることができるでしょうか。彼らが苦悩していることを知っていますか。彼らがイエスに渇いていることを理解するでしょうか。これは愛を理解する愛に対する飢えです。聖母マリアは理解する愛をもっていたからこそ非常にすばらしく、あなたがたもわたしも女性であるために、その理解する愛というすばらしい力をもっているのです。わたしは人びとの中に、そして来る日も来る日も、苦しみに出合っても、子どもたちのために、それを受け入れる貧しい女性たちの中に、そのことを見ています。わたしは、多くの物をもつことを犠牲にし、子どもたちがそれをもつことができるように、ときには物乞いさえする両親や母親を見てきました。わたしは、身体障がい者の子どもをもつ親が、その子が自分の子であるために抱き締める姿を見てきましたが、彼女は子どもの苦しみを理解する愛をもっているのです。

恐れてはいない

わたしたちは、道で死にかけているあの人、あの飢えている人、あの裸の人、あのホームレスがイエスであるということを恐れていません。わたしたちはこのようなイエスを運ぶこと、道でロザリオの祈りを唱えることを恐れていません。

「あなたを愛しています」と言うだけでは不十分

あなたは隣の住人を知っていますか。隣に視覚障がい者がいることを知っていますか。病気の人かもしれない、孤独で寂しい高齢者かもしれないことを知っていますか。もし知っているなら、何かしてあげましたか？　そこには愛を与えるチャンス、何かしてあげるために翌日来るチャンスがあります。目を開いて何かできないか探してください。そうすれば、あなたがだれかのために何かをしてあげたために、心から湧き上がる喜びと愛と平和を見ることができるでしょう。あなたは生きた行動によって、神に対するあなたの愛を与えたのです。「あなたを愛しています」と言うだけでは不十分です。十分ではありません。何かをしなければなりません。そしてその「何か」は、あなたに痛みを感じさせることでなければなりません、というのは真の愛は痛みを伴うからです。十字架を見れば、イエスがいかにわたしたちを愛されたかわかります。イエスはあなたを愛しわたしを愛されたから、十字架上で亡くなられたのです。そして彼はわたしたちがそのように愛することを望まれます。

受けたものを与えなさい

イエスから受けたものを寛大に与えなさい。彼はわたしを愛されます。互いに愛し合いなさいというよい知らせ（福音）を与えるために、天国からあらゆる困難を乗り越えてこられました。わたしたちは姉妹たちを愛することができなければなりません。アウシュヴィッツで一人の男性が「おお、わたしの妻よ、わたしの子どもたちよ！」と嘆き悲しんだときに「代わりに、わたしの命を取ってください」と申し出た聖マキシミリアノ・コルベ神父のように。そこで何が起こったかわたしたちは知っています。彼らは身を挺《てい》した神父を牢に入れて餓死させようとしました。わたしたちは餓死の苦しみを知りません。わたしは何日間も苦しんで、餓死で亡くなった人を見たことがあります。聖マキシミリアノはなかなか死にませんでした、それで彼は毒殺されたのです。彼はどうしてそのようなことができたのでしょうか。偉大な愛です。わたしは姉妹たちのために、そのようなことができるでしょうか。

お金か神か

わたしが家庭にあった子ども時代、といってもそんなに幼少時代ではありませんが、兄姉とわたし三人が学校のある先生に反対して、話し合っていたときのことを覚えています。母は休んでいましたが、子どもたちが話し合っているのを聞いてやってきて、「あなたたちが罪を犯すために、お金は使えない」と言うのです。そして母はその部屋の電気を切り、その部屋だけでなく家中の電源を切ってしまいました。これに続く一時間、完全な暗闇の中で、靴を磨いたり、翌日の登校準備をしたりしなければなりませんでした。これはわたしたちに現実的教訓を与えました。これはもう一つの例は、わたしたちがさらに成長してからのことで、姉は家計を助けるためにお針子のアルバイトをしていました。姉の仕事部屋に、母が「この家では他人の悪口を言ってはならない」と大きな字で書いた紙を貼っていました。ある日、一人の裕福な女性が姉に仕事を依頼しにやってきて、だれか他の人について愛徳に反する話を始めました。それを聞いた母が出てきて「あそこに書いてあることが見えませんか?」と彼女に尋ねました。女性は非常に怒り、立ち上がって出ていってしまいました。姉は驚いて母を見上げ、家庭でお金が必要なのに、よい仕事をなくしたことに不平を言いました。これに対して母は、「どちらがより大切ですか、お金ですか、神さまですか。お金のためにわたしはいつもの二倍働きます。でも、あのようなことが、この家の中で話されることはゆるされません」と言いました。皆さん、おわかりですか、母は普通の女性でしたが、善悪をわきまえていました。母が醜い言葉を使うのを、一度も聞いたことがありません。

真の愛は痛みを伴う

イエスは「はっきり言っておく。一粒の麦は、地に落ちて死ななければ、一粒のままである。だが死ねば多くの実を結ぶ(51)」と話されました。神の愛の宣教者は、もし人びとの魂を神のもとに導きたいなら、日々死ななければなりません。彼女はイエスが人びとの魂のために払われたと同じ価を払い、イエスが魂を求めて歩まれた同じ道を歩む用意ができていなければなりません。

＊

謙遜になりたいと思うならば、謙遜を得るために価を払う用意がなければなりません。マリアは神の母になることを受け入れたとき、ヨセフが彼女の懐妊に気づき始めれば、それがいかにむずかしいことになるか認識していたにちがいありません。

＊

もし長上が不機嫌であったら、ゆるしてあげて、忘れなさい！　それはあなたにとって神の恵みです。もし彼女があなたを傷つけるような言葉を使ったなら、それをイエスにささげ、長上のためにそれをささげなさい。彼女のために代価を払ってあげなさい。

暗闇を破る

わたしは神に憧れる――わたしは神を愛したい――このうえなく神を愛したい――神の愛のためだけに生きたい――愛するためだけに――それなのに苦しみだけしかない――憧れるのに――愛はない。

以前わたしは主を愛し、主に語り、み前で何時間も過ごすことができたのに、今は――黙想さえもまともにはできません、「わたしの神」以外何もなく、ときにはそれさえも言えません。しかし、わたしの心のどこか深いところで、神に対する憧れが暗闇をとおして差し込むことがあります。外部での仕事のときや、人びとに出会うとき、わたしのうちに非常に近く生きているだれかの現存があります。これが何であるかわかりませんが、たびたび、毎日でさえも、神に対するこの愛がより現実のものとして育っています。――わたしは無意識のうちに、この愛の非常に不思議なしるしをイエスに伝えている自分を見いだしています。

神父様、わたしはあなたに心を開きました。――神を愛することを教えてください。――心から神を愛することを教えてください。わたしは学問がありません――わたしは神のことについてたくさんのことを存じません――わたしは神を愛し、わたしの御父としての神を愛したいのです。わたしは子どもの心のあらゆる力をもって、神を愛してきました。神はわたしの言ったこと、したことすべての中心でした。

わたしの心も魂も体も、神だけのものです。

イエスのキス

あらゆる苦しみも屈辱も痛みも、イエスのキスでしかありません――あなたが十字架上のイエスにそれほど近くまで来たので、イエスがあなたにキスできるのです。ですから、恐れないでください。神の愛が真実であるならば、痛みを伴い、それによってあなたがイエスの愛のうちにいることになります。あなたの内にあるイエスの愛は痛みを与えます。

わたしにキスするのをやめるように、イエスに言ってください

わたしはほんとうに聖なる者になりたいのです。そうでないと、神は苦しみや痛みを受けるよ

うに、わたしたちを使うことができないからです。あるときわたしは、癌で非常に苦しんでいる人のところへ行きましたが、彼女の痛みは異常なもので、ベッドを壊してしまうほどでした。わたしは彼女に、「これはあなたがイエスにそれほど近いから、彼があなたにキスされるしるしですよ」と言いました。すると彼女は、「わたしにキスするのをやめてくださるように、イエスに言ってください」と答えました。

それを受け入れてささげなさい

もちろんわたしたちの生活には、誘惑も苦しみもあります。わたしたちは皆、それをとおらなければなりません。なぜならキリストに対するわたしたちの愛が大きければ大きいほど、それに対する価を払わなければならないからです。その支払いは、ときには大きな屈辱であるかもしれません。わたしにとって多くの人びとの賞賛を受けることが、それです――それは十分すぎる屈辱です。こうした屈辱がくるとき、それを受け入れてささげ、決してそのことにしがみつきませんように。それを受け入れ、ささげなさい。

彼のご受難を分かち合う

四旬節が近づいています。

ご受難、祈り、頬を打たれる屈辱を自分のものとして受け入れなさい。（イエスはただ一度だけ、「なぜわたしを打つのか[52]」とその理由を尋ねられました。彼は公の場で頬を打たれることを好まれませんでした）。いばらの冠をかぶせられたとき、十字架刑に処せられたとき、そして、その他すべての外面的苦痛をひと言もいわれず忍ばれましたが、彼らが頬を打ったとき、理由がないのに「なぜ？」と尋ねられました。

そして、それを受け入れたのです。

ある姉妹があなたがたを叱ったり、注意したりするとき、あなたがたは傷つくでしょう。姉妹たちがわたしのところへ来て、「彼女がこんなひどいことをわたしに言った」とか、「こんなことをした」とか言うとき、わたしはその姉妹にただ一つの質問をします、「あなたが最初に思ったことはなんでしたか。キリストでしたか、それともあなた自身でしたか？」と。もしあなたがたがほんとうに霊的でなければ、それに反感をもって言い返すでしょう。もし言い返さなければ、他のところへいって告げ口をしたり、内心苦々しく思ったりするでしょう。先日セント・ローレンスで一人の司祭が癌で亡くなりました。それほど若くはありませんでしたが、見つけられたとき彼はすでに亡くなっていました。心の苦い気持ちは癌のようで、しだいに大きくなり、わたしたちを食い尽くすのです。

忘れがちなことは、わたしたちが十字架につけられたイエスの浄配であることです。もし、わたしが十字架につけられたイエスの浄配であるならば、何か彼に似ているところ、彼に属する者であることを示す類似点をもたなければなりません。

聖マルガリタ・マリアは美しい模範です。彼女には痛みが強い、できものがありました。体のできものは他人には見えませんでしたが、顔のできものは皆に明らかでした。彼女は顔面のできものは大きくて痛みも激しかったのですが、すべての人がそれを見ているので痛みは和らぐが、キリストとの深い愛のうちにあった彼女は、「だれにも見えない背中のできものは、さらに強い痛みです」と単純に語っていました。

今はイエスのご受難を分かち合うときであり、わたしがよい修道女になるか、幸せな修道女になるか、聖なる修道女になるかは、このようなピンでつついたような小さな痛みを受け入れるか否かにかかっています。それは純粋な愛への忠実を壊すこともあり得ます。

苦いものも取りなさい

「わたしは甘いものを取らないという犠牲をしたいのです」と一人の姉妹がわたしに言いました。わたしは「いいえ、他の人たちと同じように甘いものを食べたほうがいいですよ。そして明日だれかが苦いものを与えたら、それも食べたほうがいいですよ」と申しました。

聖人たちにも同じ困難があった

小さき花の聖テレジアのことを覚えていますか。共同体の中に彼女にいやな思いをさせる一人の姉妹がいて、聖テレジアはできるかぎり彼女を避けるようにしていました。しかし、あるとき自分のあり方から脱出して、この同じ姉妹に親切に愛をもって接する決心をしました。聖女はこの姉妹に会うたびに、温かいほほえみを与えるようにしました。するとある日、その姉妹が聖テレジアを脇に呼んで、「あなたはわたしの何をそんなに愛しているの？」と尋ねました。聖女が心の中でいかにコントロールしていたか、だれも知りません。姉妹の皆さん、おわかりですか、聖人たちも、わたしたちと同じような困難があったのです。しかし、その違いは、彼らは固い決心をし、どのような価を払ってもそれを守ったことです。わたしたちは賞賛も非難も、主がくださるものをすべて喜んで受け入れる用意がなければなりません。

あふれる喜びをもって、すべてに打ち勝つ

プナのあの人が、わたしの名前にあんなに多くの形容詞をつけ、しかもそれを多くの有名な新聞に発表しました。それでわたしは彼に手紙を書いて、その形容詞を感謝しました。人びとはイエスに対しても「ホザナ、ホザナ」とたたえながら、翌日は彼を十字架につけろ！ と叫んでいたのです。わたしたちを傷つけるもの、乱すものに対し、あふれる喜びをもって打ち勝つ努力をしなければなりません。あなたがたは「わたしが行くところどこでも、あなたの芳香を広げるのをお助けください」と毎日祈っていることを忘れないでください。

喜びが湧くところ

「純粋な信仰のうちに、わたしたちの自由意志も理性も全生活も、すべてをイエスにささげること、それによってイエスがわたしたちの思考をとおして考え、わたしたちの手をとおして仕事

をし、わたしたちの心をもって愛することができますように。」

昨年わたしは旅行していました。十日間、修道院から修道院へと移っていました。朝になると「今どこにいるのかしら」と思いました。大きな犠牲でした。しかし、それこそが完全な委託です。そしてそこから喜びが湧き出るのです。

犠牲

愛は犠牲のうえに打ち建てられなければならない、そしてわたしたちは痛みを覚えるまで与えることができなければならない。

家にいるのはわたしだけなのか？

「家にいるのはわたしだけなの？　またしてもお手洗いの掃除はわたしだ！」ということは起こり得ます。あなたがたの感情とは無関係で、そういうことは起こります。あなたがたの感情を殺す必要はありませんが、それをささげなければなりません。これが犠牲です。これこそわたしたちが取るべき十字架です。

分かち合いをしたことがありますか？

神の愛の優しさを納得したいと思うならば、生活における犠牲が必要になります。もしわたしが一日中ここにいて、昼も夜も、わたしたちの人びと、男性、女性、子どもたちの優しさと愛に満ちた存在の美しいことをすべてあなたがたに話したら、これが愛であり、行動に表れた神の愛であることに驚くことでしょう。そして神がイエスを送られたのは、この愛をわたしたちに教え、あなたがたがそれを自分たちの生活の中で見つけるためなのです。愛することの喜びを体験したことがありますか？　それを分かち合ったことがありますか？　それは有り余るものから与えるのではありません。神のために何か美しいことをするために、病人とか寂しい人と分かち合ったことがありますか？　それはわたしたちの内面から出てくるべきものであり、イエスが命のパンを制定されたのはそのためであり、わたしたちの心に、その動きを創り出すためだったのです、ですから、その動きがないならば、わたしたちの心を調べるとよいでしょう。わたしたちの心は清いでしょうか？　というのは、イエスが「心の清い人は幸い、その人は神を見る[53]」と言われたからです。お互いの内に神を見ないならば、愛し合うことはできません。ですから清い心をもつことは大切で、清い心はイエスのためにだけあることを可能にし、イエスを他の人びとに与えることができます。だからこそイエスはご自身を命のパンとされ、だからこそ二十四時間そこにいてくださり、だからこそあなたとわたしが、愛する喜びを分かち合うことを望んでおられるのです。そしてイエスは「わたしがあなたがたを愛したように愛し合いなさい[54]」と言われます。「わたしがあなたがたを愛したように」わたしたちもお互いを愛さなければなりません。

あなたはなぜそんなに愛するの？

　小さき花の聖テレジアは、ある一人の姉妹に我慢できませんでしたが、決してそれを表明しませんでした。つねに美しいほほえみを示していました。ある日、相手の姉妹が「なぜそんなにわたしを愛するの？」と尋ねます。彼女はテレジアのほほえみの中に愛を見たのです。「そう、わたしはイエスを愛するから」が答えでした。洗濯場で汚れた水が隣にいたテレジアの顔にかかります。もしわたしがその場にいたら、口に出して文句は言わなくても、謙悪感を表したかもしれません。別の姉妹がロザリオで音を立てています。「やめてくださいませんか？」と優しく言うかもしれません。いいえ、テレジアは違います。「イエスよ、なんと美しいロザリオでしょう！」彼女はもしそこに立っていたら、そう言ってしまうことを知っていたので、その場を走り去りました。彼女は聖人になりました。神を愛したゆえに列聖されたのです。ロザリオの音、なんとばかげたことでしょう。「どうぞやめてくださいませんか。わたしはひどい頭痛がするのです」と言うこともできたはずです。いいえ、彼女はそれをささげたのです。

まことの枝

もしわたしたちがお互いにほほえむことができたなら、子どもの、自分たちの家族の、会の姉妹たちの、司祭やブラザーたちの中に、悲惨な状況に身を隠されたキリストを見ることができたなら、むずかしいそんなときに、お互いにほほえむことができたなら、それこそ、わたしたちがまことの枝であることを示すときです。この愛の生活を生きることが非常に大切なのです。名前のためにだけ、同じ仕事をしているためにだけ、貧しい人を助けている、などなどのために、共労者であることは望みません。これは共労者の目的ではありません。共労者の目的は、行くところどこにでも愛とコンパッションを広げることです。非常に単純な小さなあり方で、愛に対するイエスの渇きを癒やすことが、共労者の目的です。

美しい犠牲

先日、二十年間寝たきりで、右手だけを動かすことのできる一人の男性から、十五ドルを受け取りました。彼の唯一の楽しみは喫煙でした。彼は手紙の中で「わたしは一週間タバコを吸うことをやめ、このお金をあなたに送ります」と書いてきました。彼にとってものすごい犠牲だったことでしょう。でもなんという美しい犠牲、なんという分かち合いでしょう。わたしはそのお金で飢えている人たちにパンをもっていきましたが、双方にとってなんという喜びでしょう。彼は与え、貧しい人びとは受けていたのです。

これこそ、あなたがたにとってもわたしにとってもできることです。それは他の人びとと愛を分かち合うことができるという神からの賜物《たまもの》です。イエスにとってそうであったように、わたしたちの間でも、そのように行われますように！　イエスがわたしたちを愛されたように、お互いを愛しましょう。分かたれない愛をもってイエスを愛しましょう。

ある子どもの模範

先日、あるアメリカの幼い子どもからの手紙（実際は父親が書いて送金してきました）で、非常に心を動かされました。この少女は初聖体の準備をしていて、その日を迎えるまえに、両親に「初聖体の衣装を買わないで、お祝い品も買わないで、お祝いのホームパーティーもしないで（この子どもは一人娘でしたが）そのお金をわたしにください。わたしはそれをマザーテレサの子どもたちのためにあげたい。そして、わたしは初聖体の式に制服で行く」と言ったとのことです。なんという勇気でしょう！　他の子どもたちが皆、美しく装っている中で、この少女は神に対する愛から、コルカタの貧しい子どもたちのために、制服姿で初聖体式に出たのです。そして、このことは両親の心を強く打ち、母親は喫煙をやめ、父親は飲酒をやめたとのことです。これは神の愛、慈しみに満ちた美しい愛です。その愛は少女の心を動かし、その子どもの小さな行為をとおして両親を動かし、家庭に平和と一致と愛をもたらしたのです。

奉献されて

わたしは恐ろしいほどの身体的苦しみを、エチオピアの人びととの中で見てきました。朝、門を開けると、こうした苦しむ人びとが門の外で、一杯の水に飢え渇いてあえいでいるのです。彼らは何も食べずに、ただ優しい愛と世話と少量の食料を求めて遠くからやってきたのです。そして今回わたしが姉妹たちと共にいたとき、非常に強力な共産主義者である外務大臣が、わたしに会いにやって来ました。ちょうどそのとき、門を開ける時刻でしたが、約二十人余りの人たちが門の外で道路に横たわっていました。姉妹たちは彼らを起こし、連れていき、世話をし始めました。そのとき外務大臣は、わたしのほうを振り向いて、「あなたの姉妹がたがしていることは、奉献者だけができることです」と言いました。彼が奉献された者と言った意味は、愛に満ちた心です。

ですからまず心に愛する喜びをもって進み、それを他の人びとと分かち合いましょう。痛みを感じるまで愛することを恐れないでください。痛みを感じるまで、です。単に与えることはやさしく、十分なところから与えることもやさしいものです。

お砂糖

偉大な愛をもって愛を示した幼い子どものちょっとした、しかし美しい例をお話ししましょう。しばらくまえのことですが、コルカタにお砂糖が欠乏したことがありました。そして四歳ぐらいの小さいヒンドゥー教徒の子どもが両親に「マザーテレサは子どもたちのためにお砂糖がない。ぼくは三日間お砂糖を口にしないで、そのお砂糖をマザーにあげる」と言ったのです。両親は、それまで一度もわたしたちの家に来たことはなく、わたしはその子どものこともまったく知りませんでした。彼らはその子どもを連れてやって来て、子どもは相当なお砂糖を持ってきました。彼は言葉もまだよくできませんでしたが、「マザー、ぼくは三日間お砂糖を食べませんでした。これをあなたの子どもたちにあげてください」と言いました。あの子どもは偉大な愛をもって愛した、とわたしは思います。

小さな贈り物

日々やってくるあらゆる小さな犠牲を喜んで受け入れなさい。小さいささげ物を無視してとおり過ぎないでください。それらは非常に大切なのですから。

愛の実りは奉仕です

行動による信仰は愛であり、行動による愛は奉仕です。

現代、どのようにイエスを愛することができるか

現代世界にあって、どのようにイエスを愛することができるでしょうか。夫、妻、子どもたち、兄弟・姉妹、両親、隣人そして貧しい人びとを愛することによってです。

＊

わたしはイエスのものです。イエスを愛することによって、彼に対するこの愛を行動に表すことによって、彼の、愛に対する渇きを癒やす、という目的のために選ばれました。わたしたちは貧しい人びとの中の最も貧しい人の救いと聖化のために働かなければいけません。

あなたがしていることをごらんなさい

わたしたちはしている仕事によって、どのようにイエスを愛しているかがわかります。そして仕事は祈りの実りです。あなたがどれほどイエスを愛しているかを知りたいならば、している仕事をごらんなさい。わたしはイエスを愛し、その愛を行動においているのです。あなたのためのわたしの祈りは、あなたがほんとうに、ほんとうにその喜びに成長することです。もしそれがないなら、なぜでしょうか。その妨げはなんでしょうか。あなたがイエスを愛しているのを知ることは、傲慢ではありません。人びとがあなたのよい働きを見て、神に栄光を帰しますように！(55) わたしたちのすべてのよい業《わざ》は彼からくるのです。

愛とは……

愛は語ることではなく、愛は生きることです。一日中、愛について語っても、一度も愛さない、ということもあり得ます。あらゆるところを見回すのですが、下に目をやって、道路で死にかけている人に目を向けることはしない、というように。

言葉だけでなく

わたしは言葉だけで神を愛することはできません。わたしの心が、手が、足が、愛を表明しなければなりません。「わたしは貧しい人を愛したい」と言うだけでは十分ではありません。わたしたちの奉仕は「全身全霊」でなければなりません。これはMC（神の愛の宣教者会）にとってとても大切な言葉です。わたしたちの奉仕は、行動による神への愛の証しとして、半身半霊ではなく、全身全霊であるべきです。聖書はわたしたちが、心を尽くして神と隣人を愛さなければならないと述べています。心を尽くし、魂を尽くし、力を尽くして、全身全霊で貧しい人を愛すること、これが会の第四誓願の意味です。わたしたちにとって、「おお、わたしは心からイエスを愛します」と言うだけでは十分でありません。全身全霊の奉仕によってイエスを愛することを示さなければなりません。

わたしたちがどれだけしたか、ではない

全能の神にとって大切なことは、どれだけのことをしたかではなく、その行為にどれほどの愛

を込めたかであり、それが神に対する愛なのです。神はわたしたち一人ひとりをとおし、わたしたちに任された仕事をとおして、世界を愛し続けられます。事務関係であなたがたがしていることとは、聖なる仕事ですから、投げやりにしないでください。イエスがそこにおられます。仕事のどこかで、あなたがたの手は飢えたキリストを養い、あなたがたの手は裸のキリストに衣服を着せ、あなたがたの手は、ホームレスのキリストに宿を与えているのです。ですからその仕事をよく、深い愛をもって果たしてください。そうでなければ働く価値がありません。生半可で仕事をすることに意味はありません。それはあなたが聖なる人になる方法です。なぜなら、主であるイエスがそこにおられますから。

あなたがたは行動に表れる神の愛です

「わたしたちの修道会は、教会を現代世界に全面的に生きたものとします。」あなた自身を見てください。「わたしは教会を生きたものとしているでしょうか。」エチオピアで教皇使節はミサの説教の中で、「あなたがたはここで教会を全面的に生きたものとしているので、教皇の名において感謝します」と言われました。わたしたちは福音を宣教することによって、教会をここで生きたものとします。

福音とはなんでしょうか。福音とは、あなたがた一人ひとりをとおして、神がまだ世界を愛されていることです。あなたがたは神の福音であり、あなたがたは行動に表れる神の愛です。あなたがたをとおして、神はまだ世界を愛されています。ですから、もしあなたがたが怠惰なMC（神の愛の宣教者会）であれば、行動において神の愛の間違ったイメージを与えることになります。人びとはつねに、絶え間なくわたしたちを見守り、ニルマル・ヒルダイやシシュ・ババンの貧しい人たちや重い皮膚病の患者に対するわたしたちのコンパッションと愛の思いやりによって、行動に表れる神の愛に出合っているのです。

わたしのうちに生きるイエス

イエスは今コルカタの街や、世界の街路を歩くことができません。そこで彼はどうなさるのでしょうか。イエスはわたしをとおして歩まれ、貧しい人に触れ、御父の愛と清純さを示されるのです。今日、神はわたしたちを送ることによって、世界をそれほどまで愛しておられます。イエスはわたしをとおして、あなたがたを行くべきところへ送られます。何をするためでしょうか。神の愛の清純さを輝かせるためです。

キリスト教徒のしるし

「それによってあなたがたがわたしの弟子であることを、皆が知るようになる(56)」とイエスは言われました。初代キリスト者たちは、愛したために刑務所に連行されました。聖ラウレンチオが刑務所にひかれたとき、長官は彼に教会のすべての財産を持参するよう命じました。聖ラウレンチオは「はい、明日の朝、持参します」と答え、翌朝、彼は数百人の貧しい人びとを長官官舎の前に集めましたが、長官は彼らを見たとき、その怒りがさらにいっそう強くなったということです。

愛の謙虚な行い

謙虚を要する仕事に忠実であることは、わたしたちの愛を行為におく方法であります。

機会をとらえなさい

謙虚な仕事をする機会をとらえなさい。そのような仕事をするところ、洗ったり、清潔にしたり、真に生きた行為でイエスに対する愛を示す場所へ行くことを望まなければなりません。あるイエズス会の司祭が、わたしが総長職を辞めたら何をするか尋ねました。わたしは配水管とトイレの一級清掃員であると答えました。以前、わたしは毎日曜日にカリガートへ行き、お手洗いを掃除することがわたしの特別な仕事でした。あなたがたの中であそこにいったことのある人は、あの部屋が毎朝どんなに汚れているかご存じでしょう。一人の男性がやって来て、わたしはよく見なかったので、ブラザーだと思っていましたが、彼が手伝いたいと言いましたので、「では、わたしと一緒にいらっしゃい」と言ってお手洗いへ向かいました。掃いて水を流すのですが、ブラザーはどうしたらよいかわからないようすでした。彼に水を流すように告げたのですが、わたしは「修練院で掃除の仕方を教えていないのだ」と心の中で不平を言っていました。そして仕事を終えてから彼は「マザー、ありがとうございます。あなたにどんなに感謝してよいかわかりません」と言うのです。それまでブラザーがわたしに感謝したことはなかったので、顔をあげてよく見ると、それはブラザーではなく、立派な服装をした紳士でした。彼はわたしに、大きな会社の総支配人だと告げました。

神の愛を宣教しなさい

謙虚さはつねに神の偉大さと栄光を輝かせます。神の愛を証しするために、貧しく、小さく、無力な者であることを恐れないようにしましょう。病人にあげる一杯の水、死にゆく人を抱き上げる抱き方、重い皮膚病の患者に薬をあげる仕方、赤ちゃんにミルクを飲ませる飲ませ方、何も知らない子どもへの教え方、家庭でだれかに与えるほほえみ方、これらすべては、今日の世界での神の愛です。このことをあなたがたの精神にしっかり焼きつけていただきたいと思います。神は今日も、あなたがたをとおして、わたしをとおして、今も世界を愛しておられます。わたしたちはどこにおいても、神の愛を輝かせることを恐れてはなりません。あるとき、だれかが「なぜ外国へ行くのですか。インドの貧しい人で十分ではありませんか」と尋ねました。「イエスは『行ってすべての国民に宣教しなさい(57)』と言われました。このためにわたしたちの愛の小さな行為によって、神の愛とコンパッションを宣べ伝えるために、世界中に行くのです」と答えました。

与える人は豊かにされる

愛されない人、世話をされない人、貧困に苦しむ人に対して、神の慈しみ深い愛と配慮をもたらすわたしたちの愛の行為の小さな仕事に、世界の人びとは深く心を動かされ、大勢の人の心に分かち合いたいという深い望みが起こりました。ある人たちは有り余るものから、大部分の人たちは自分たちのために使うはずだった金額から、彼らより恵まれない兄弟姉妹のために、分かち合う心を創り出しました。犠牲の精神が多くの人の生活の中に芽生えているのを見ることは非常に美しいことです。というのは、こうした動きは受ける貧しい側に利益をもたらすだけでなく、与える側も神の愛によって豊かにされるからです。これはわたしたちがつねに神を賛美し、神に感謝しなければならないことです。

ほんの一滴

わたしたちのしていることは、大海原の一滴にすぎないと感じています。しかし、もしその一滴が大海原になかったなら、不在の一滴のために欠けた海になってしまうことでしょう。

わたしたちはソーシャルワーカーではない

わたしたちはエネルギーを使っているので、キリストとのより近しい一体感と回復力を保たなければ、遅かれ早かれソーシャルワーカーになってしまうでしょう。わたしは、わたしたちがソーシャルワーカーではない、と主張し続けます。わたしたちは世のただ中における、真の観想者です。ですからそのことに忠実であるために、わたしたちはこの回復力を絶え間なく必要とします。そのために毎週一日仕事を休み、祈りと読書による内省を深め、罪を告白し、姉妹たちのために来訪される聴罪司祭の講話を聞きます。

人びとの目には、わたしたちは社会奉仕者のようにうつるかもしれませんが、事実は世界のただ中にある観想者です。なぜなら、わたしたちは二十四時間、キリストの御体に触れているからです。あなたがたもわたしも二十四時間イエスの現存の中にいるのです。あなたがたもまた家族の中に彼の現存をもたらすよう、努力しなければなりません。というのは、共に祈る家族は共にとどまるからです。

わたしたちは、飢えている人、裸の人、ホームレスの人、寂しい人の中におられるイエスと共に、二十四時間過ごしています。そして彼らはすばらしい人たちで、悪口を言ったり、不満を漏らしたり、呪ったりすることが決してありません。あなたがたは彼らを知ることによって、多くのことを学ぶでしょう。彼らは、あなたがたが彼らにしてあげること以上のことを、あなたがたに与えてくださることでしょう。

＊

わたしの兄

わたしたちがしている仕事は神のみ業《わざ》であって、わたしたちの仕事ではありません。だからこそ、それをよくしなければならないのです。何度わたしたちは神のみ業を損ない、その栄光を自分たちのものにしてしまったことでしょう！　わたしの兄はイタリアのパレルモに二十年住んでいますが、この会の姉妹たちがパレルモに行って施設を開始するようになるまで、だれもその存在を知りませんでした。人びとも司祭や司教も「あなたはマザーテレサのお兄さんで、こんなに長い間ここに住んでいるのに、どうして今まで黙っていたのですか」と尋ねました。彼は「あなたがたにとって彼女は姉妹であり、マザーテレサでもあります。わたしにとって彼女は妹です。いつまでも、ただの妹でいてほしい」と答えました。彼は自分になんの栄光も受けたくなかったのです。姉妹の皆さん、おわかりですか？　世の中の人びとは、このように振る舞います。わたしたち修道者はどうでしょうか。

神のみ業

皆さん、神のみ業が損なわれず、わたしたちの仕事が神のみ業であり続けるようにお祈りください。そしてまた接する人びとがどんな人たちであろうと、彼らにイエスだけを与えることができるように祈ってください。彼らがキリスト者であろうとなかろうと、彼らは皆、愛し、愛されるために創られた神の子なのです。

イエスをもたらす

姉妹たちを派遣したいという意向をもって、わたしがアディス・アベバに行ったとき、あらゆる人があなたは少しおかしいか、あるいはものすごい人だと言っていました。その理由はわたしのような者、特にカトリックの宣教者がアディス・アベバで受け入れられることは、あり得ないことだったからです。それでわたしは「イエスに不可能なことはありません(58)」と答えました。わたしは皇帝に会いたいと思っていましたが、だれかをとおして皇帝の皇女に会い、彼女がなんと言ったかわかりませんが、皇帝に会うことになりました。

……彼はなんと背が高かったことでしょう、そして一宣教者の前に非常に立派に立ち、わたしは自分を実際よりずっと小さく感じました。銅像のように立っていた皇帝でしたが、皆が座ると、「シスターたちはどんな資格があるのですか。何をしようとしているのですか」と尋ねました。それで「この会の姉妹たちは、閣下の国民にイエスの愛とコンパッションを提供し、閣下の国民はわたしたちの人びとになります」と答えました。彼はわたしを見つめて「それは実にキリストのあり方だ、それはイエスがされたことだ。来てください。歓迎します」と言われたのです。そこでわたしは手に持っていた不思議のメダイを皇帝に差し上げましたが、そのときわたしは、彼が皇帝であることを忘れてしまい、普通の男性のように感じて、聖母マリアのメダイをあげてしまったのです。彼はそのメダイを手にして聖母をごらんになり「母なるマリアは、人類の希望です」と言われました。そして首相のほうを向いて「シスターたちが来られるように必要なものを整え、できるだけ早くビザを発行しなさい」と言われました。そして二週間たたないうちに、姉妹たちは空港で滞在許可証を受けました。それで今、わたしたちはそこにいて、姉妹たちは到着と同時に、死を待つ人のホームを始めるために必要な場所を与えられました。

こういうことなのです。姉妹たちがなんらかの社会事業をするのではないことが、彼の心を打ったのです。わたしたちはソーシャルワーカーではありません。わたしたちは急いでイエスを与えに行くのです。すべての人が反対している中で、皇帝がそれほど積極的だったことは、ほんとうの奇跡でした。

神のみ言葉を運ぶ

最も大きな助けになることの一つは、神のみ言葉と、わたしたちの存在を、寂しい人びとの生活に届けることだと思います。この会の姉妹たちが喜びとコンパッションを輝かせ、家で閉じこもりの人、望まれない人、愛されない人たちを訪れるとき、彼らはこの姉妹たちをとおして、彼らを愛する神の愛の生きた現実を体験していると思います。

＊

最近メキシコ大統領の招きに応じてメキシコに共同体を開設しました。この会の慣習として、姉妹たちはできるかぎり歩き回って、あらゆる人に出会って話をし、足が棒になるまで歩き回りました。その目的は最悪の場、援助を最も必要としているところを見つけるためです。しかし、メキシコの貧困は非常に大きく、ティフアナの郊外を回ったのですが、どこへいってもほんとうにすさまじい貧しさでした。ところが、姉妹たちが驚いたことは、だれ一人として衣類、医薬品、食品などを願わず、彼らが「神のみ言葉を教えてください」とだけ言ってきたことでした。この人びとは神に飢えているということが、わたしの心を強く打ちました。「神のみ言葉を教えてください。」

八百年たって……

八百年たってイエメンの首相から、カトリックの姉妹たちの派遣が要請されました。わたしは喜んで姉妹たちを送りますが、イエスの現存がなければ姉妹たちを送ることはできないので、条件として、司祭派遣の許可が必要であると答えました。彼らは姉妹たちを必要としていたので、司祭にも滞在許可を出しましたが、それは驚くべきことでした。というのは、八百年の間、司祭は不在であり聖櫃《せいひつ》はなく、祭壇はなく、イエスは存在されなかったからです。そしてわたしたちがそこに行ってから、イエスが現存され、聖櫃が存在し、すべてがあり、姉妹たちの住居を建てるために、彼らは大きな土地を提供し、そこには死を待つ人びとのホームがあります。知事自身がある姉妹に次のように言いました、「シスター、カトリック教会をどのように建てるか教えてください。」それ以前にその姉妹は、イエスのためにチャペルを建てるよう彼に依頼していましたから、「カトリック教会を建てるのはとてもむずかしいので、イエスがわたしたちと共にいるために、チャペルを建ててください」と依頼しました。この知事は、H司教に姉妹たちの存在が人びとの生活に光をともした、と手紙を書き送りました。道端で死んでいく人、それはイエスだ、ということをわたしたちは恐れていません。飢えた人、裸の人、ホームレスをとおしてイエスを運ぶことを恐れていません。街路でロザリオを祈ることを恐れていません。人びとはわたしたちを見ています。

わたしたちは証人

ある立派なヒンドゥー教の政府の高官がわたしに「あなたがたは、われわれ皆を改宗させたいのではないですか」と尋ねましたので、「もちろん、わたしがもっている宝イエスを、あなたたと分かち合いたいですが、回心はイエスからこなければなりません。わたしにできることは、あなたがたが愛の仕事をなさるのを助けることであり、これらの愛の仕事をとおして、あなたがたは神と直面し、あなたがたの間で神の愛が交換されます。そのうえで、あなたは生活に神を受け入れるか否か、回心するか否かです」と答えました。これこそ、わたしたちの生活のあるべき姿です。共働者であるわたしたちは、お金を稼ぐということとか、あるいは物資を集めるためにだけ働いているのではなく、わたしたちの内におられるキリストの現存、彼の愛とコンパッションを証しするためにあるのです。

キリストを輝かせる

神の平和を輝かせ、キリストの光をともし、世間とすべての人の心にある憎しみと権力欲を消し去りましょう。

＊

わたしたちは皆、善も悪もなし得ます。わたしたちは生来悪ではなく、すべての人はなんらかの善をもっています。ある人たちはそれを隠したり、等閑視したりしますが、善はそこに存在します。神はわたしたちが愛し、愛されるために創られました。神はどこにでも、またすべてのものの中におられるように、教会とも離れられません。そしてわたしたちは、ヒンドゥー教徒も、イスラム教徒も、キリスト教徒も皆、神の子どもたちです。神がいかにあなたがたを愛しておられるかを知ったとき初めて、あなたがたは、その愛を輝かせて生きることができるのです。神によって愛されているという喜びを、あなたの力として心のうちに保ち、その喜びを他の人たちと分かち合いなさい。わたしはあなたがたのために祈ります。

輝きを広める

わたしたちは福音メッセージの輝きを、世界中に広めなければなりません。まず小さな世界、三人か四人かもしれませんが、その共同体から始めましょう。人数は問題ではありません。わたしたち一人ひとりは異なった場所から、異なった背景をもって来ています。共に住むことによって、またあらゆる人種、宗教にかかわらず、すべての人と共に働き、彼らに奉仕することによって、教会における一致を宣言するのです。

神へのまったき奉献生活

　選ばれたということは、わたしたちに対して与えられた特権です。神はあなたがたを名前で呼んでくださり、一人ひとりは名前によって召されました。あなたがたは特別なあり方で神のものなのです。神があなたがたを愛しておられるので、あなたがたは貴重な存在であり、神があなたがたの心をその愛で満たされたのは、あなたがたがその愛を他の人たちに与えるためです。

わたしたちの召命とは何か

　召命とはなんでしょうか。わたしたちの召命はイエスであり、聖書にははっきりと記されています。「わたしはあなたの名を呼んだ。あなたは、わたしの大切な者。[59]」と。「わたしはあなたがたを友と呼ぶ。[60]」「大河の中を通っても、あなたは押しながされない」、水は誘惑です。悪魔の誘惑である「炎はあなたを焼かない。[61]」「国々をあなたに与える、あなたは大切。[62]」「女が自分の乳飲み子を忘れるであろうか。母が自分の懐の子を忘れるだろうか。たとえ、女が忘れようとも、わたしがあなたを忘れることは決してない。あなたはわたしの大切な者。見よ、わたしはあなたを、わたしの手のひらに刻みつける。[63]」……わたしたちはなぜここにいるのですか。自分の名前を聞いたからにちがいありません。イエスは、わたしたちを名前で呼ばれました。

すべての人は何かをもっている

神は、第一にわたしを修道女として、そしてそのうえでキリストを宣教するために、呼ばれました。最も偉大な宣教者はキリストでした。ですからわたしたちも同様でなければなりません。みんな「これこそ神がわたしに与えてくださった最も美しい召命です。でも、わたしはその値打ちがありません」と言わなければなりません。それを感じる必要があります。そしてこの確信から、真のＭＣ（神の愛の宣教者会）として生きることへの感謝が生まれます――わたしが人びとに向かって語り、彼らに触れ、彼らに話す態度です。まずは姉妹たちに対して、他の姉妹たちを尊敬しなければなりません。彼女はわたしの生活の一部であり、彼女もまたキリストの共働者ですから、傷つけるような言葉を使ってはなりません。自分の体を痛めつけないのと同様に、姉妹も傷つけてはなりません。できる人も、ボカな人も、[64]ホーリーな人もそうでない人も――お互いに愛し合わなければなりません。「わたしがあなたがたを愛したように、互いに愛し合いなさい。[65]」あなたがそのことを学ぶならば、一週間とか一日ではなく、生涯それを続けてください。顔や声が我慢できない姉妹を、今日一日愛さなければなりません。共同体において二人の鼻が同じ形であることはあり得ません。わたしたちの魂もどんなに違っていることでしょう。ある人は五タレント、ある人は二タレント、ある人は一タレントしかもっていないかもしれませんが、すべての人は何かをもっています。「わたしは何もできない」などという臆病な人にならないでください。怠け者にならず、挑戦してみてください。神はわたしのためにそれを可能にされるでしょう。

イエスだけで十分です

わたしたちの誓願はまた喜びにもつながっています。というのは、今日もそして毎日、神がわたしに心をかけてくださることを知っているからです。従順においてわたしは喜びに満たされています。それは長上のうちに人としてのキリストを認めているからです。貞潔においては、喜びの源である最も清いおとめマリアに倣います。姉妹の皆さん、あなたがたが貞潔を完全に清く、処女性をおとめとして、潔さを清く守りたいなら、まったく清く、喜びの源であるマリアのようになりなさい。もしあなたがたが神に対し、この修道会に対し、み心に対し、母であるわたしに対し、共同体に対し、貧しい人に対して喜びの源になりたいなら、貞潔の誓願をしっかり守りなさい。貞潔は真実性と誠実さを内包しています。死は受け入れても、罪を犯すことは肯定してはなりません。自分たちを見ると、貞潔に反するすべての誘惑は、あなたがたが悲しんだり不機嫌であったりするときに、やって来ます。不機嫌な姉妹は、悪魔の手の中にあるボールのようです。悪魔は、彼女を好きなように弄ぶことができます。あなたがたが愛に対する飢えを満たすために、他のものを探し求めて出ていくのは、こういうときです。あなたがたが貞潔を汚れなく保ちたいなら、この喜び、歓喜の徳を養いなさい。「わたしの喜びがあなたがたのうちにあるように」(66)は、神の現存、神との一致にあります。どんな被造物もキリストの愛からわたしを引き離すことはできません。(67)わたしはキリストだけのものです。わたしにはイエスだけで十分です。

家庭の召命

家庭の召命とは、非常に幸せで共にある家庭、共に祈ることが最も大切な要素である家庭だと思います。両親がお互いに愛し合い、それによって愛するとはどういうことであるかを学ぶので、両親から多くのものを受けました。それは特別なことではなく、非常に単純なことだと思います。わたしたちは、どのように貧しい人びとを愛し、どのように他の人びとを愛するか、人を愛するとはどういうことかを、両親から、家庭から学びました。そして自然に、祈りの生活を家庭から学びました。熱心な祈り、教会とキリストの教えに対する誠実とを両親から学びました。そのことが家庭の一致と神の召命をもたらし、つねに犠牲を払うことを教えたと思います。

イエスを愛することだけ

聖イグナチオは、イエスを愛することだけを望んでいたので、会憲を書きたいとは思いませんでした。しかし彼はすべての人がそのように生きることができないとわかったので、たとえば「ベルの音は神のお声である」というような細かいことを含む会憲を書きました。わたしたちにとって会憲は、文字に書かれた神のみ旨です。それは生きていて、貞潔と清貧と祈りの生活の表現となります。それを守ることによって、共同体生活において、貞潔、清貧、従順、愛徳においてどう生きなければならないかがわかります。

「分かたれない愛」と、あらゆるところに書きなさい

あらゆるところに「分かたれない愛」と、書きなさい――精神にも、心にも、存在のあらゆる部分に、すべての指にも――それはあなたが、永遠にまったくイエスのものになったことを忘れないためです。あなたは、人間にではなくとも、神にとって大切な存在なのです。「恐れるな。

あなたはわたしのもの。わたしはあなたの名を呼ぶ。水の中を歩むときも、あなたは押し流されない。恐れることはない。(68)」「自分の十字架を背負って、わたしに従いなさい(69)」とイエスが言われたことを思い出しなさい。あるとき、一人の姉妹が不機嫌な顔をして使徒職に出かけようとしているのを見ましたので、彼女を部屋に呼んで、「イエスは、十字架を担いで彼の前を行きなさいか、あるいは彼の後を行きなさいか、どちらを言われましたか」と尋ねました。彼女はにっこりほほえんで、「彼に従うことです」と答えました。それでわたしは「ではなぜ、あなたは彼の前を行こうとするのですか」と再度尋ねました。彼女は笑みをたたえて出ていきました。イエスに従うことの意味を理解したのです。

スラヴ民族の国々に、聖人になったヴァーツラフという裕福な王様についての物語があります。毎晩彼は召使を連れて、貧しい人びとに食料や衣類を配っていました。ある晩大雪のために、従者は雪の中を歩くのに一苦労していました。そこで王様は彼に「わたしの足跡を歩きなさい」と言いましたので、召使いは王様の残された雪の中の足跡に自分の足を入れ始めました。すると彼の体じゅうに暖かさが流れ、歩くのがずっと楽になりました。ですから、わたしたちもイエスの足跡に従いましょう。そうすればつまずくことは絶対にないでしょう。

何も、だれも

「何も、だれも」は、分かたれない愛に与えることができる最上の表現です。結婚の誓約においても同じことです。何かが、あるいはだれかが介入すれば、その時点で愛は分割され、それによってできた空間は、他のもので埋められなければなりません。イエスがある聖人に言われたのですが、「あなたに対するわたしの愛は冗談ではない。」全世界のまえで、わたしたちはなんと宣言しているのですか？「わたしは分かたれない愛をもって神を愛することを選びました」と。この「何も、だれも」はわたしの心を清純に、貞潔に保ち、キリストを自由に愛させているのです。結婚においてこの「何も、だれも」が相互愛の実り、すなわち子どもをもたらすのであり、わたしたちにとってキリストへの愛は、第四の誓願をもたらします。姉妹の皆さん、それは簡単に破ることのできない神聖な奉献なのです。

何もわたしを彼から引き離すことはできない

キリストに対するこの愛の誓願は、貧しい人、死に向かう人、重い皮膚病の患者への奉仕によって、生きた行動となります。わたしはイエスのものであり、何もわたしを彼から引き離すことはありません。姉妹の皆さん、四つの誓願[70]はともにあってまったく完璧なものであって、その一つを破って他の三つを守るということはできません。その一つを破るならば、他の三つをも破ることになります。ですから今日、自分たちを振り返ってみてください。あなたのキリストへの愛着はどんなだったでしょうか。キリストとの一体感はどんなだったでしょうか。あなたがたの目は非常に清純で、キリストを目の当たりにしていたでしょうか。傲慢や冷酷さ、不純なものである短気や不快な態度が、目を曇らせていなかったでしょうか。

イエスのものであること

わたしは自分を何に縛りつけているのでしょうか、誓願によって、わたしは何を神にささげているのでしょうか。誓願は一種の拘束です。わたしは分かたれない愛によって、自分を神に結びつけているのです。わたしは全能の神に向かって「わたしはすべての人を愛することができます。でも、特にわたしが愛する唯一のかたはあなたです」と言うのです。

分かたれない愛をもってイエスを愛することができるために、自由になりたいと思います。イエスからわたしを引き離すものは、何ももちたくありません。清貧の誓願は、この自由を与えます。イエスは、このようにしてわたしたちを愛することができました。富んでおられたのに、わたしたちへの愛のために貧しくなられました。わたしたちも同じです。わたしたちも富んでいました、金銭的にではなかったかもしれませんが、家族の愛、自分の部屋、着たいと思う衣服などによって。

もし、わたしがほんとうにイエスのものであるならば、分かたれない愛をもって、ほんとうにイエスを愛するならば、必然的に従順になります。「両親に仕えてお暮らしになった。(71)」彼は鞭打《むち》たれることも、唾を吐かれることも受け入れられました。わたしは自分の心を調べなければなりません。わたしはほんとうに分かたれない心でイエスを愛しているでしょうか。そして、わたしがイエスを愛しているからといって、「わたしはイエスを愛しています、わたしはイエスを愛しています」と言いふらしたりしません。それは愚かです。しかし、哀れな人を見たら、カリガートへ連れていき、その貧しい人に愛を注ぎます。――第四の誓願です。他の三つの誓願は、みな愛徳の誓願に結びついています。第四の誓願は、姉妹に対しても実践できます。イエスを愛しているので、姉妹にも愛を注ぐのです。

奉献のしるし

名前を放棄することは、自己滅却の内的しるしです——その人がすでに存在しないことを意味します。聖パウロが言うように、「生きているのは、もはやわたしではありません。キリストがわたしの内に生きておられるのです。」[72] パウロもまた自分の名前を変えました。彼はサウロでしたが、今パウロとなっています。ペトロも名前を変えました。

*

髪を切ることもまた、世間との別離、奉献者のもう一つのしるしです。世の中の人びとは、自分の髪を切りません。長ければ長いほど、美しさが増すのです。それは女性にとって、神の創造物です。

白いサリー

ベンガルには次の習慣があります。主人が亡くなると、その女性は髪をそり、白いサリーを着るのです。わたしがこの会を始めたとき、姉妹たちのために白いサリーを望みました。外部の人びとは、「白いサリーを着ないといいのだけれど。寡婦だと思われるから」とささやいていました。イエスと結婚したのですから、わたしたちは大いに生きています。彼もまた生きています。

なぜ彼はわたしを召されたのでしょうか

ローマの修練院には、非常に大きく美しいぶどうの木があります。大きく広がってその場を覆っています。わたしは修練生に、「今日わたしは講話をしませんが、聖書を取ってヨハネ十五章を読み、それぞれ黙想をしてください」と言いました。彼女たちはめいめいぶどうの木の下に座り、その箇所を読んだり、感じたり、木に触れたり、繰り返し福音を読んだり、木を見上げたりしていました。このことが姉妹たちに与えた結果は不思議でした。それぞれが異なったものを感じていたのです。ある姉妹は「マザー、ぶどうの実で幹になるのは一つもなく、すべては枝に実っていました。枝にはたくさんの実がなっていましたが、幹にはまったく実がありませんでした。わたしたちの生活と深く結びついていますね。わたしたちは枝であり、その枝が実を結ぶはずなのですね」と言いにきました。彼女のほうがわたしに講話をしてくれました。イエスの愛であるわたしたちは、姉妹たちにも共に働く人たちにも、共感と愛と関心の実を結ばなければなりません。もう一人の修練生がやって来て、次のように言いました。「マザー、わたしは枝が四つのコブで幹につながっているのを見て、四つの誓願を思い起こしました。わたしたちの生活は何とむすびついているのでしょう。」それぞれの姉妹が自分たちの体験を語りにやって来て、修道生活においてキリストにつながり、実を結ぶ美しい枝にならなければならないことを確認しました。誓願宣立は誓うこと、自分が奉献された存在であることを宣言する意味があります。わたしは誓願を宣立するとき、自分がイエスのものであることを宣言するのです。イエスが呼びかけられ、それは個人的呼びかけです。イエスは、わたしたちをグループとして同時に呼ばれたのではなく、一人ひとりを別々に呼ばれました。世界中には、何千という少女たちがいます。では、どうしてあなたやわたしが呼ばれたのでしょうか。それに答えることはできません。イエスは、どのようにわたしを呼ばれたのでしょうか、イエスは、いつわたしを召されたのだろうか、イエスは、なぜわたしを呼ばれたのだろうか、とご聖体の前でこれを見極めることは有益です。

永遠に続く愛

姉妹の皆さん、神がわたしたち一人ひとりにとても忙しく、一人ひとりに心をとらわれておられるので、わたしたちを個人的に召されたことを考えてごらんなさい。だれか他の人を遣わされたのでなく、わたしを個人的に呼ばれたのです。神は「わたしは、とこしえの愛をもってあなたを愛した(73)」と言われました。神が永遠から、わたしのことを脳裏に入れられていたのを考えてごらんなさい。世界中に何万という人がいる中で、神はこのわたしを、村から、あるいは町から、あるいは国から、個人的に呼んでくださったのです。

神はわたしを個人的に選ばれた

神は、わたしたちを個人的に知っておられます。「あなたがたの髪の毛までも一本残らず数えられている(74)」と福音に書かれています。わたしは自分の髪の毛が何本あるか知りませんが、神はご存じです。神は、わたしもあなたがたも呼ばれ、あなたがたもわたしも選ばれ、あなたがたもわたしをも個人として保ってくださいました。だからこそ、あなたがたが姉妹たちに対し、人びとに対して荒々しかったり、不親切であったり、酷《ひど》かったりするなら、わたしたちの名前にふさわしくないのです。あなたがたが不親切に対応する姉妹たちも、キリストによって個人的に選ばれているのです。

愛の誓約

わたしたち修道者は「専門家」としてではなく、イエスだけを愛するために誓約をするのです。

愛徳――わたしはイエスのものですから、分かたれない愛です。
清貧――自由。わたしと彼の間に富が入り込むことがあります。もしわたしが富んでいたら、わたしの心は清くありません。わたしは神を見ることができず、わたしは神に属することができません。
従順――ゆだね。わたしは彼のものです。彼はお望みのままに、わたしを使うことがおできになります。貧しい人に全身全霊をあげて尽くす無償の奉仕。もし何かがわたしのものであるなら、お望みのままにどうにでも。これがキリストのものであるということです。

これがあなたがたの精神において明白でなければなりません、2+2=4とするのと同じ確信です。だれがなんと言おうと、それを変えることはできません。わたしはイエスのものであること、イエスはお望みのままにわたしになんでもなさることがおできになります。その仕事は、わたしたちの召命ではありません、仕事は召命ではありません。わたしたちの召命は、わたしたちが彼のものであることです。わたしたちの専門職は、彼のものであることです。ですから、わたしはなんでもする用意があります。洗濯でも、汚れ落としでも、なんでも、子を生む母親のように。その子は母親のものです。洗濯も、夜中に起きることも、その他すべては、その子が母親のものであることを証ししています。母親は他人の子にそのようにしないかもしれませんが、自分の子のためには、汚れた物の洗濯でも、すべてを行います。わたしがイエスのものであれば、イエスのためになんでもするのです。

今日は、こうしたことすべてについて黙想しなさい。イエスに対するわたしの態度はどうでしょうか。わたしは、キリストに対して生き生きした愛をもっているでしょうか。

イエスの愛にとらわれて

神は、あなたがた一人ひとりを名指しで呼ばれました。それぞれの特殊な個性と欠点をもった一人ひとりを集められたのは、神のご計画の一部であり、神の無限の慈しみの一部です。わたしたちは、お互いを必要とします。

彼がわたしたちを選ばれたのであり、わたしたちが彼を選んだのではありません。(75) しかし、わたしたちは、この会が神のために美しいものになるように、応えなければならないのです。そのために、できるかぎりをささげなければなりません。イエスにしがみつかなければなりません。イエスにしがみつき、どんなことがあっても放してはなりません。イエスの愛に夢中でなければなりません。

福音の中にある若い大金持ちのようにならないでください。イエスは彼をごらんになり、彼を愛され、彼を望まれましたが、彼の心は財産にとらえられていました。彼は、資産家で若くて有能でした。(76)イエスは、彼の心の欲望を満たすことはできませんでした。反対にザアカイのようになりなさい。彼は背の低い人で、彼自身そのことを知っていました。それを知っていた彼は、イエスを見るために、非常に単純な方法を取ります。木に登ったのです。もし彼が心を開いてそのように単純な行為におよばなかったなら、イエスがその愛を示し、「ザアカイ、急いで下りてきなさい(77)」と言われなかったでしょう。ここにこそ、すべての基礎があります。「わたしは柔和で謙遜な者だから、わたしに倣いなさい。(78)」小さい者でありなさい。姉妹の一人があなたを叱ったり、怒ったり、あなたを愛していないとき、一瞬とまって「わたしが悪いのだろうか」と考えてみてください。もしそうならば、「ごめんなさい」と言ってください、それは神への美しいささげ物です。もしそうでないなら、そのつらさをささげなさい。あなたにできるそれほど美しい犠牲はありません。主と共にそれを分かち合いなさい。主は、たびたび人からベルゼブル(79)とか、悪魔とか、うそつきと呼ばれましたが、それに対してひと言もいわれませんでした。そして、彼は神の御子だったのです。

　彼と一つに結ばれていなさい、彼と一致していなさい、それによってだれも、何事も、絶対にわたしたちをキリストの愛から引き離すことができないためです。彼はわたしのものであり、わたしは彼のものです。それほど単純なことなのです。大きなほほえみをもってキリストがくださるすべてのものを受け入れ、彼がおとりになるものすべてをささげなければなりません。でも、わたしたちはそれを忘れるのです。手も顔も変貌した重い皮膚病の患者を愛しますが、姉妹が傲慢であったり、短気であったりすると、そのような見苦しい外見の中にある人こそキリストであることを忘れてしまうのです。キリストに対する分かたれない愛をもたずに、嫌悪をもよおす外見によって、悪魔にわたしたちをいざなわせるのです。わたしたちは、聖なる者でなければなりません。姉妹たちの中に、貧しい人びとの中にキリストを見ることができなければなりません。

規則はわたしたちを高めるためのもの

　規則はわたしたちを抑えるのではなく、高めるものであり、わたしたちの生活を神の御目に美しいものとするのを助けるものです。この理由のために、わたしは喜んで規則を受け入れます。

キリストは彼に奉仕するよう、わたしたちを強制することはなさいません。「あなたがたは、わたしを愛しているならば、わたしのおきてを守る。[80]」

イエスは、わたしたちが聖なる者であることを望まれる

イエスは、わたしたちが聖なる者であることを望まれます。聖性というのは、何も特別なことではありませんし、さらに神に生涯をささげた修道者にとっては、まったく当たりまえのことです。愛の対象であるイエスが聖なるかたですから、修道者が聖であり清くあることは、当然の生活形態です。「あなたがたの父が完全であられるように、あなたがたも完全な者となりなさい[81]」と福音は述べています。祈ることも、神のためにすべてをささげて生きることも、神に自分をささげる誓願を立てた者にとって、まったく特別なことではありません。誓願は一種の礼拝ですから、聖性というのはわたしたちにとっては義務でもあり、当たりまえのことです。そこにぜいたくはありません。キリストの浄配となった者は、夫や子どもたちの世話をする結婚した女性と同様です。もし自分の心を完全にイエスにささげているならば、わたしたちは聖なる者でなければなりません。もしだれか他の人がこれとまったく反対のことを言うならば、その人があなたがたを欺こうとしていることは確かです。聖性についてのごまかしは、決して、決してあり得ません。

聖性は冗談事ではありません。「イエスの愛は冗談事ではない」というのをある本の中で読んだことがあります。十字架上でのご死去は冗談ではありません。イエスはわたしを愛し、わたしのためにご自身をささげられたのです[82]。わたしはイエスを愛していますから、イエスに自分をささげるのです。ですから聖性について決してふざけたりしてはなりません。「わたしは聖人になる必要はない」などと言うことは、常軌を逸しています。わたしはイエスのものであり、生涯をイエスにささげたのですから、聖なる者になるべきです。わたしは、ほんとうに聖なる者になりたいと思っているか、あなたがたの心の中に、この燃えるような望みがあるかどうか調べてください。聖母マリアが、イエスを他の人びとのもとに連れていかれたように、どのようにイエスを受け、他の人びとにもたらしたらよいかを理解させてくださるよう、聖母に願いなさい。

修道生活

わたしたちが修道者であるということは、大きな特権です。どうしてわたしたちがそうであって他の人たちではないのでしょう？　わたしはたびたび自分に言うのですが、二十年間ロレット会のシスターでしたが、他にも大勢のシスターたちがいるのに、神はなぜ最も愚かな者、最も頼りにならない者、最も無に等しい者をお選びになったのでしょうか。神は他の人をお選びになることができたはずです。これが神の愛の神秘であり、これが特権なのです。そしてわたしたちがイエスに近づけば近づくほど、イエスがわたしたちに何をなさったかを、よりいっそう知ることができるのです。わたしたちは度重ねて、イエスの愛を理解せず、ただ、あなたを愛します、あなたを愛します、といい続けるのです。そうではなく、イエスにわたしたちを愛していただくのです。イエスにわたしたちの存在を楽しんでいただくのです、というのは、イエスはわたしたちを愛され、わたしたちと共にあることを愛され、わたしたちの完全な委託をお望みだからです。イエスは愛に満ちたわたしたちの信頼と、イエスのものであるというわたしたちの喜びを、望まれるのです。わたしたちは強制されたのではありません。今年この修道会は、四十四人の姉妹たちが最終誓願を宣立し、八十一人の修練生たちが初誓願を立てたのですが、その前晩に、わたしは彼女たちにこう申しました。「もし、あなたがたが分かたれない愛でキリストを愛することができないと思うなら、もし従順に対して自分を完全に任せることができないと思うなら、あなたがたが喜んでここへ来たように、あなたがたが喜んで帰宅できるよう手伝いましょう。誓願を立てないでください。キリストを欺かないでください。」

ご聖体の前で、一人ひとりがこの点について自分を調べることは、すばらしいことです。わたしはほんとうに、全面的に彼のものになりたいと思っているでしょうか。その完全委託の修道生活を生きるために人間的手段を使うことを受諾しますか。完全な委託がないかぎり、主との一致を体験することはできません。一人の姉妹とキリストとの愛を説明するとき、わたしはいつも結婚生活における夫と妻の関係を使います。福音を読むと、女性と男性はすべてを放棄してお互いを求め合い[83]、その相愛が家庭と子どもを創ります。彼らの愛の結実、相愛の実りは一体となることであり、わたしたちにとっても同じことです。わたしたちが誓願を立てるとき、貞潔と従順の誓願を立てるとき、わたしたちはキリストを求め、イエスとわたしは一つになり、この一体の結実は、教会によってわたしたちに託された仕事であり、だからこそ、わたしたちの生活は、完全に教会の中に織り込まれていなければならないのです。ただそこにおかれただけでなく、教会のものなのです。そして、教会は母なる教会と呼ばれていますから、その優しいケアを見て、生活の中でその現存を感じなければなりません。わたしたちは単に放置されるわけではありません。寂しいと感じたりしてはなりません。というのは、わたしたちにとってつねにだれかがいて、そのだれかは、つねに現存されるイエスだからです。わたしの内にとどまりなさい。わたしもあなたの内にとどまる[84]、とイエスは言われました。

あなたがたの読んだ聖書のように、大河の中を通っても、あなたは押し流されない。どんな誘惑があっても、どんな困難が襲っても、あなたは押し流されない。炎はあなたに燃えつかない[85]。仕事上、恐ろしいことが起こるかもしれない、しかし火はあなたを焼かない。あなたはイエスにとって大切ですから。わたしたちは彼にとって大切なのです、でもそのことを忘れてしまうのです。会の中で自分たちは単なる一人の存在だと思ってしまうのです。わたしたちは、神にとって大切な存在であり、神はそれぞれの名前で呼んでくださったのです。わたしたちは心も体も真に神のものであり、神にはわたしたちを使われる権利があります。貞潔の誓願は、神が人間に与えられる最大の賜物《たまもの》であり、従順の誓願も同様です。心配する必要はありません。わたしは過去数年間ほど、無条件で従順したことはありません。行かなければならないときは、すべてをおいて出かけます。自分があちこちに行くことで引き裂かれてしまう、と教皇様に申し上げました。わたしは姉妹たちを愛し、姉妹たちと共にいたいこと、貧しい人びとを愛し、重い皮膚病の人と共にいたいこと、死に向かう人びとと共にいたいのに、ローマへ来なければならないことなど。これらは確かに分別のない従順に見えますが、このような委託、教皇に対する従順、教会に対する従順こそが、恩恵を与えるのだと感じています。これはわたしたちが修道者として祈り求め、自問しなければならないこと、すなわち、神がわたしを自由にお使いになれるように、わたしはまったく自由に神のものであるかどうか。

イエスのものとなるために奉献されて

姉妹たちはその愛する喜びをどこで得るのでしょうか。召命への忠実であり、教会から与えられた奉献であり、奉献されるようわたしたちを受け入れた教会であり、この奉献を実生活の中で生きることにおいてです。というのは、わたしたちの召命は、貧しい人に奉仕することではないからです。あなたがたの召命は、病院で患者の世話をすることでもなく、教えることでもありません。わたしたちの召命は、だれも何もわたしたちをキリストの愛から切り離さないという確信をもって、イエスのものとなることであり、だからこそ、従順による完全な委託を必要とするのです。教会は、神のものとなるという、この賜物《たまもの》をわたしたちに与え、わたしたち自身とその奉献と生活を受け入れました。したがってそのことは、わたしたちが召し出しとは何であるか、従順をとおして託された仕事とは何か、委託とは何か、そしてそれらが実生活におけるイエスへの愛であることを理解するとき、初めてわかるようになります。そしてそのときこそ、あなたがたもわたしもイエスに直面して、イエスに自分をまったく委ねるのです。

女性の司祭職

神に生涯をまったく奉献したわたしたち修道女は、今日、人びとのために祈りましょう。わたしたちがイエスのように聖なる者となり、人びとがその聖性のうちに成長するのを助けることができるよう、よりいっそうマリアの謙虚さに倣いましょう。聖母があれほど聖であり、恵みに満ちていて、神に満たされていながら、「わたしは主のはしためです」と言われたのをごらんなさい。

＊

あるとき、何人かの人がわたしたちの家に来て、女性が司祭になることについて尋ねました。わたしは、聖母以上に優れた司祭はいないでしょうが、彼女は主のはしためとしてとどまりました、と答えました。翌朝あらゆる新聞に「女性はよりよい司祭になり得る、とマザーテレサが言った」と報じられたのです。神に感謝！　というのは、大勢の人がその記事を取り上げて、内容が間違っていたこと、実際はマリアの謙遜、マリアの美しさと清さをたたえることの喜びであった、と訂正したのです。まさにそのとおりです。マリアはすべてをイエスにささげられました。だからこそ、司祭である皆さん、マリアにしがみつき、マリアを愛しなさい。マリアはあなたがたに対して真の母となられるでしょう。彼女はあなたがたを助け、指導し、現代世界にあって、わたしたちすべてを取り巻く多くの困難や誘惑から守ってくださるでしょう。

わたしたち女性は、世の中にあってすばらしいこと、わたしたちの存在と活動と愛によって、イエスを与えるという役割をもっています。それは神がわたしたちの心に、愛し、愛されるという特別なものを与えられたからです。ですから、貞潔を清く、清純を混じり気なく、処女性を無傷で保ちましょう。わたしたちを神から引き離すものから、解放されましょう。そのために、清貧——自由があるのです。わたしたちが貧しい人を理解するためには、貧しさを知らなければなりません。貧しい人びとを理解し、彼らの苦しみを理解するために、貧しさを知る必要があります。

二つの大きな賜物《たまもの》

ご死去の前晩、イエスは二つの大きな賜物を与えられました。すなわち、ご聖体において彼ご自身を与え、それによって彼の生きた現存を継続するために司祭職を与えられました。司祭がいなければ、イエスの現存もありません。司祭が存在しなければ罪のゆるしもありません。司祭が存在しなければ、聖体拝領をすることができません。司祭職への召命に匹敵できるものはありません。それは祭壇において、告解場で、そして他の秘跡において、イエスが「わたしは」と言われた、その同じ言葉で司祭職を果たすことです。イエスの立場において、イエスの名において、イエスの言葉を唱え、イエスの動作をし、罪をゆるし、ただのパンとぶどう酒をイエスの御体と御血に変化させるために、司祭はいかに完璧に、イエスと一致していなければならないことでしょう。司祭は心の静謐《せいひつ》において初めて神のみ言葉を聴き、全霊を込めて、「わたしはあなたの罪をゆるします」、「これはわたしの体」と言うことができます。話すこと、「これはわたしの体」という言葉を発してパンを生きたイエスに変えることのためには、司祭の口はどれほど清く、心はどれほど純粋でなければならないことでしょう。司祭の手はどんなに清くなければならないでしょう、イエスの貴い御血を掲げる司祭の手は、どんなに完全にイエスの御手になっていなければならないでしょうか。罪に覆われて告解場に来た人がそこを去るとき、その人は罪のない人になるのです。「わたしはあなたの罪をゆるします」という言葉を唱え、罪を取り除くとき、司祭はどんなに聖でなければならないでしょうか。

平和を与える

わたしは死に向かう人びとのホームで、人びとが神との和解による平和を受けるのを、何回も見てきました。前回ニューヨークへ行ったとき、そこにあるエイズ患者のホームで、一人の若い青年から電話を受けました。「マザーテレサ、わたしはこの病気にかかっていると思うのです。医者のところへ行きますが、もしわたしが感染していると言われたら、あなたの施設に来て、あなたのもとで死にたい」と言うのです。そこでわたしは「OK、お待ちします」と答えました。翌日、彼は再び電話で、エイズに感染していることを告げました。「すぐにいらっしゃい。喜んで受け入れますから、ぜひいらっしゃい」と答えました。次の日、彼はやって来ましたが、だれかに望まれていたという事実、神との和解ができるという思い、そこに司祭がいてゆるしを与え、イエスとの平和を与えられるという思いで、彼の顔は喜びにあふれていました。彼はホームに二週間もいませんでしたが、わたしたちは彼の死の準備をし、ほんとうに美しい死を迎えました。司祭がこの男性に与えた喜びと平和、他のだれもそれを与えることはできません。青年は聖なる死を迎えることができましたが、それは彼の心が、まったく汚れなく清純であったからです。わたしたちはこうしたホームで、人びとが神と直面する、神を目の当たりにするという、まことにすばらしい出来事に出合うのです。

イエスを与える

わたしたちが命を得るようにと、イエスはご自分を命のパンとされました。(86) あなたがたもわたしもイエスをいただき、彼と共に生き、心のうちにイエスを保つことができるよう、イエスはご自分をパンとされたのです。ですから日中何回も、「わたしの心の内においでになるイエスよ、あなたの優しい愛を信じ、あなたを愛します」と繰り返すこと、そして世界中でささげられるミサ聖祭に一致して、自分の心をささげることがとても大切なのです。司祭が存在することは、なんとすばらしい神からの賜物《たまもの》でしょう！　さらにイエスを運び、イエスを与えることは、なんとすばらしく、重い責任でしょう！　わたしたちがロシアに入国することをゆるされたとき、ある大病院の責任者であった医師がわたしたちを受け入れ、そこに三つの部屋を提供してくれました。わたしたちはそこでトイレの掃除から働き始めましたが、それがわたしたちの最初の使徒職でした。そしてあらゆるところで、目立たない小さな仕事をしましたが、ある夕方、司祭が来訪し、わたしたちの小さなチャペルにご聖体を運んで来られました。小さな聖櫃《せいひつ》があり、ミサがささげられ、わたしたちがイエスを拝領しますと、すべてのようすが変わりました。それ以後、場所全体が確かに変わりました。週に一回、わたしたちの小さなチャペルでミサがささげられましたが、しばらくして責任者のドクターが来られ、「マザーテレサ、この病院で何が起こっているのでしょうか?」と言われましたので「さあ、存じません。何かあったのですか」と言いました。「何かわかりませんが、看護師たちも医師たちも患者たちに対して以前よりずっと優しく、愛に満ちているのです。患者たちも、以前のように痛みによる叫び声をあげていないのです。どうしたのでしょう?　シスターたちは何かしているのですか?」それでわたしは「ドクター、何が起こっているかおわかりですか?　今この家にイエスがおられます。あの小さなチャペルに。彼は生きておられ、愛され、そこにおられ、彼がその原因なのです。彼はこの喜び、この平和、この愛の与え主です」と答えました。「ありがとう」と彼は頭をさげて立ち去りました。七十年の時を経て、この病院にイエスの現存を感じることは、すばらしいことでした。その現存は感じられたのです。わたしたちにイエスを与えてくださった司祭のお陰で、すべての人がその小さなチャペルに、だれかがいると知っていたのです。そしてそのことが、この病院に大きな変化をもたらしたのです。

司祭職

あなたがたがここでされた決心、マリアと共に、聖性の生きた現実の中で成長すること、そしてその言葉に忠実であるように、わたしはあなたがたのために祈ります。イエスのみ心に沿った司祭になりたいという望みを、神に対する栄光の言葉としておささげしなさい。そしてわたしは、あなたがたが接するすべての人が目を上げてあなたがたを見るとき、あなたがたの内にイエスだけを見るように祈ります。そしてあなたがたがすることすべて——あなたがたは神のみ言葉を語らなければならないのですが、言葉によるだけではなく、あなたの存在により、人びとの心に触れることにより、秘跡を授けるしぐさにより、何時間も続く告解場での優しさと愛により——むずかしいでしょうが、それこそイエスがご苦難においてなされたことであり、今、それがあなたがたの番になっているのです。だからこそ、あなたがたは、もう一人のキリストです。今日特別なあり方で聖母に願い、わたしたちが御子を愛すること、イエスがお使いになるために、生涯を余すところなく奉献することを聖母に約束しましょう。イエスがあなたがたに相談されずにあなたがたをお使いになれるよう、聖母にお頼みしましょう。あなたがたがその理由を知らなくても、あなたがたはイエスのものですから、イエスがあなたがたを自由にお使いになれますように。あなたがたは彼のものであり、彼だけのものです。ニューマン枢機卿の祈りがあなたがたのうちに生き、あなたがたをとおして、あなたがたが奉仕する人びとのうちに生きたものとなりますように！

清貧は自由でもある

聖なる人になりたいなら、貧しくなりなさい。イエスはわたしたちを救うために貧しくなられ、もしわたしたちがキリストのように貧しくなりたいなら、わたしたちはほんとうに貧しく、霊的にも貧しくならなければなりません。

スーツケースと靴

わたしは旅行するとき、所持品を段ボール箱に入れて出かけます。すると人びとがスーツケースをもってくるので、「この箱で大丈夫です。困ることはありません」と申します。わたしにとって、スーツケースをもつことが間違っているわけではありませんが、もたないことを選んでいるのです。あなたがたは相手が院長であっても、選択する勇気をもたなければなりません。別のとき、ある人がわたしの履き古した靴を取り替えたくて、「マザー、三百ドル差し上げますから、その古い靴をください」と言いました。「三百ドル？　そのお金を貧しい人のためにください。でも、この靴は差し上げません。」

万年筆

兄が亡くなるまえのことを覚えています。兄は一度も、わたしに何かをプレゼントしてくれることはありませんでしたし、わたしも兄に何かをあげたことはありませんでした。そのときは何が起こったのか知りませんが、兄が出かけていって、とても美しい万年筆を買い、それをわたしに使ってほしいと言いました。不思議なことですが、ちょうどそのとき一人の女性が現れ、なんの条件もなしに、わたしに別の二本の万年筆をくださいました。兄がプレゼントしてくれた万年筆は、わたしの個人的用途のためでしたから、それは受け取らず、その女性がくださったものは、貧しい人にあげるため受けました。これを見たときの兄の喜びの表情を、なんと言い表したらよいでしょう。兄は二週間のうちに死を迎えることを知っていましたが、わたしのした行為に誇りを感じたようです。人びとは、わたしたちが清貧の誓願を誠実に守ることを期待しているのです。わたしたちは、自由でなければなりません。聖イグナチオには「清貧を母のように愛する」という美しい表現があります。

キリストに倣う

わたしたちにとって、清貧の誓願を実行するだけでは十分でありません。キリストに倣うことにおいて、清貧の徳の実践に対する愛のうちに示される真の清貧の精神を得るよう、努力しなければなりません。わたしたちの間で住むために地上に来られたキリストが、ご生涯の同伴者として清貧を選ばれたことに倣うためです。キリストが清貧の生活を送る必要はありませんでした。彼はわたしたちの救済のみ業《わざ》のために来られたのに、貧しくなり、貧しい人を愛することを選ばれました。こうしてキリストは、わたしたちの聖化のための仕事において、貧しさがいかに大切であるかを教えておられるのです。

イエスの貧しさ

イエスはお生まれになったとき、あまりにも小さく無力でした。彼は王宮で生まれることも、普通の家庭で生まれることもできたのに、実際は、窓もなく、空気もかよわない馬小屋でした(87)。彼は動物たちと一緒でした。マリアの信仰は、すべてを受け入れるほど強靭《きょうじん》だったのでしょう。

イエスは神の御子です。そしてそのイエスは、福音（よい知らせ）を貧しい人たちに告げなければなりませんでした。[88] よい知らせとは、なんでしょうか。それは神がわたしたちを愛し、神が愛されるように、わたしたちが互いに愛し合わなければならないということです。ですから貧しさは愛徳と非常に密接につながっています。それ以前、人びとは神を恐れていました。詩編のいくつかを読むと、人びとがいかに神を恐れていたかがわかります。そのような状態の中で、善にあふれるイエスが到来されたのですが、だれであっても彼を葬り去ることができたはずです、イエスはそれほど貧しかったのです。

キリストの貧しさ

神の御目には最富豪の人さえも、貧しい存在にすぎません。時を経て、今、ＭＣ（神の愛の宣教者会）が存在します。おそらくわたしたちは入会まえ、すべてをお金で買うことができたかもしれませんが、すべてを放棄しました。貧しさからくるあらゆる困難と欠乏は、わたしたちの選択によるのです。それなのに、なぜ貧しさからくる恵みに、わたしたちは抵抗するのでしょうか。キリストと教皇と人びとがわたしたちの清貧を見たら、なんと言われるでしょうか。「おお、キリストはナザレの大工ではないですか。[89]」貧しさは生活の中での現実でなければなりません。わたしはそれを望まなければならず、その選択をするたびに、キリストと共にそれを選ぶのです。わたしがそれを望むのですから、それを愛することになります。知識は愛に導きます。わたしたちは、清貧を与えられたものとして愛しているでしょうか。自由意志による清貧は、物の使用許可によるのではなく、真に心の貧しさであって、キリストの貧しさを選択することです。

キリストは富んでおられたのに、ご自分を無にされました[90]。ここに一種の矛盾があるのです。もしわたしが、富んでおられたのに貧しくなられ、放棄し、与えられたキリストのように貧しくなりたいなら、同じようにしなければなりません。現代人は、貧しくなって貧しい人びとと共に暮らすことを望みますが、経済価値のあるものを自由に使いたいと思っています。これが富なのです。彼らは貧しさと富の双方を望むのですが、両方をもつことはできません。これはもう一つの矛盾です。

＊

清貧の誓願の実践とはなんでしょうか。それは一つの徳であって、キリストがご自分で選ばれた貧しい生活に倣うことを、愛することです。その理由のために、わたしたちの修道生活が真の貧しさを実践する機会を与えるとき、喜ぶよう奨励するのです。清貧の徳は、個人的であれ共同体のためであれ、使用するために修道会が与えるすべての物について、大事に扱うよう自分たちの考え方から脱却させます。聖イグナチオは清貧を、自分の母のように優しく、心を込めて愛するようにと述べています。

清貧の誓願

わたしたちは強いられてではなく、神に対する愛によって、清貧の誓願を立てます。わたしは神への愛のために、自分がもっている金銭的価値のあるすべてのものを放棄します。わたしは許可なしに、物を保持したり、与えたり、破壊したりすることができません。わたしの手に与えられたものを大事にしなければなりません。着ているサリーはわたしのものではなく、ある期間わたしが使うために与えられたものです。院長は、わたしからすべての物を取り上げる権利があります。もちろん、そのようなことはしませんが、彼女には、その権利があります。神に対する純粋な愛から、好き勝手に物を使う自由をささげます。許可を願わなければなりません。よい物が与えられないときに不平を言うことは、的外れです。ときどき姉妹たちは、食事がおいしくないとか、上手に調理されていないとか、不平を言うことがありますが、わたしたちは貧しくなりたかったのですから、ブルガーでも何でもいただきます。貧しくあることを喜ばなければなりません。自然的には好きでないかもしれない、好きになることはむずかしいかもしれない、しかし、超自然的にそれを好むのです。

清貧を愛さなければなりません。貧しくなり、物が不足し、修道院中で最低のものが与えられることを幸せとしなければなりません。わたしたちは、神への愛のためにすべてをささげたのです。神は物を美しく創られましたが、わたしたちはそれをささげたのです。他の修道会の姉妹たちが、よい物を使うことによって、生産者たちに利潤を与えるのだと言っていましたが、そのことは、わたしたちには当てはまりません。ロレット会の姉妹たちにとってそのように理解すること、あるいは他の修道会が美しい病院をもつことは正しいことです。彼女たちが、ニルマル・ヒルダイでのように働くことはできません。彼女たちには、それらのものが必要です。しかし、わたしたちは別の生き方をしなければなりません。そうしないと、人びとを理解することはできません。今、スラムで、わたしたちは食事も衣服も彼らと同じものを食べ、同じような物を着ているといえます。扇風機はありません、もつことはできますが、わたしたちはそれを望みません。それは人びとがどのように感じているかを、自分たちも感じることができるためです。なぜ、それほど厳格に貧しくなろうとしているのでしょうか。貧しい人びとを愛さないなら、彼らに奉仕することはできません。わたしは彼らを愛し、わたしの愛を彼らに与えたいのです。神への愛のために、自分のことは放棄するのです。だれからも強いられず、自分がそれを望むのです。「わたしがそれを望むのです」と言うたびに、わたしはそれを神への愛のために果たします。こうして志願期、修練期、修学期、終生誓願期から死にいたるまで、この愛に成長していきます。

清貧はまた、許可を得ること、物を大切にすること、衣服を適切に補修することを意味します。

マザー[91]もわたしたちも皆、清貧の生活を十全に生きる同じ特権をもっているのです。わたしはイエスへの愛のために、貧しさを愛することができるよう、ナザレの生活を生きたいと思っています。貧しさに寄りすがりなさい。それが神への愛を示す最上の方法です。イエズス会士たちはローマでの総会で、「イエズス会を、貧しい人びとの中で最も貧しいものにしなければならない」と述べています。清貧は特権です。ヴェネズエラの姉妹たちは、最初にもっていたよい物をすべて他の人に与えたことを、喜んでいます。清貧を愛さなければなりません。

もたないための勇気

わたしは物をもつことができますが、もたないことを選ぶのです。そしてわたしたちは皆、所有することが好きですから、「もたないことを選ぶ」ためには、多くの勇気が必要です。イエスとの愛が強くなればなるほど貧しさを深く愛し、貧しさへの愛が強くなればなるほど、自由、心の自由、すべての物からの自由を知るようになります。この修道会においては、それ以上のこと、貧しい人びとの中で最も貧しい人、望まれない人、愛されない人、疎外された人に自分を完全にささげることが求められます。イエスを愛する喜びからわたしたちを引き離す、すべての物質的なものからの自由です。あなたがたが自由になればなるほど、もっとキリストに似た者となり、キリストに似た者になればなるほど、もっと愛に強い者になります。貧しさは神からの賜物《たまもの》であって、聖母のご生涯を見ればそのことがわかり、イエスのご生活でもそのことがわかるでしょう。神の御子でありながら、イエスは貧しさの中でお生まれになり、宮殿でお生まれになることができたのに、極貧の場所でお生まれになりました。貧しさは天国への大きな引力ですから、そのことをはっきり示してくださるよう、聖母に願いましょう。

キリストの貧しさを実践する

わたしたちは衣服の修繕にあたって、遅すぎないうちに、できるだけきれいに繕うとき、清貧の徳を実践しています。破れた修道服やサリーで活動するのは、清貧のしるしではありません。わたしたちは物乞いの貧しさではなく、キリストの清貧を誓うことを覚えていなければなりません。またわたしたちの体が聖霊の神殿であることも思い起こし、その理由のために、つねに丁寧に修繕された衣服によって、身体に対する敬意を表さなければなりません。キリストが天に昇られて以来、地上でのお住まいとして選ばれた聖櫃《せいひつ》の扉に、汚れたり破れたりした生地を使うことなど、想像することもできません。同様に、聖霊の神殿であるわたしたちの身体を破れたり、汚れたり、だらしない衣服で覆うことが決してあってはなりません。継ぎの当たった衣服は、恥ずべきことではありません。アッシジの聖フランシスコについて言われていることですが、彼が亡くなったとき着ていた普段の修道服には、四十の継ぎが当たっていて、もとの生地はなくなっていたと言われています。

小さいことに誘惑される

お金は危険の一つです。お金は非常に大きな害をもたらし、苦しみの原因にもなり得ます。お金は、悪魔の手中にある危険な武器の一つです。そこでわたしの貧しさの感覚が働きます。自分を自由な者にしましょう。あなたがたは、自分に対して非常に厳しくあってください。悪魔は、あなたがたがゆるされていないことをするように、とは決して言ってきません。捕虜に対する厳しさではない厳しさの例を、姉妹たちに与えてみてください。「わたしは神に誓った」という態度です。わたしたちのだれ一人として、火を弄んで安全な者はいません。悪魔は決して大きなことではなく、小さなことによってあなたがたを誘惑します。もし悪魔がノーベル賞を受けるとしたら、それは忍耐によることになるでしょう。

いつも目覚めている

霊的清貧と呼ばれるもう一つの清貧があります。それは置かれた場所で、言われたことをする――ときには楽しい人と、（ときにはどこにでもいますが）、文化の違いや考え方の違いで、愛がなければ共にいることがむずかしい人と共にいること、これは非常に大切な清貧の実践です。わたしたちの修道会では、この種の清貧がもっともっと必要になります。つねに「これをしてもよろしいですか？」と言うことのできる本物の自由です。

わたしたちはこの短い言葉[92]を忘れかけていますが、この短い言葉が、会の清貧に大きな違いをもたらします。すなわち、わたしたちは何も所有しない、何ももたないと言いながら、キリストと共にいるのですから、すべてをもっているのです。わたしたちみんなにとって、あなたがたにも会にとっても、この世の富がわたしたちを窒息させないように、いつも目覚めていることが必要です。これはわたしがアメリカで感じることですが、インドでは、あなたがたが清貧を実践することは、はるかにやさしいと思います。しかし、ここにはすべての物があり、実践することがむずかしいかもしれません。物がないところでは、もっとやさしく実践できますが、物に囲まれているところでは、物はある、しかしわたしはそれを使わない、という勇気をもつことが大切です。

貧しさと選択

ある人が、インドの貧困はいつになったら解消されるのか、と尋ねましたので、あなたとわたしがその貧しい人びとと分かち合い始めるときでしょう、と答えました。わたしがもっていて、自分ひとりではもち切れないものは、もっていない兄弟姉妹に与えなければなりません。そしてその分かち合いは平和、喜び、愛をもたらします。堕胎さえも重大な貧困です、人びとはもう一人の子どもをもつことを恐れ、もう一人の子どもを養わなければならないことを恐れるので、その子どもは、死ななければならないのです。その原因は恐れです。インドやアフリカでは人びとが物質的貧困で苦しみますが、西欧やアメリカそして他の国々で多く見られるもう一つの種類の貧困は、心の貧しさ、精神の貧しさです。あまりにも物質に囲まれて満足できないゆえに、さらなる物に飢えているのです。また権力や物に対する、さらに深刻な貪欲があります。もう一つ、もう一つ、もう一つ、という傾向です。それを手に入れるためには何かを放棄しなければならず、その結果、子どもを放棄するのです。

あなたの自由を失ってはならない

　ある裕福な紳士がシシュ・ババンへやって来て、シスターたちが必要とするものをなんでも寄付すると言いました。彼は自家発電機を考えていたようですが、それは数千ドルかかりますから、わたしは彼に「ノー」と申しました。今日は発電機、明日は洗濯機……。わたしたちは必要でないものを拒否する勇気をもたなければなりません。本部修道院では、確かにたびたび停電が起こり、勉強している姉妹たちにとってはつらいことです。彼女たちは、テラスなど明るいところに出て勉学を続けます。そこでこの裕福な紳士は、停電しても光があるように発電機を提案したのです。そこでわたしは、「ありがとうございます。でも、わたしたちには必要ではないのです」と答えました。姉妹の皆さん、誤解しないでください。発電機をもつことは悪いことではありません。しかし、わたしはもたないことを選ばなければなりません。わたしは彼に「貧しく小さき姉妹会」にあげてください。彼女たちは大きな施設を経営していて、高齢者が突然の停電で暗闇の中、転んでしまう可能性があるからです」と申しました。そこで彼は発電機を彼女たちに贈りました。

　二週間後に彼は戻ってきて、次のように言いました。「マザー、あなたが拒否したことによって、わたしの生活はまったく変わりました。以前わたしは、いかにしてもっともっとお金を稼ぐかということを考えていましたが、今わたしは与えることを考えています。」

姉妹の皆さん、確信をもって、最も貧しい方法に固執しなければなりません。こうしたすべての物が皆さんの周りにあり、姉妹たちは、清貧の喜びと素朴さを失ってしまいました。彼女たちはこれらの物品にしっかり束縛されて、動けなくなっています。すべてをもたなければならない、もっと多くを、もっと多くを。こうしてあなたがたは清貧の自由を失うでしょう。あなたがたがすべての人から愛情を求めているなら、それもある種の富です。あなたがたは自由で、イエスのものであることを確信していなければなりません。

自由であることはすばらしいことで、そうでなければ窒息するように感じます。

分かたれない愛

貞潔はわたしにとって、単に結婚しないということだけでなく、分かたれない愛です。

清純な心

もしあなたが完全にイエスのものであるなら、彼は偉大なことをなさるでしょう。どうしてでしょうか。その理由は、もしあなたの心が清純であるならば、神は清純な心にひかれて来られ、そこに住まわれるからです。先日読んだことですが、神は「そうされずにいられなかった」ということです。つまりマリアは大変美しく清純であったので、イエスは喜んでマリアに降られたのです。ですからイエスがあなたの心に来られて、あなたを聖なる者とすることができるよう、清くなることを教えてくださいと、マリアに願いなさい。

現代の世の中

現代の世の中で、貞潔は最も等閑視されている徳です。よく用心する必要があります。わたしは何組かの若い婚約者たちに、結婚の日にお互いに与え合う最高の贈り物は、清い心、清い体、純潔な体であると話しました。

悪魔をだます

わたしたちは、女性として愛する力を与えられました。この力を、ほんとうにイエスに対する愛のうちにあるために、イエスにささげました。汚れた思い、悪い想像、悪の欲望などに「わたしはそれを望みません」と立ち向かってください。それらの思いを近づけてはなりません。わたしは悪魔に対して非常に簡単なだまし方を習いました。「失礼します。わたしは今とても忙しいのです。」

奉献された女性と愛

真に奉献された女性となるためには、もっともっとイエスとの愛にとらえられなければなりません。全身全霊でイエスを愛しなさい。わたしたちがイエスを愛するより、世の中の女性が夫を愛するほうがずっと強いと、言われることがあってはなりません。これはわたしたちの権利であり特権です、というのは、わたしたちは女性として愛し、愛されるために創造されたからです。一人の魂がしっかり愛の虜《とりこ》になればなるほど、その魂は全人類と一致しているのです。その理由は、愛が、救われるべき人間の魂の苦しみの中へ、彼女をどこであっても、導くからです。宣教者として、奉献された女性として、わたしたちは生活の中で愛を優先させなければなりません。わたしたちの誓願、使徒職、共同体生活はすべて、イエスとの愛――一致の実りです。

誓願

貞潔の誓願は、単に不可のリストではなく、愛です。それは与え、そして受ける――わたしは神に自分をささげ、神をいただくのです。神はわたしの神となり、わたしは神のものとなります。貞潔の誓願によってわたしが完全に神にささげられたものとなるのは、この理由によります。

忠実

ローマで、ある一人の女性が彼女のライフストーリーを話してくれました。彼女は結婚式を終えて教会から出てきた途端に、別の男性との恋に陥りました。彼女は二十六年間、その男性に対する愛を抱えて過ごしました。「しかしわたしは夫である男性と誓いの言葉を交わしたのですから、神と、誓いを交わした夫に対する忠実のために、もう一人の男性には〈否〉と言わなければなりませんでした。毎日は真の十字架の苦しみでした。結婚した男性に対してはなんの愛ももっていないのに、もう一人の男性がローマへ来るたびに、〈否〉と言うのでした。」この女性は「死は受け入れます、しかし罪は受け入れません」と言っていました。三百六十五日を二十六年間、それに一時間を六十分で計算すると！　今、わたしは、一人のキリスト者について話しています。この女性は、現在分かたれない愛で彼女の夫を愛しています。神に誓ったことを死にいたるまで守る。これが貞潔です。

結婚生活の放棄

貞潔の誓願によって、わたしは神への愛のために、家庭をもち、家族を構成するという結婚生活を放棄します。わたしたちカトリック信者はそのことを容易に理解しますが、カトリックでない人たちは、女性が結婚しないで生きる理由を理解しません。彼らにとって、それは非常に不自然だからです。しかし彼らは賞賛してもいます。彼らは、わたしたちがその権利を放棄する理由がわからないのです。

貞潔の誓願によって、わたしは結婚生活を放棄するだけでなく、わたしの内的・外的行為――愛情を神に奉献します。わたしは良心的に、女性が男性に対してもつ愛で、他の人を愛することはできません。誓願を立てた以上、そのような愛情を、神以外の他の被造物に与える権利がないのです。ある友情が害をおよぼすというのは、何かを神から取り上げて、被造物に与えることです。神から何かを取り上げないかぎり、大丈夫です。その友情のために法則を破る途端に、わたしは神から何かを奪うのであり、結果として有害になります。

では、どうしたらよいのでしょうか。石のような心のない人間になるべきでしょうか。「わたしは関係ない、わたしにとって人間は皆同じ」と言うのでしょうか。いいえ、絶対にそうではありません。わたしたちは、ありのままを保つ必要があります。しかし、すべては神のため、わたしたちの外的・内的すべての行為を奉献した神のためにです。接触、抱擁、まなざし、その他についてのすべての規則に、全面的意味があります。

「わたしは一生姉妹のだれをも愛さない」などと言わないでください。わたしたちの主は死に瀕《ひん》したとき、聖母のことを思われましたが、そのことは、イエスが最期まで人間であられたことの証拠です。ですから、もし、あなたがたが愛情深い性質だったら、それを保って神のために使ってください。もし、あなたがたの性格がほほえみ型だったら、それを保って神のために使ってください。

よくお聞きなさい。あなたがたが自分の弱さを知っているかぎり、あなたがたは安全です。排他的友情に傾く傾向がある人は、決してそれを認めようとしません。精神的平穏のために、愛情を計ることを習いなさい。あの姉妹、あの子どものために、わたしは規則を破っているだろうか。いいえ、そんなことはまったくありません。でも正直でなければなりません。そうすれば、だれかが何を言おうと構いません。しかし、あなたの良心が「はい」と言うなら、ナイフで切り落とさなければなりません。それはあなたを危険に導いているからです。そうなると神に対する愛に生きる姉妹、一人ひとりの魂に生きる神を愛するために、すべての人を愛する姉妹には決して育たないでしょう。深く誠実な愛で姉妹たちを愛することを恐れないでください。ときどきわたしは、イエスか姉妹たちか、どちらをよりいっそう愛しているのか、考えることがあります。これはばかげた質問ですね、わたしが愛するのは姉妹たちをとおして、姉妹たちの中におられるイエスなのですから。

すべての人を愛する自由

世間の人びとは貞潔の誓願が、わたしたちを非人間的にする、感情をもたない石のようにしてしまうと考えています。わたしたち一人ひとりは、それがほんとうではないと言うことができます。三人か四人の子どもの母親になる代わりに、すべての人を愛する自由をわたしたちに与えるのは、貞潔の誓願です。結婚した女性は、夫しか愛することができませんが、わたしたちは神においてて全世界を愛することができます。貞潔の誓願はわたしたちを縮小させるのではなく、正当に保たれれば十全に生きることを可能にし、単に「やってはいけないこと」に束縛されたりはしません。貞潔の誓願は単なる「やってはいけないこと」のリストではなく、愛なのです。この理由のためにわたしたちは、あらゆる人を見て「すべての人を愛しています」と言うことができます。会憲には、わたしたちがお互いを真剣な愛で愛さなければならないと書かれていますが、わたしたちは神を愛するから、そのことができるのです。それは与え、受けることです。わたしは自分を神にささげ、神を受けるのです。神はわたしのものになり、わたしは神ご自身のものになります。貞潔の誓願によってわたしがまったく神にささげられたものとなるのは、このためです。ですから、うつむいて汚れた思いに身を落とすとき、わたしたちは宝石を投げ捨てて泥を手にしているのです。霊的生活において計りしれない全能の神を保有していながら、被造物に対して身を落とすのです。たとえ被造物がどんなにすばらしくても、それに心を奪われて、全能の神に背を向けるなど、あり得ないことです。それはまさに子どもがお菓子から目を離して、壁紙や壁土を口にするようなものです。わたしたちも自分をまっすぐ見なければなりません、そうした「泥」に向かって身を落とす渇望は、だれにでもあるからです。ある人たちはそれを食べますが、他の人たちはそれに背を向けます。

小さいが危険なもの

修道女がキリストとのつながりを破ることがありますか？　はい。どのように？　ごく小さな不忠実をとおしてです。それはちょうど一缶の油が小さな穴から漏れ出して、最後に空になってしまうようなものです。わたしたちは、決して最初から大きなことに誘惑されないことを忘れないでください。わたしたちを誘惑するのは小さな破れ目です。二年まえに、マッチ棒から出た大きな火災がありました。マッチ棒の先端にあるほんの小さな危険物が、大きな災害をもたらしました。その小さなマッチ棒は、会則のさまざまな点を破る小さな誘惑です。それらはごく小さな、意味のないもののようですが、魂の中で甚大な被害の原因となります。沈黙を破ったり、許可なしで他人に物をあげたり、クラスの準備を怠ったり、などなど。こうしたわずかな違反が、非常に危険なのです。わたしたちがほんとうに神を愛し、神にまったく奉献されていないかぎり、こうしたささいな違反が、最後には、わたしたちを神との親密さから遠ざけてしまうでしょう。

わたしは、感情がつくり出しているわたしではない

一度神に依存したら、永遠にそれが続くと思わないでください。日々自己抑制、自己否定を実践しないなら、精神的不安の塊になってしまうでしょう。イエスは神と人の前でたくましく、知恵に満ちて育っていかれました。わたしたちもまた同様に、育っていかなければなりません。院長たちは、霊的生活に害であるものを取り除くのを助けるためにいます。あなたがたが欠点を矯正されるとき、機嫌を損ねたりするのは無意味です。聖なる者になりたくないなら、修道会に入会する意味はありません。最初の段階から、自分たちのムードを非常に注意深く見極めなければなりません。自分たちが不機嫌になったりヒステリックになったりする傾向に気づいたなら、用心、用心、用心です。女性はその傾向があり、感情に左右されて生きています。しかし、修道女としては、それではいけません。今日自分が熱心だから、わたしは熱心な修道者だと思わないでください。わたしは、感情がつくり出すわたしではなく、神のみ前にあるわたしが、わたしです。姉妹の皆さん、お願いします。どうぞ最初から自分たちを注意深く見てください。時間がたつと、もっとむずかしくなるので、今、若いうちに、自分たちに厳しくあってください。気力を失う傾向がある――それは構いません、しかしその傾向に身を任せないでください。

「主よ、あなたがわたしの魂の内でお始めになった美しい手作業を、わたしの感情が損なうことがないようにしてください。」あらゆる形の不機嫌は、ある種の私利・私欲でしかありません。真理は謙虚さであり、わたしたちは、へりくだるときに聖なる者となります。変わることなく堅実であるように努めなさい。あなたが神を愛し、あなたがここにいるのは神を愛するからだ、という確信をもちなさい。

結婚式

第一回ワールドユース・デーに、すべての英語圏の若者たちが聖サヴィナ教会に集まり、マザーテレサが彼らに話をするはずだったときのことである。突然バジリカのドアが開いて、結婚式の大勢のグループが入ってきた。バジリカの使用許可を調整する係が間違って、マザーテレサが講演をする同じ時刻に結婚式を許可してしまったのだった。この事態が明白になったとき、マザーテレサは「結婚式を先にしましょう、ＯＫ」と言って堂内を明け渡した。そして若者たちは二列に分かれて、結婚式の参列者が通れるよう通路をあけ、結婚式が進められ、マザーは、脇の小聖堂に退いて祈り始めた。それは驚くべき現象で、マザーテレサがいかに人間味のある人かを示していた。彼女は非常に優しく新郎・新婦に挨拶して彼らを祝福し、参列者一同はこれを大いに喜んだ。すべては数分しかかからなかった。その後マザーは若者たちに話をし、会場全体は大きな拍手に包まれた。

裸であるということは、衣服をまとわないことだけではなく、人間の尊厳の喪失であり、今日、余りにも失われているあの美しい徳、清さの喪失でもあります。大都市の街路で、皆さんは愛し合い、キスし合い、抱擁し合う若者たちの姿を目にしていることでしょう。あなたがたは会の施設が、未婚の母親であふれているのも見ているでしょう。どうしてですか？　なぜでしょうか？

あなたがた若い人たち、今日、神の祭壇の前で、聖母のみ前で、わたしたちの清さ、貞潔を汚れなく、処女性を失わないように強い決意をしましょう。あなたがたが結婚する日に相互に与え合う最上の賜物《たまもの》、司祭あるいは修道女になる日の最高のささげ物は、汚れない心、汚れない体です。わたしたちにそれほど必要な、マリアに似た偉大さを見ることは、なんとすばらしいことでしょう。マリアがこの優れた清さの恵みを、わたしたちに取り次いでくださるよう祈り、あなたがたが教会の中心であるローマで、教皇と共にいるこの期間に、わたしたちの清さ、貞潔を汚れなく、処女性を失わない恵みを願い、決意をしてください。これは、わたしがあなたがたのために祈る恵みです。なぜならそれがあなたがたを助け、あなたがたを聖なる者にする恵みだからです。聖性とは少数の人の特権ではなく、あなたがたにとってもわたしにとっても、単純な義務です。そしてもし神があなたがたを呼ばれ、あなたがたを名前で呼ばれるなら、もし神がご自身の側近としてあなたを呼ばれるなら、もし神があなたを優しさと愛のうちに浄配として呼ばれるなら、恐れることはありません。「はい」と言って、使徒たちがしたように彼に従いなさい。そしてそのとき、だれがあなたを導き、あなたを守り、あなたを助け、あなたを愛するでしょうか。イエスの母、聖母マリアです。そして彼女に再び祈り願います。わたしは、あなたがたがマリアの清純のうちに成長し、それによってあなたがたもわたしも、すべての人が神にささげる愛と優しさをとおして、共に神に栄光をもたらすことができるよう、特別に祈ります。

清さ

若い女性を愛することは美しく、若い女性が若い男性を愛することも美しいことですが、結婚式の日に相互に与え合う最高に美しい贈り物は、処女の心、処女の体、清い心、清い体です。もし、あなたがたが毎日「アヴェ・マリア」を三回唱えるならば、聖母はこの恵みをもたらしてくださるでしょう。聖母はあなたの清さを守り、あなたの清さは、清いまま保たれるでしょう。あなたの貞潔は損なわれず、聖母が御子からあなたのために恵みを得てくださいますから、あなたの処女性は清いまま保たれるでしょう。

わたしたちは自由です

神のみ国のためにささげられたことは、わたしたちの心を特別なあり方で自由にし、神とすべての人類に対する愛で、その心を燃え立たせます。

従順

あなたがたは、一日のうちに数えられないほどやってくる従順の機会に「はい」と言わないなら、大きなことに対しても「はい」と言うことはできないでしょう。

イエスの従順

わたしを修道者とするのは、神に対する完全な従順です。またしても、わたしたちは主と聖母のもとに戻ってきます。「父がわたしをお遣わしになった。[93] わたしの父は、わたしより偉大なかたである。[94]」イエスは、されたことすべてをなさる必要はありませんでした。彼は神と等しいかたであり、神よりの神、光よりの光であるのに、従われ、生まれ、ナザレに下られました。彼はあちこちにおかれることを受け入れられました。ユダヤ人たちが「もしメシアなら、はっきりそう言いなさい[95]」と迫ったときも、イエスは彼らに従って、答えられました。イエスはそう答えれば、結果は十字架刑であることを知っておられましたが、彼は完全に身を任せておられました。わたしたちは、同じようになるためにここへ来たでしょうか。わたしたちは完全に身を任せるためにここへ来たはずなのに、逆に院長が優しく言ったとか厳しく言ったとか、彼女は黒と言ったとか白と言ったとか言い続けます。しかしイエスは、マリアであろうと、ヨセフであろうと、ピラトであろうと、すべての人に従われました。

福音の中には、キリストの従順の数多くの証しが見られます。もしナザレに思いをはせるなら、まず「お言葉のとおりになりますように[96]」と天使に答えたマリアのお声を聞くことができます。その後イエスについて「彼は一緒に下って行き、両親に仕えてお暮らしになった[97]」と記され、大工であったヨセフと人間的には素朴な村の若い女性であったマリアに、従われました。また「わたしが天から降りてきたのは、わたしをお遣わしになったかたのみ心を行うためである[98]」とイエスが言われたのを聞くこともできます。さらにご受難をとおして、イエスは無条件に刑の執行に従われました。キリストが福音の中で示されたこれらの模範に、わたしたちの従順を重ねていかなければなりません。

＊

イエスは、なんと見事に従われたことでしょう！　しばらく以前のことですが、わたしは黙想をしていて、イエスの従順に強く心を打たれました。三十年間ナザレの小さな家で母と共に、掃除をし、洗濯をし、料理をするという普通の生活をする、それはあまりにも普通の生活であったから、人びとは後に「今やっている仕事を、彼はどのようにしてできるのか」と問うほどでした。彼らは単純にショックを受けたのでした。ナザレの簡単な小さな家、現代でもある家族が住んでいるような貧しい簡単な家で、三年間ではなく、十五年間でもなく、両親と共に同じ場所で、同じ家で、同じ仕事をする、そのような小さな家で三十年間イエスが住まわれたことは、わたしにとって大きなショックでした。宇宙の創造主であり、生ける神である彼が、全面的に従順の生活をされたのです。姉妹の皆さん、わたしが語っていることをわかってほしいのです。従順を愛してください。「従わなければならない」などと言わず、「従順を愛します」と言ってください。小さなベルが鳴ったら「あれを聞くことを愛します」と言ってください。わたしがしなければならないあの仕事、「あれをするのが大好き」と言ってください。つねに「しなければならない」ではなく「それをするのが大好き」と言ってください。わたしはつねに「大好き」と自分に言わせています。

最初の罪

従順は天国にもあるのですから、霊的なものにちがいありません。最も美しい天使ルシフェルは、貞潔その他の罪ではなく、神のみ前で自分を低め従うことを拒絶し、「わたしは仕えません」

と言ったのです。彼は天国から追放されたとき、より多くの仲間をほしいと思い、アダムとエバのところへ行きます。「園は美しい木で満ちている。この木もあの木も、何千というすべての木から食べてよい[99]」と神は言われていました。そして神はたった一つ、小さなことを言われました。「この一本の木からは食べないように。」それはリンゴの木だったと言われています。それ以外にもリンゴの木はたくさんあったことでしょうが、その一本の木に触れてはいけなかったのです。そこで起こったことは、この最初の罪の連続です。すなわち、彼らは従うことを拒絶して、その果実を食べたのです。わたしたちが不従順であるとき、それは同じ最初の罪の連続であり、その最初の罪は罪への傾きがそこにあるので、わたしたちを罪びとにします。わたしも自分の中にあるこのことに直面しなければなりません。修道者としてわたしたちはそれをカバーし、その償いをしなければなりません。そしてそのために従順の誓願を立てるのです。

日々の生活の中での従順

現代社会には多くの家庭崩壊が見られますが、夫婦間にも親子間にも、相互の委ね、従順がないからです。若い人たちは、好きなことをなんでもする自由を要求するので、多くの問題が起こっています。わたしたち自身の共同体の中でも、姉妹たちが好きなことをしたい、好きなように生活したいので、問題が起こっています。最近は多くの修道者が、対話や「個人的自由」の必要を強調し、従順の生活にはこれらがないかのように話します。彼らはまた「共同体生活」の必要についても大いに語りますが、長上なしの共同体生活はあり得ないし、長上の存在は自動的に従順をもたらします。共同体生活では神の場をとる人が必要であり、長上は、神がその み旨を表明する手段となります。ですから「彼女」ではなく「彼」です。長上は、神の御手にある鉛筆のようなものです。もしあなたがたが、わたしマザーから手紙を受け取ったなら、わたしがどんなペンを使ったか、インクがうまく出ているかとか、紙がどんな種類だとかを調べようとはしないでしょう。そうではなくて、マザーがどんなメッセージを書いたか、マザーがあなたに何を言おうとしているかを見ることに集中するでしょう。その手紙を読みながら、あなたがたはわたしの思考の中に入り、マザーがあなたに言いたいことは何かを知ろうとするでしょう。従順についても同じことで、神のお望みがなんであるかを知ることを望み、罪を除いたすべてにおいて長上の命令に従うことによって、従順を完全に遂行します。誓願を過酷なものと見なさないようにしましょう。最近はしたいことを好きなようにする自由がないなら、修道者としてとどまる意味がないという傾向があります。事実そのように話す修道者は、真の修道者として生きる自由を失ったのであり、彼らは還俗したほうがよいでしょう。

もしあなたが死ぬ……と知っていたなら

聖人の一人、ヨハネ・ベルクマンスあるいはアロイジオがサッカーをしているときに、仲間の一人が「ブラザー、もし今、死ぬとわかったら何をしますか？」と尋ねました。アロイジオは「サッカーをやり続けます。今、それがわたしにとって神のみ旨ですから」と答えました。従順によってしていることはなんであっても、わたしに対する神のみ旨であるという同じ確信をわたしたちはもっているでしょうか。

自由な心

わたしたちの心が嫉妬、批判、不平、怠慢などで不純なとき、従うことはできません。こうした傾向があるかぎり、わたしたちは清純ではありません。心が清純であるとか、自由な心をもつというのは、同じことです。わたしたちがすべきことは「はい」と言うことであって、頭を痛める必要はありません。しかし清純な心をもつためには、祈らなければなりません、この二つのことは密着していますから。そして、それによってわたしたちは聖なる者になるのです。

奴隷の従順ではなく、愛の従順を

現代の若者は、従うことができません。わたしは、なぜ彼らが反従順であるかを把握しようとしました。現在は共同体においても「グループ」で決定をします。家族内では七歳の子どもでも、コントロールできないということを聞いて、「なぜ子どもたちの手を握って真剣にコントロールできないのですか?」と尋ねました。これに関してある本が書かれ、すべての母親がその本を読むように言われました。そこでは子どもに一歳のときからしたいことをさせ、それによって「いや、今日はそこへ行きたくない、自分が行きたいところへ行く」というように育てるという精神が書かれています。そしてわたしたちは、恐るべき激変の理由を知っています。財産です。福音の中の男性も財産を放棄できませんでしたし、わたしたちも同様です(100)。完全に神にささげられた人は、従順を理解しています。わたしは奴隷の従順について話しているのではなく、愛による従順についてです。わたしは両親を愛し、両親もわたしを愛していましたから、わたしは従順でした。そこにはまた、幾分恐れもなければなりません、すなわち神に逆らう恐れ、両親に逆らう恐れ、長上に逆らう恐れです。それを理解していないなら、修道者としてのわたしたちの生活はなんと無意味なものになるでしょう。わたしたちは神のものであり、神はお望みのままにわたしを使われるべきですから。

愛のために愛する

わたしたちの従順が喜びにあふれ、直ちに行われるために、従うのはイエスに、であるという確信をもたなければなりません。どうしたらその状態に達することができるでしょうか。愛のために愛することです。英雄的徳である従順を修練するのです。もしあなたが神を愛しているかどうか知りたいなら、「わたしは従っているだろうか？」と、自問してみてください。もしあなたが従っているなら、すべては大丈夫です。なぜ？　すべてはわたしの意志にかかっているからです。聖人になるか罪びとになるかは、わたしにかかっています。ですから従順がいかに大切であるかおわかりでしょう。わたしたちの聖性は、神の恵みの次に、わたしたちの意志にかかっています。修道生活の小さな規則を放置して、神のために大きなことが到来するのを待って時間を浪費するようなことは、しないでください。一日のうちに数え切れないほどやってくる多くの従順の機会に「はい」という訓練をしないなら、大きなことに「はい」という用意はできないでしょう。たとえば、ある姉妹に起こったことです。ＢＴ[101]の資格を取るための勉学に、ある若い姉妹が送られました。その結果が発表される二時間まえの朝、彼女は亡くなりました。彼女は臨終のとき「なぜイエスは、わたしをこんなに早く呼ばれるのでしょうか」と尋ねましたので、わたしは「イエスはあなたの仕事ではなく、あなたをお望みなのですよ」と答えました。彼女はその後まったく幸せでした。わたしたちは仕事を従順に従ってしなければなりません。このことから従順はすべてのことがそのうえに成り立つのですから、非常に大切なものになるはずです。

神を知ること、神の愛、神への奉仕——これらはわたしたちの生活の目的であり、従順はそれらすべての鍵を与えます。ある司祭が中国人を愛し、彼らのために何かしたいと望んでいましたが、長上の望みは違いました。今もし、わたしがイエスと共につねにあるとしたなら、わたしたちが長上に従うとき以上に、神を喜ばせることはありません。神が与えてくださることのためではなく、わたしたちから取られることによって、神を愛しましょう。従順の小さな行為が、神に対するわたしたちの愛を証しする機会となるのです。

自分を抑制することは国を征服するよりもむずかしい

わたしたちが従うのはイエスですから、単純に従います。それほど単純なことなので、従順についていて、ときにもち上がる複雑な問題を理解するのはむずかしいことです。明日でなく今、直ちに従うように呼ばれるイエスを見る信仰の目をもたなければなりません。この「明日」ということが、簡単に生ぬるいあり方につながります。無条件で、すぐに従うということは、すべての「なぜ？」を思考から追放します。「なぜ？」という短い言葉を使い始めたらキリがありません。それによってあなたがたの生活は無意味になってしまうでしょう。あなたがたの手は従っているかもしれませんが、心は従っていません。「それは偽の従順である」と聖イグナチオは述べています。それはやさしいことではなく、多くの「なぜ？」が思考の中に起こるのを抑えることはできませんが、それに征服されてしまうのを防ぐことはできます。「なぜ？」に気づいたなら直ちに、あなたの意志をそこから遠ざけなさい。わたしたちは自分のことにとらわれて、非常に多くの大切な時間を失っています。長上たちは理由を伝えるよう義務づけられていませんが、わたしたちは従う義務があります、喜んで！　従う姉妹たちは、この修道会の力強い柱です。長上たちが小さな変更をするのが、ときにはどんなにむずかしいか知らないでしょう。会の中でのあなたがたの安定は、第一にそして大部分、あなたがたの従順の誓願からきています。従順であれば、あなたがたは決して間違うことはありません。早朝から夜まで、わたしは従順によって行動していますから、それらが正しいと確信できます。この安定感がわたしたちを幸せにします。逆に、もしあなたがたが従わないならば、落ち着かず不幸せになります。完全な平和であるためには、このような従順を体験しなければなりません。自分を征服するより国を征服するほうが、もっとやさしいものです。あらゆる不従順の行為は霊的生活を弱めます。それはちょうど人間の血液を一滴ずつ流していく傷のようなものです。わたしたちの霊的生活において、不従順ほど速くこの荒廃をもたらすものはありません。

神がわたしたちに対して平安であられるように、わたしたちも神に対して平安でなければなりません。

もっと神に近くなる

完全な従順は何を意味するのでしょうか。それは揺らぐことのない平安の源です。姉妹たちがわたしのところへ来て、幸せでない、満たされていないと話すとき、わたしがまず尋ねることは「従順でいますか?」です。そして彼女たちの誠実な答えが、わたしにその落ち着かない状態の鍵を提供します。神に対して半分の測定値はありません。自分たちのムードに従って、神に奉仕してはなりません。わたしたちの愛の値は内面の喜びです。一日二十四時間ほほえむことができなければいけません。内面の喜びは完全な従順からのみくるものです。もしこの修道会で幸せでないなら、会を非難するのではなく、あなた自身を非難しなさい。

神との密接な関係は、完全な従順の当然の結果です。人間的に見れば、従うときに長上により近くなりますし、超自然的に見れば、従うとき、わたしたちは神にもっと近くなります。

信仰の目

もしわたしたちが身体的な目だけで長上を見るならば、さまざまな欠点をもった長上の体しか見ないでしょう。しかし、信仰の目で長上を見るならば、完全に美しく聖なるイエスを見ることでしょう。そして、すべての命令と矯正のうちに、愛に満ちた方法でわたしたちを養成する神の御手を見るでしょう、と聖ベルナルドは言われました。

天使たち、アダムとエバに戻ってごらんなさい。難点は、つねに従順のむずかしさにありました。わたしたちの会の愛徳の使徒職[102]をコントロールしているのは、従順です。「わたしは不平や批判なしに従う」という一つの決心に根を張りましょう。

不従順の行為は傲慢の行為であり、傲慢を神は憎悪されます。もし修道者が故意に不従順を選択したならば、彼女は完徳の道を選んだのにその目的からそれるので、大罪を犯すことになります。わたしはどのような不忠実によって神を遠ざけ、わたしに関する神のみ旨を果たしていないかを思い起こしてみましょう。

わたしが聖なる者になればなるほど、より多くの人の魂を神にひきつけることができます。わたしたち一人ひとりに、何人かの魂の救済の責任がかかっています。この理由のために、わたしは聖なる者に成長しなければなりません。わたしが聖なる者になればなるほど、彼らは神により近づくことができます。聖性とは、喜んで神のみ旨を果たすことであり、換言すれば聖性とは、すなわち従順ということです。長上たちは、わたしたちに対する神のみ旨を伝達し、わたしたちに対する神のみ旨を示すチャンネルなのです。この理由のために、長上を愛し、尊敬し、長上の存在を神に感謝しなければなりません。「わたしは、わたしを遣わされたかたのみ旨を行うために来た」[103]と言われた主は、従順において打算的にはなさいませんでした。

従うことは決して人格の尊厳を下げない

天使たちはどのようにして悪魔になったのでしょうか。彼らは皆、神の御目のもとにありました。光の天使であったルシフェルは、暗闇の悪魔になりました。わたしたちが読んで知っていることは、神がその御子を人として送られるとき、「彼らは彼に仕えなければならない」というテストを天使たちが与えられたことです。彼らは傲慢にも「Non serviam——わたしは仕えたくない」と言いました。地獄は神の最初からのご計画ではなかったのですが、地獄を創ることを余儀なくされました。慈しみ深い愛である神は、天使たちが不従順によって悪魔になったときまで、地獄を創造されていませんでした。“non serviam”というラテン語のこの短い言葉を覚えておいてください。神は天使たちを創造され、神は人間を創造されました。創造主である神は従われました。従うことは、決して人間の尊厳を下げることではありません。

りんごを食べることは罪ではありません。事実わたしたちはたくさんのりんごを食べます。それなのに神は、アダムとエバに食べるなと言われました。わたしはエバがりんごを全部食べたとは思いません。彼女は一口食べたのでしょう。悪魔にとってはそれだけで十分でした。"Non serviam" はその一口で行われたのです。わたしたちが不従順であるときはいつも、同じことを言い、同じことを行います。不従順は、どのようになされるのでしょうか。聖性がささいなことに対する忠実で成し遂げられるように。不従順も小さなことに対する不忠実から生まれます。今日一つのことはたいしたことではありません。明日は二つであり、そのように連続していきます。転落は決して突然起こることではなく……、あなたがたは自分自身を傷めているのです。だれが従順の模範を示されましたか。主ご自身はご誕生から最後の息を引き取られるまで、完璧に従順でした。「わたしは御父のみ旨を行うために来た」[104]、「わたしの食べ物とは、わたしをお遣わしになったかたのみ心を行うことである」[105]は主の絶え間ない格言でした。つねにお父さん、お父さんと叫ぶ子どものように親に従う、親に対する子の従順でした。

聖母マリアは理解しなかったのに、「お言葉のとおり、この身になりますように」[106]という彼女の返答は、謙虚な従順でした。姉妹の皆さん、あなたがたが心の深いところで「Non serviam――

わたしは仕えたくない」と言うならば、なんと恐ろしいことでしょう。「明日は従います」と言っても、そのような明日は決してきません。従順においては、「わたしはもっとよくできるのに」とか、「わたしはもっと経験があるのに」などと思うことは問題外です。従いなさい、完全に、そして全面的に依存しなさい。ピラトの前でイエスは、「神から与えられていなければ[107]」と言われましたが、神の権限以外に権限はありません。その権限は神が望まれるままに使われなければなりません。

犠牲

従順はむずかしいことです。それは当然犠牲です。イエスはご自身の意志で来られたのではなく、送られたのです。わたしたちが真の修道者であるならば、従うか、そうでないならば、ここにいる必要はないのです。どうして多くの家庭崩壊があるのでしょうか。子どもたちが従わないからです。わたしたちが祈りの時間、仕事の時間に従わないならば、わたしたちは当然飢え死にするでしょう。マリアにおいてすばらしいことは「お言葉のとおりこの身になりますように[108]」であって、従順をとおして彼女が神の母となられたのならば、従順は何か特別なことであるべきです。ゲッセマネでのイエスは「御心のままに行ってください[109]」と言われました。司祭が聖変化を行うときの従順をごらんなさい。イエスはその言葉に従われ、パンはイエスとなられるのです。姉妹の皆さん、イエスの従順を見てください！

わたしたちが柔和で謙虚であるとき、初めて従うことができます。わたしはそれらを徳とは呼びません。必要なのです。体に血液が必要であるように、魂にとって謙虚が必要です。謙虚の実りは従順です。

委託

シャルル・ド・フーコーには美しい祈りがあります。その祈りは従順と密接につながっていると思います。

「父よ、あなたのみ手にわたしを委ねます。あなたがお望みになるままになさってください。何をなさっても、あなたに感謝いたします。わたしはどんなことにも用意ができています、すべてを受け入れます。わたしのうちに、そしてすべての被造物の中で、あなたのみ心だけが行われますように！　主よ、わたしはこれだけを望みます。あなたの御手にわたしの生涯を委ねます。わたしは心にあるかぎりの愛をもって、あなたにそれをおささげします。というのは、主よ、わたしはあなたを愛していますから自分をささげ、余すところなくかぎりない信頼を込めてあなたの御手に自分をお任せします。あなたはわたしの御父なのですから。」

わたしはキリストのもの

もしわたしがキリストのものであり、だれも何事もキリストの愛からわたしを引き離すことができない[110]とほんとうに理解しているならば、従順は当然、まったく当然なことになるでしょう。というのは、わたしがだれかのものであるならば、その人はわたしを使う権利があるからです。だからこそ聖母マリアは「お言葉のとおり、この身になりますように[111]」と言われたのです。マリアは主のものでしたから、直ちに主を他の人びとに渡すために出かけました。[112]そしてその後、彼女が何をされたか知っていますね。マリアは「はい」と返答しましたから完全に平安でしたが、それは彼女が神のみ心であると知って「はい」と言われたのです。そしてわたしが不思議に思い驚くことは、神がマリアに直接語られたことがないことです。神は預言者をとおして語られ、モーセに語られ、聖書に登場するすべての人に語られましたが、聖母に直接話されたことはありません。天使をとおして、聖ヨセフをとおしてなどです。そしてマリアが天使に言ったことは、「お言葉のとおり、この身になりますように」であって、「神のみ言葉」とは言われませんでした。「天使よ、あなたは何を言うのですか？」ではなく「この身になりますように」でした。その委託、これこそが従順です。わたしは主のもの、主はわたしをお使いになれます。主はわたしについて、姉妹たちについてお望みになることをされ、わたしたちに直接語ろうとはされません。神は教会をとおして、神のご意志が書かれた会憲をとおして、わたしたちに語られます。それから長上たちに、――肌の色がなんであろうと、怜悧《れいり》であろうと鈍感であろうと、ホーリーであろうとなかろうと、神はわたしにどこへ、どのように行くか、何をしに、どのように果たすかを伝えるため長上を使われます。従順とは非常に美しく単純なことです。それなのに、わたしたちは自分たちで従順をむずかしくしているのです。キリストに対する完全な、分かたれない愛を失っているからです。

行動によって愛を生きる

従順は修道者にとってあまりにも当然な、犠牲の精神をとおして、行動によって愛を生きることです。家庭生活においても、家族を一致させ精神的に養うのは従順であり、相互に対する委託の精神です。父親と母親相互の間に受容と委託の精神がないならば、子どもたちから従順の精神を期待することはほとんどできないでしょう。そして現代社会に見られるあらゆる家庭問題は、そこから始まっているように思います。この点が欠けているのであって、この修道会に入会したいと望む若い人たちにとっても同じことです。彼女たちにとって従うことがむずかしいのですが、わかりたい、理解したいという望みはあります。志願者たちが、姉妹たちが、つねに言うことは、「従うことはむずかしい……」ということです。ある若い志願者が、わたしに次のように言いました。「マザー、重い皮膚病の患者を洗うことはわたしにとってつらいことではありません。でも自分を曲げることはむずかしいのです。」愛が始まるのはまさにそこだ、とわたしは思います。何をどれだけしたかではなく、それをすることにどれだけの愛を注いだかが大切なのであり、従順とは、行動によるその愛なのです。

若い人たちがわかりたい、理解したいことはこれであり、従順による行動のうちに、わたしたちがいかに愛し合っているか、来なさい、行きなさい、あれをしなさいなど、という権威をもった人をいかに愛しているかを見るのです。そして実際わたしは、若い志願者たちからこうした愛を学びました。わたしは今、五十年の修道生活を過ごしてきましたが、修道生活を始めようとする若い姉妹たちから、神に自分たちをささげる喜びと謙虚さを、いまだに非常に多く学んでいます。あなたがたにとってもわたしにとっても、若い人たちのうちにあるこのすばらしい賜物《たまもの》を感じることが大切だと言いたいのです。アメリカには召命がないと言われるのをわたしは信じません。以前以上にもっと多くの召命があるのです。しかし、彼らには、より高い要求があるのです。聖なる者になりたい、委託したい、すべてをささげて無一物になりたい。そうした傾向はアメリカだけでなくヨーロッパでも、どこでも見られます。わたしたちの会は、ローマにもインドにも、アフリカ、フィリピンにも修練院がありますが、まったく同じような要求がどこにでも見られます。すべてをささげたい、聖でありたい、キリストに似た者になりたい、イエスが自分のうちにお住みになるようにしたい、イエスのご受難を分かち合いたい、など。そこでわたしたちは、キリストのご受難をいかに生きるか、わたしたちの内にいかにイエスの命を生かすか、他の人びとを愛する喜びをいかに分かち合うかを示す、実例にならなければなりません。彼らはそれを見たいのです。

わたしたちの召命はイエスのものになること

わたしたちの修道士で、重い皮膚病の患者を愛していた、あるブラザーのことを忘れることができません。彼は九万三千人の重い皮膚病の患者の世話をしていて、彼らを愛していましたが、ある日、わたしのところに来て、彼の長上とうまくいかないと言い、次のように話しました。「わたしは重い皮膚病の患者を愛し、彼らと共にありたいと思い、彼らに奉仕したいと願っています。そしてわたしは……」と話し続けました。「わたしの召命は重い皮膚病の患者と共にあること、彼らに奉仕することです。」わたしは彼に話させ、彼が話し終わったとき次のように言いました。「ブラザー、あなたはとても大きな間違いをしています。あなたの召命は重い皮膚病の患者のための仕事ではなく、彼らを愛することでさえもありません。あなたの召命は、何も、だれも、重い皮膚病の患者さえも、あなたをキリストの愛から引き離すことができないという確信をもって、イエスのものとなることです。重い皮膚病の患者のための仕事は、キリストに対するあなたの分かたれない愛を、生きた行動に表す手段です。」

姉妹の皆さん、その後、行動においてキリストの愛を生きるという確信が、このブラザーの態度全体をいかに変え、どんなにすばらしい仕事をさせたかは十分話すことができないほどです。それは彼の委託、従順に対する委託の精神による変化です。もしわたしたち修道者が、わたしはイエスのものだということを理解していたなら、イエスにはお望みのままに、いつ、どこででもわたしをお使いになる権利があります。何年かまえに枢機卿に手紙を書いたとき、カードの裏に「枢機卿様、あなたにご相談なさらずに、イエスがあなたをお使いになれますように！」と書きましたが、枢機卿は注意深く保持されていると思います。そしてその内容は真実です。主の所有物となり、使われること、これこそわたしたちの召命の真の生命です。人びとが結婚するとミセスになります。それ以後、彼女は相手の男性に属しますから、婚前の名前では認められなくなります。二人はお互いを求め合い一体となります。わたしたちにとっても同じことです。キリストに誓いを立て、分かたれない愛でキリストを愛する貞潔の誓願を立てた以上、キリストがわたしの名前でわたしを呼ばれた以上、彼とわたしは相互に求め合わなければなりません。そしてその一致から生まれる愛は、教会がわたしたちを受け入れたどのような状態においても、だれに対してでも示されるのです。

わたしたちが神の愛の宣教者会、あるいはこの修道会、あの修道会に属することを受け入れたのは教会であり、誓願によって神にまったく自分を任せる宣誓のために教会の立ち合いを求めますが、それはわたしたちを神と隣人に対する完全な愛に導くための会憲が、教会によって認められているからであって、会憲は権威をもっています。ですからたびたび他の修道会の会員からわたしたちの会に加わりたいという希望がありますが、一応お断りして次のように答えます。「あなたがたの会憲が、より深い一致、より大きな愛、より高い聖性へ向かうあなたの望みを満たす力をもっています。少なくとも丸一年大きな愛と高い聖性のうちに、あなたがたの会憲を生きてください。そして一年後にもう一度手紙を書いてください。」そして毎回彼女たちは「ありがとうございました。探していたものを見つけました」と返事をしてきました。教会はそれぞれの会憲に従ってわたしたちを受け入れたので、会憲には権威があります。わたしたちはキリストに属していて、どのような修道会であっても神がわたしたちをそこにおかれ、従順に従い会憲による生活を生きることによって、どこにいようとも、どのような仕事をしようとも、わたしたちは教会の存在を宣言するのです。

わたしたちはスラムで、あなたがたは大学で、高校で、病院で、キッチンで——多くの場で働くことが可能です。たくさんの道が開かれています。修道者にとって自分に合わない仕事などありません。あるとき「あなたは総長でなくなったら何をしますか」と尋ねられました。わたしは洗面所と排水溝の上級清掃員です、と答えました。ですから日曜日に臨終の人びとの家に行くときは、病人の世話をして回った後、まっすぐトイレに行き、掃除をします。それによってトイレを美しく掃除することを学びました。問題は何をするかではなく、それをするためにどれだけの愛を込めるかが大切なのです。

もしわたしがキリストに属しているならば、彼はあるときわたしがトイレの掃除をすることを望まれ、あるときは重い皮膚病の患者の体の清拭を望まれ、あるいはアメリカ合衆国の大統領に話すことを望まれるかもしれませんが、すべては同じレベルです。わたしは主が望まれるところで、望まれることをしているので、主のものです。しかし、神はわたしたちに直接語られません。神は長上をとおし、会憲をとおして話されますが、それらは神のみ旨が書かれたものであり、長上は聖なる人であったり聖でない人であったりしますが、それは神のみ言葉です。わたしはいつも姉妹たちに言うのですが、わたしたちは長上の手をとおして従順を務めます。彼女は聖なる人であったりなかったり、頭のよい人であったりそうでなかったり、間違いをしたりするかもしれませんが、彼女に従うことによって、わたしは間違いません。そしてこのことは修道生活においません。

て非常に大事な点です。

完全な委託

わたしたちは多くの祈りを唱えるかもしれませんが、十分に祈ってはいないかもしれません。愛に満ちた信頼と完全な委託のうちに、わたしたち神の愛の宣教者としての存在理由を満たすために、修道生活を生きることが非常に大切です。神がわたしたちを選ばれたのですから、それがそのような形であっても、そこにとどまることが大切です。今朝一人の若い女性がやって来て、「わたしは行かなければならない。行って見なければならない」と言うのです。ちょうど今朝、わたしがあなたがたに「来て、見なさい」と言ったところでした。彼女はニューヨークへ見にいきますが、彼女の心の中には何か語りかけるものがあるのです。「あなたの心の中で起こっていることを知っているのはあなただけですよ。それはあなたとイエスとの間のことであって、他のだれのものでもありません。だれもあなたに『あそこへ行け、ここへ行け』と言うことはできません。あなた自身が決定しなければなりませんが、祈れば、決定することができるでしょう」とわたしは彼女に言いました。なぜなら祈りの実はつねに信仰を深めることであり、信仰があれば従順について困難はないからです。その従順がもたらすただ一つ生涯にわたる現実の犠牲は、結婚しないということです。もちろん大勢の人が結婚しませんし、結婚しないことが犠牲だというのではなく、大事なことは、だれにも何事にもじゃまされない貞潔によって、分かたれない愛でキリストを愛することです。ではどのように？　従順において、完全な委託をとおしてです。「イエスよ、わたしはあなたのものです。あなたはいつでも、どこでも、だれをとおしてでも、お望みになることをなさることができます。」しかし決定ができるのはあなたであり、あなたが決定しなければなりません。姉妹の皆さん、これはわたしたちが体験しなければならないことです。従順は非常に密接に清貧と結び合わされています。わたしたちがあまりにもたくさんの物をもっているので、従順がむずかしくなることがたびたびあります。それは愛と委託を抑圧します。そして実際に全面的に従い、すべてを委任するためには、清貧による自由を必要とし、何も所有しない自由と清貧の喜びを体験しなければなりません。わたしたちが何ももっていないときに、神がいかにわたしたちを使われるか、神が何ももたない人びとをご自分のもとに招いて、いかに彼らの魂の中に入られるかは、驚くべきことです。

小さな誤解

何年かまえになりますが、従順についてある一人の司祭の講話を聞きました。彼は現代における従順がどのように守られねばならないか、について説明し、長上が姉妹に異動を告げるときには、その理由を告げる必要があると話しました。わたしはそうしたことを体験したことがなかったので、帰宅してから、今後は司祭のおっしゃったことを実行しなければ、と自分に言い聞かせて、一人の姉妹に「明日あなたに〇〇の場所へ行ってほしいのです。その理由は……」と言ってすべての理由を並べました。するとその姉妹は泣き出してしまったのです。その理由を尋ねると、彼女は「わたしは理由を聞くためにここへ来たのではありません。マザーが行きなさいとおっしゃれば、喜んでどこへでも行きます」と答えたのです。翌日再び従順についての別の講話を聞きに行き、前回と同じ司祭に「神父様のおっしゃったことを実践しましたが……」と言って、何が起こったかを話しました。司祭の答えは、事態がそうであれば、そのように続けてください、でした。おわかりですか。若い人たちはすべてをささげたいと願っていますから、もし従順について困難を感じるならば、わたしたちが自分たちのあり方を調べなければなりません。

わたしたち長上は姉妹たちに対し、修道生活に関して非常に大きな責任があります。自分たちに権利がない許可を与えてはなりません。長上は姉妹たちに対して、神ご自身の特別な存在、全能の神の非常に大切な存在として、彼女たちに深い愛と尊敬、品位をもって接しなければなりません。つねに親切、思いやり、コンパッションをもって接することです。会の姉妹たちと彼女たちの惜しみない献身がなかったら、だれが会の仕事を続けることができるでしょうか。どんな修道生活にも、どんな家庭生活にも失敗、多くの失敗があります。最高の家庭にも困難があります。それが人間性であり、十字架であり、イエスはその十字架をとって彼に従いなさいと言われました。イエスは、わたしたちに、彼より先に行きなさいとは言われませんでした。これは共同体生活の十字架だと思います。小さな誤解です。わたしはいつも冗談を込めて言うのですが、わたしたちは共に祈り、共に働き、共に食べ、そして共にけんかします。わたしたちは愛をもって、理解する愛をもって、コンパッションと思いやりをもってこの生活を生きなければなりません。

心を尽くして

貧しい人びとへの無償の奉仕は、第四誓願によってわたしたちを結んでいますから、心を尽くして働くことに最大の注意を払わなければなりません。わたしたちはイエスに向かって、心を尽くして彼に奉仕していると言えなければなりません。あなたがたがご存じのように、他の誓願はこの第四誓願を生きるのを助けます。これまでに「全身全霊を尽くす無償の奉仕」の誓願を立てた他の会はありません。あなたがたは時間に遅れてもいい、仕事はいいかげんに、などということはできません。

神の偉大な愛

心を尽くして神を愛することを求め、神を見いだすことを熱望しなさい。それによって、神を切望するわたしたちに対する神の渇きを癒やすことができます。人となられた神イエスは、わたしたちに神を啓示するため地上に来られました。深い信仰のうちに、祈りをもってイエスの教えに耳を傾け、彼の言われることを行う努力をしなさい。「わたしを愛しているならば、わたしのおきてを守る。父はあなたがたを愛し、あなたがたと一緒にいるようにしてくださる」(113)とイエスが言われているからです。また「わたしがあなたがたを愛したように、互いに愛し合いなさい。父がわたしを愛されたように、わたしもあなたがたを愛してきた[114]」とも言われました。イエスはわたしたちに彼の偉大な愛を思い起こさせるため、彼の愛に対するわたしたちの飢えを満たすために、命のパンとなられました[115]。神に対するわたしたちの飢え――それは人間がその愛のために創造されたからです。彼はまたご自分を飢える者、渇く者、裸の者、寂しい者とされ、わたしたちが愛によって彼に応えることを可能にされました。「この最も小さい者の一人にしたのは、わたしにしてくれたことなのである[116]」とおっしゃるように。イエスはわたしたちの愛に飢え、それは貧しい人びとに対する飢えでもあります。これはあなたがたもわたしも探さなければならない飢えであり、それはわたしたちの家の中にあるかもしれません。

奉仕

貧しい人びとの間で、キリストにささげる愛に満ちた惜しみない奉仕は、わたしたちがキリストの体の生きた部分であることを教会に証しし、またキリストがわたしたちと共に、御父に対する彼の愛を分かち合うことを喜ばれていることの証しでもあります。

聖マルチノ

貧しい人たちは、わたしたちが彼らの内におられるイエスを愛し、奉仕することを可能にしてくれます。皆さんは聖マルチノの話を知っていると思いますが、彼は世間の普通の人として馬に乗って進んでいたとき、ある物乞いが寒さに震えているのを見たのです。一瞬のためらいもなく彼は剣を抜いて、着ていたマントを二つに切って彼に与えました。その夜、彼はイエスが彼のマントの半分を着ておられる夢をみました。なんとすばらしいことでしょう！　当時彼はキリスト者ではなかったのですが、このマントがきっかけで、キリスト教徒になりました。姉妹の皆さん、あなたがたはこの家の中で二十四時間イエスと共にいるのです。これがわたしたちの第四誓願です。それを理解したとき初めて、その誓願を愛することができます。そしてそれを愛するとき、行動においてその誓願を生きることができます。

神のみ国のための自由

「心の清い人びとは、幸いである。その人たちは神を見る」(117)、「おまえたちは、わたしが飢えていたときに食べさせ[118]」てくれました。そうしたことは、わたしたちの精神がはっきりしていると き、貞潔が完全に保たれ、心の清純に陰りがないとき、初めて可能になります。それらをもって いなければ、与えることはできません。自分たちが自由でないならば、全身全霊を尽くす無償の 奉仕をささげることはできません。「何よりもまず、神の国と神の義を求めなさい[119]」と言われま したが、貞潔はわたしたちを自由にします。貞潔の誓願によって、わたしは、自分を神のみ国の ために明け渡します。わたしは神の所有物となり、神はわたしの世話をされることになります。 そこでわたしは誠心誠意、無償の奉仕をささげなければなりません。それはキリストに自分を結 びつけた貞潔の結果です。したがってわたしは不完全な奉仕ではなく、全面的奉仕をささげる義 務があります。何をするにしても、その仕事をいいかげんにすることは、貧しい人びとへの奉仕 である第四誓願に反することになります。それはわたしたちが自分の関心をひくことの虜《とりこ》になっ てしまうからです。

機会を逃さないで

一人ひとりの姉妹が、貧しい人のうちにイエス・キリストを見ることができますように！　人 や仕事が嫌悪を感じさせればさせるほど、悲惨な状況に身を隠される主に奉仕する信仰、愛、喜びが、より大きくなければなりません。いやな仕事であればあるほど、愛と喜びの奉仕の影響が大きくなければならないのです。好き嫌いからの超越です。わたしが初めて、顔も足も体もねずみに食べられた女性を助けあげたときのことですが、もしその様相や汚臭に負けてその場を立ち去ってしまっていたならば、MC（神の愛の宣教者会）になることはできなかったでしょう。しかし、わたしはその場に戻って彼女を引き上げて、キャンベル病院へ連れていきました。それをしていなかったなら、この会は生まれていなかったでしょう。嫌悪感は人間的なものですが、それにもかかわらず、全身全霊を尽くす無償の奉仕をするならば、わたしたちは正しい道にいて聖なる姉妹になることでしょう。

アッシジの聖フランシスコは、重い皮膚病の患者を嫌悪していましたが、それを乗り越えることが彼の自己滅却となったのです。彼は亡くなりましたが、キリストは生きるのです。それが真実です。わたしたちは会の偉大な召命に対する感謝のうちに、謙虚でなければなりません。神は全身全霊を尽くして無償で奉仕するというそうした仕事を与えるために、わたしたちを選ばれました。「わたしはあなたが、どのような形で来られても、全身全霊の無償の奉仕を心からおささげします」とたびたびイエスに申し上げましょう。それはもしかしたら、機嫌の悪い姉妹で助けが必要な人かもしれません。その姉妹を受け入れましょう。あなたがたに到来する機会を逃してはなりません。幸せでありなさい。あなたがたに痛みを与える手にキスしなさい。信仰の日を訓練しなければなりません。

わたしを愛しているか？

主は復活の後、ペトロに「わたしを愛しているか」と聞かれました。ペトロの答えは、「はい、主よ、わたしがあなたを愛していることは、あなたがご存じです」でした。この愛の報いとしてイエスは「わたしの羊を牧しなさい」と言われました。イエスはこの言葉を三回繰り返されたので、ペトロはその執拗さに悲しくなって「主よ、あなたは何もかもご存じです。わたしがあなたを愛していることを、あなたはよく知っておられます[120]」とつけ加えます。さて、姉妹の皆さん、主があなたがた一人ひとりに「わたしを愛しているか」と尋ねられることを考えましょう。そしてわたしたちの答えに応じて、「わたしの羊を牧しなさい」と主が言われるのを聞くでしょう。この言葉によって、主は愛する貧しい人びとのためにわたしたちが働き、つねに働き続けるよう招かれるのです。もし神に対するわたしたちの答えが誠実であるならば、主の羊を養う労をとらなければなりません。

種は何になるのか

木は種によって育ちます。りんごの種を植えれば、その種の実がなるのですから、バナナを得ることはできません。志願者についても同じことです。わたしはなんの種を植えているでしょうか。従順、清貧、貞潔、貧しい人びとの中で最も貧しい人への全身全霊を尽くす無償の奉仕の種を植えているでしょうか。そうであれば、イエス・キリストの浄配、ＭＣ（神の愛の宣教者会）の木を得ることができるでしょう。イエスがわたしたちのところに来られるとき、彼は「わたしはあなたを心から愛している」と言われます。わたしがこの修道会に来たのは、イエスを知り、イエスを愛し、第四誓願によって、その愛を生きる活動に注ぐことです。

これが誓願です

イエスのみ心からの呼びかけ——これは明白な召命だと言われています。ある司教は、姉妹たちが別の仕事をすることを望んでおられました。「司教様、どうぞお選びください。これがわたしたちの誓願ですから、もし司教様がわたしたちをそのまま受け入れてくださらなければ、姉妹たちを引き上げさせます。彼女たちを失望させることは絶対できません」と申しました。わたしたちは貧しい人びとの中で最も貧しい人に奉仕しているのであって、その誓願がなんであるかを知らなければなりません。貧しい人びとの中で最も貧しい人を忘れかけています。もし十人しかいなかったら、十人で結構です。でもその中でいちばん貧しい人を選ばなければなりません。先の旅行中、ある裕福な人が隣に座っていて、「マザーテレサ、あなたは魚を与えるのではなく、魚を釣るようつりざおを与えたらどうですか」と尋ねましたので、彼に次のように答えました。「わたしが魚を与える人たちは、重い皮膚病にかかった人、精神障がい者、臨終の人たちで、自分自身で立つことができない人びとです。彼らがつりざおをもつことができるほど力を得たら、あなたのところへ彼らを送ります。そうすればわたしたちは仕事を完成させ、神のために、何か美しいことをご一緒にすることができるでしょう。」

愛は家庭で始まる

神を知り神を愛することを、どのように知ることができますか。神を愛することをどのように証しますか。家庭において父親は、子どもたちと妻のためにするすべてのことをとおして愛を証しします。わたしたちは、イエスに対する愛を存在と行動によって証しします。

＊

わたしたち一人ひとり、あなたにとってもわたしにとっても、まずは自分の家族を愛することが必要です。もしかしたら家族の中に苦しんでいる人、寂しい人、足の不自由な人、精神障がい者がいるかもしれません。それなのに、彼らにほほえむ時間さえないのです。愛は家庭から始まります。

もしあなたが現代社会の中で神の愛になりたいのなら、まずはあなたの家庭にあって神の愛になることから始めなさい。そうすればあなたは、出会うすべての人に対して神の愛の太陽の光となることでしょう。

三位一体と祝福された家族

共同体生活は、父と子と聖霊が一つである聖三位一体と関係しています。さらにイエス、マリア、ヨセフというナザレでの聖家族の家族生活の一致に結ばれています。そのためにわたしたち修道者も、家族として一致していなければなりません。会憲は「わたしたちは皆、共同体を、主が来られて一休みできるもう一つのナザレとしなければなりません」と述べています。世界中のあらゆる不幸、人びとの憎しみ、殺害などがあるなか、イエスはベタニアに来て、休息されました。

あなたの母をごらんなさい

わたしたちが皆、知っているように、家族の中心は母親です。もし世の中に多くの問題があるとすれば、家族の中心である母が、母として行動していないからです。聖書の中に驚くべき記述があります。「女が自分の乳飲み子を忘れようとも、わたしがあなたを忘れることは決してない。わたしはあなたを手のひらに刻みつける。[121]」現代では母親が自分の子どもを殺すという、あり得ないことを行っています。今日、自分の心をのぞいて、母親から遠ざかっていることがないか見てみましょう。イエスでさえも母親がいなければ生まれることができず、母の愛がなければ成長することはできなかったでしょう。わたしたちにとっての母はだれでしょうか。イエスの臨終の言葉は「見なさい、あなたの母です[122]」であり、そのとき以来、マリアは何回も、さまざまな場所で現れてくださいました。人びとはなぜ、ルルドやファティマやヴェランカニ[123]へ行くのでしょうか。わたしたちは皆、母の愛、母の保護が必要だからです。

子どもたちに対する神の愛

聖母マリアがイエスの母であり、ナザレでの家族生活をいかに美しく生きるかをイエスに教えられたように、わたしたちの母でもあってくださるよう願いましょう。わたしはあなたがたと共にあることを非常に幸せだと思っています。というのは、イエスは子どもたちに対して特別な愛をもっておられたからです。大勢の子どもたちがイエスのところへ来たとき、弟子たちは彼らを叱りましたが、イエスは「子どもたちをわたしのところに来させなさい、わたしは彼らを愛している[124]」と言われました。神はあなたがたをそれほど愛されたから、わたしたちの間に来られ、「わたしがあなたがたを愛したように、互いに愛し合いなさい[125]」とたびたび言われました。イエスはわたしたちをそれほど愛されたので、十字架の上で亡くなられ、わたしたちと共にあるために、ご聖体の内にとどまっておられます。ですから、あなたがたはイエスをいただくとき、彼がそれほど愛されるから、わたしたちのところへ来てくださることを思い出しなさい。インドでも他の国でも、実に多くの子どもたちがいますが、彼らを愛する人がだれもいない子どもがたくさんいます。ですから、あなたがたを愛している両親をもったことを感謝してください。

家庭内での神の愛の陽光

あなたがたは、家庭を燃えるような愛の中心とし、まず神の愛の陽光を家庭の中心としなければなりません。あなたがたは夫に対し、妻に対し、子どもたちに対し、両親に対し、関係のあるすべての人に対して、永遠の幸せの希望でなければなりません。あなたは大きな会社で働いていて、共労者ですが、その人びとのことを知りません。そこであなたは、あなたと共に働く人、あなたのために働く人に対して、神の愛の燃える炎でなければなりません。彼らはあなたの顔に愛する喜びを見ることができるでしょうか。清純な心の喜びを見ることができるでしょうか。イエスをあなたの内に見ることができるでしょうか。共労者として、これはとても大切なことです。そこに達するためにどうしたらよいでしょうか。祈ることです。愛は家庭から始まりますが、祈りも家庭から始まります。共に祈る家族は共にとどまります。そして共にとどまれば共に祈り、共にとどまればお互いを愛するようになります。

子どもたちのうちに愛を継続させる

子どもたちに今日あるべき姿を教えるなら、未来が来たとき、彼らはどうあるべきかを理解し、その時点での現実に直面する勇気と、より大きな愛をもつことでしょう。愛は家庭から始まるからです。お互いに対する愛は、家庭の中で学ばれなければならないと思います。子どもたちが、母親に対する父の愛、父親に対する母の愛を見るならば、それは子どもたちにとって将来、その愛を続けていくための力になると思います。

わたしたちは、その場にいるか

年老いた両親が、おそらく息子や娘たちに忘れられた状態で住んでいる老人ホームを訪ねたときのことが忘れられません。そこにはすばらしい物、必要なものすべてがそろっていましたが、彼らは皆、入り口のドアのほうを見ていました。だれ一人としてその顔に笑みはありません。一人のシスターに、「どういうことですか。何もかももち合わせているのに、なぜ彼らはドアのほうを見ているのですか。なぜ彼らにはほほえみがないのですか」と尋ねました。わたしは、わたしたちとかかわる人びとが、たとえ死に瀕《ひん》した人でも笑顔でいることに慣れきっていたのです。彼女は言いました、「これはほとんど毎日の状態です。彼らは息子や娘が訪ねてきてくれることを期待しているのです。そして忘れられていることに心を痛めているのです」と。ここに愛が必要なのがおわかりでしょう。自分の家族の中に寂しい思いをしている人、病の人、何か心配事のある人がいるかもしれません。それは皆にとって困難な日々です。わたしたちはそこにいるでしょうか。彼らを受け入れるため、その場にとどまっているでしょうか。子どもを迎えるため、母親はそこにいますか。

望まれない人はだれもいない

愛は家庭から始まる。家族の中でだれも、男性も女性も子どもも胎内にいる子も、だれにも望まれていないと感じさせてはなりません。神があなたがたを優しい愛で、心を寄せて、心配されるように、愛することを恐れないでください。マリアとヨセフがイエスを捜しに神殿へ戻ったように。彼らはイエスを三日間捜し求めました。御子を見つけるまで、彼らは休みませんでした。わたしたちもそのように感じるでしょうか。わたしの夫、わたしの妻、わたしたちの子どもはどこに？　どうしている？　病気？　寂しく？　わたしは彼らにとって喜びであるでしょうか？　わたしの心遣いは？　ちょっとしたほほえみ、一輪の花、一瞬の握手？

家族に与えられた神の最大の賜物《たまもの》

胎内の子ども（洗礼者ヨハネ）が、キリスト到来の理由、貧しい人に福音を告げるために来られたことを認知していたとは、なんと不思議なことでしょう。[126]キリストが伝えに来られたよい知らせとはなんだったのでしょうか。神は愛であること、[127]神はあなたを愛し、わたしを愛されることです。しかし神はより大きなこと、愛し愛されるために、あなたとわたしを創られました。わたしたちは、世界の中の単なる数としての存在ではありません。その理由のために、神の賜物である胎内の子どもの存在を認めることはすばらしいのです。家族に対する神の最大の賜物は子どもであり、それは愛の結実であるからです。神がその子どもを創造され、あなたとわたしを創造され、街路の貧しい人、飢えた人、裸の人を創造されたのです。単なる数としてではなく、神のイメージにそって、愛し愛されるために創造された、すばらしいことです。そして聖書の中で神は非常に美しく語られ、次のように言われます。「たとえ母親が自分の産んだ子を忘れようとも、わたしがあなたを忘れることは決してない。わたしはあなたを、手のひらに刻みつける。[128]あなたはわたしの大切なもの、わたしはあなたの名を呼ぶ(129)。」このために、子どもが生まれるとすぐに名前をつけ、それは愛し愛されるために、神が永遠からつけられた名前です。それは神の賜物《たまもの》、神の愛の最も美しい創造です。

子どもの愛

母性は、女性に対する神の賜物です。女性にとっても男性にとっても、世界にこのような喜びをもたらすすばらしい賜物に対して、どのように神に感謝したらよいでしょうか。しかしながら、この母性の賜物も特に中絶という悪により、また仕事や地位その他のことが、愛することや他の人びとに自分を与えることよりも重要だとする考え方によって、破滅させられるのです。どんな仕事も、どんな計画も、どんな財産も、「自由」というどんな思想も、愛に代わることはできません。したがって母性という神の賜物を破滅させることはすべて、女性に対する神の最も尊い賜物、女性として愛する可能性を消滅させます。神は「隣人を自分のように愛しなさい(130)」と言われました。ですから、まずは自分を正しく愛し、次に隣人を同様に愛することです。しかし、神が創られた自分をありのまま受け入れずに、どうして自分を愛することができるでしょうか。男女間の美しい相違を受け入れない人びとは、自分たちが神に創造されたことを受け入れず、そのために隣人を愛することができないのです。彼らは分裂、不幸、世界平和の破壊しかもたらしません。

神からの贈り物

コルカタで十三人の子どもをもつ女性が訪ねてきたことを覚えています。最初の子どもが重度の障がいのある子どもで、彼女も主人も働かなければなりませんでした。わたしは彼女に「あなたは働かなければならないから、その子どもをわたしに任せなさい。お世話します。あなたはたくさんの仕事があるのですから」と言いました。すると母親はわたしを見つめて、「マザー、あなたは何をおっしゃるのですか。この子は神からの贈り物です。この子はわたしたち全員に、どのように愛するかを教えてくれているのです。一人ひとりの子どもが、その子のためにできることをすることで、その子の生活の一部を担い、その子は美しい喜びをみんなに与え、どのように神を愛するかということを教えてくれ、わたしたちの生涯にとって大切な役目をしています」というのです。キリスト者でない人がこのように言うのを聞いて、わたしはなんとすばらしい教訓かと思いました。彼女がその障がいのある子を放棄せず、他の施設に預けもせず、神からの贈り物として、わたしたちの子ども、わたしの兄弟、わたしの姉妹として受け入れる勇気！　このように話すことができるのは、母親だけです。それでわたしはこの家族を訪れ、小さい子どもたちがお兄さんのためにあれやこれやと動いているのを見ました。末っ子が、足の不自由な兄を笑わせようと、鎖を引っ張って笑いを誘っていました。それはほんとうに美しい光景でした。

家族と祈り

クリスマスにイエスがお生まれになったことで、聖家族は完全になりました。わたしたちの家族にも、この神の現存をもたらさなければなりません。それをどのようにするのでしょうか？祈りによってです。共に祈る家族は共にとどまり、共にとどまればお互いを愛することでしょう。祈るならば心は清くなり、清い心は神を見ることができます。

最初のクリスマス、イエスのためには宿がありませんでした(131)。神でありながら、イエスはそれほど小さく、謙虚で、無力でした。彼は人間の母に依存していました。

現在も、イエスは胎内の子ども、物質的にも霊的にも貧しい人、愛と友情に飢えている人、神の愛の豊かさを知らない人、人の心の中にある愛の家を求めるホームレスの人の中で、小さく、謙虚で、無力で存在されます。イエスはあなた自身の心の中で、家族の中で、近所の人びととの中で、飢え、裸で、病気で、ホームレスでいらっしゃることがあります。わたしたちはこのようなイエスを迎え、ほほえみや慰めの言葉をかける用意があるでしょうか。

わたしたちの関心がパーティーや贈り物だけに向けられているならば、クリスマスにキリストのことを忘れがちです。神が与えてくださった最上の、最もすばらしい贈り物イエスを忘れないようにしましょう。そして神がわたしたち一人ひとりを愛してくださるように、家族から始め、お互いを優しく個人的な愛で愛することによって、相互にイエスを与え合いましょう。

＊

自分たちの行動から、明日がどんな日になるかを言うことができます。たとえば、生まれなかった子どもの叫びを聞くとき、結果がどうなるか知っています。母親が子どもを殺せるのでしたら、わたしたちがお互いを殺したところでなんだというのでしょう。その行為は世の中に幸せも平和ももたらしません。ですから、今日の出来事、平和も喜びももたらさないことを見ていると、将来は非常に暗いものとなります。わたしたちがより偉大なことのために創造されたのを忘れていると思います。わたしたちは愛し愛されるために創造されたこと、神のイメージに似せて創造されたことを忘れているのです。ですからそのことを忘れれば、すべての美しいこと、聖なること、よいことを忘れてしまうのです。そしてそれは特に家族生活の崩壊からくると、わたしは思います。というのは、共にいるときはますます少なくなり、共に祈る時間もますます少なくなっているからです。共に祈らなければ、共に生活することは不可能だからです。

＊

イエスは、どのようにお互いを愛するのかというよい知らせ（福音）と、その愛がどこから始まるか——家庭から——を伝えるために来られました。それはどのように始まるのでしょうか。共に祈ることによってです。その理由は、共に祈る家族は共にとどまり、共にとどまると、神があなたがたを愛されるように、あなたがたもお互いに愛し合うようになるからです。そして現代の世の中に多くの問題があるのは、家族の中で共に祈っていないからです。多くの家庭崩壊があり、家族の別離があるのはなぜでしょうか。わたしたちが祈っていないから、愛が死滅しているのです。祈るならば清い心をもつことができ、清い心は神を見ることができ、神が愛されるように愛することができます。ですから家族の中に祈りを呼び戻しましょう。子どもたちに祈りを教えてくださるよう先生たちに頼みなさい。そして親であるあなたがたも、子どもたちにどのように祈るかを教え、彼らと共に祈ってください。あなたがたが祈る姿を子どもたちに示し、子どもたちがあなたがたを見て、あなたがたと共に祈ることによって祈りを学ぶのです。そして祈ることを学んだ子どもたちは、愛することを学ぶでしょう。愛することを学んだ子どもたちは、まず自分の家族を、次に他の家族にも、その愛を分かち合うことを学ぶでしょう。

注
（1）マタイ25・40参照。
（2）マタイ25・40。
（3）マタイ26・26～28と同様のマルコ14・22～24、ルカ22・19～20、一コリント11・24～25。
（4）カトリック教会のカテキズム1397（CCC1397）。
（5）You did it to Meはマザーテレサの五本指の福音。
（6）一コリント13・4～7参照。
（7）これらは霊的書物の中では「情欲」と呼ばれている。
（8）カトリック教会のカテキズム916（CCC916）。
（9）『教会憲章』31。
（10）マタイ25・35～40参照。
（11）マタイ25・40参照。
（12）マタイ25・31～46参照。
（13）マタイ25・40参照。
（14）ヨハネ6・35参照。
（15）ヨハネ19・28参照。
（16）マタイ25・40参照。
（17）使徒言行録9・5～7、22・1～8、26・12～15。

(18) マタイ10・42、マルコ9・41参照。
(19) マタイ18・5、マルコ9・37、ルカ9・48参照。
(20) マタイ25・35参照。
(21) マタイ25・35〜46参照。
(22) マタイ18・5、ルカ9・48、マルコ9・37参照。
(23) マルコ9・41参照。
(24) マタイ25・36参照。
(25) マタイ25・40参照。
(26) マルコ9・41参照。
(27) マタイ25・34〜40参照。
(28) マタイ27・34参照。
(29) ヨハネ1・6、23参照。
(30) 低地環状道路54Aは、コルカタの神の愛宣教者会本部の所在地。
(31) ヨハネ7・37参照。
(32) リチャード・ブランチャード作詞「主よわたしの杯を満たしてください」の中の「来て、わたしの魂の渇きを癒やしてください」に言及している。
(33) ヨハネ13・35参照。
(34) MC（神の愛の宣教者会）のサリーの三本のブルーライン。
(35) カリガートはコルカタ近郊に所在し、一九五二年にマザーテレサによって創設されたホスピスで、公式には「清い心ホーム」（ニルマル・ヒルダイ）と呼ばれている。
(36) ヨハネ6・53参照。
(37) 出エジプト記3・2参照。

(38) マタイ25・40参照。
(39) レバノンにある神学院。
(40) マタイ25・31〜40参照。
(41) ヨハネ6・53〜56参照。
(42) マタイ25・31〜40参照。
(43) 貧しい人びとの中で最も貧しい人に全身全霊で尽くす無償の奉仕。
(44) 栄養不良者に必要な高度のプロテインを含む消化のよいインドの一般の食べ物。
(45) お世辞を言う。
(46) 詩編69・21参照。
(47) 文字どおりでは見せもの、ショーの意。
(48) 詩編69・21参照。
(49) 一ヨハネ4・20参照。
(50) ヨハネ19・25参照。
(51) ヨハネ12・24参照。
(52) ヨハネ18・23参照。
(53) マタイ5・8参照。
(54) ヨハネ13・34、15・12参照。
(55) マタイ5・16参照。
(56) ヨハネ13・35参照。
(57) マルコ13・10、16・15、マタイ28・19参照。
(58) ルカ1・37参照。
(59) イザヤ書43・1、4参照。

(60) ヨハネ15・15参照。
(61) イザヤ書43・2参照。
(62) イザヤ書43・4参照。
(63) イザヤ書49・15〜16参照。
(64) ベンガル語で鈍いの意。
(65) ヨハネ13・34参照。
(66) ヨハネ15・11参照。
(67) ローマ8・35〜36、39参照。
(68) イザヤ書43・1〜4参照。
(69) マタイ16・24参照。
(70) 清貧、貞潔、従順、そして貧しい人びとの中で最も貧しい人に全身全霊で尽くす無償の奉仕。
(71) ルカ2・51参照。
(72) ガラテヤ2・20。
(73) エレミヤ書31・3参照。
(74) マタイ10・30、ルカ12・7参照。
(75) ヨハネ15・16参照。
(76) ルカ18・18〜23参照。
(77) ルカ19・1〜10参照。
(78) マタイ11・29参照。
(79) マタイ12・24、マルコ3・22参照。
(80) ヨハネ14・15参照。
(81) マタイ5・48参照。

(82) ガラテヤ2・20参照。
(83) 創世記2・24、マタイ19・4〜6、マルコ10・7〜8参照。
(84) ヨハネ15・4参照。
(85) イザヤ書43・2参照。
(86) ヨハネ6・53、56参照。
(87) ルカ2・7参照。
(88) イザヤ書61・1、マタイ11・5、ルカ4・18、7・22参照。
(89) マタイ13・55、マルコ6・3参照。
(90) 二コリント8・9参照。
(91) インドの姉妹たちの間で通常行われたように、マザーテレサは自分のことを三人称で語っていた。
(92) 許可を得るときのMC（神の愛の宣教者会）の表現で、「……してもよろしいですか？（Please, may I……)。」
(93) ヨハネ5・36、8・16参照。
(94) ヨハネ14・28参照。
(95) ルカ22・67参照。
(96) ルカ1・38参照。
(97) ルカ2・51参照。
(98) ヨハネ6・38参照。
(99) 創世記2・16〜17参照。
(100) マタイ19・16〜22、マルコ10・17〜22参照。
(101) 神学大学卒。(Baccalaureus Theologiae)
(102) 貧しい人びとの間でのMCの仕事。
(103) ヨハネ6・38参照。

(104) 同右。
(105) ヨハネ4・34参照。
(106) ルカ1・38参照。
(107) ヨハネ19・11参照。
(108) ルカ1・38参照。
(109) ルカ22・42参照。
(110) ローマ8・35、39参照。
(111) ルカ1・38参照。
(112) ルカ1・39〜45参照。
(113) ヨハネ14・15〜23参照。
(114) ヨハネ15・9、12参照。
(115) ヨハネ6・35参照。
(116) マタイ25・40参照。
(117) マタイ5・8参照。
(118) マタイ25・34〜36参照。
(119) マタイ6・33参照。
(120) ヨハネ21・15〜19参照。
(121) イザヤ書49・15〜16参照。
(122) ヨハネ19・27参照。
(123) ベンガル湾岸にある健康の聖母にささげられた聖所。
(124) ルカ18・16参照。
(125) ヨハネ13・34参照。

(126) ルカ1・44参照。
(127) 一ヨハネ4・8、16。
(128) イザヤ書49・15〜16参照。
(129) イザヤ書43・1、4。
(130) レビ記19・18、マタイ19・19、22・39、マルコ12・31、33参照。
(131) ルカ2・7参照。

V

お互いに喜びの源でありなさい

「イエスの教えの中心」である真福八端（『カトリック教会カテキズム要約』一七一六）の中で、マザーテレサが最もしばしば語ったのは六番目の「心の清い人びとは、幸いである、その人たちは神を見る」でした。マザーの表現では、心の澄んだ人のみが、「パンの外観のもとにも、貧しい人の悲惨な外見のもとにも神を見る」ことができる、でした。清い心はあらゆる執着から解放され、神を中心として他の人びとの中に神の現存を感じとることのできる人です。そして「もしお互いの中に神を見るならば、神があなたを愛されるように、お互いを愛するでしょう」そしてあなたは「お互いに喜びの源となるでしょう」でした。

心の清さは生活の中で、大小にかかわらずあらゆる出来事の中に、神の現存とその愛に満ちた活動を感じさせます。その当然の反応は、愛に対して愛を返すことです。「満面の笑みをもって神がくださるものをすべていただき、神が取られるものすべてをささげなさい」とマザーテレサが深い霊的枯渇の中で表明したことは、どのような状況にあっても、完全な委託、愛に満ちた信頼、歓喜の中での神に対する彼女特有の応答です。

「イエスが望まれることとすべてを、望まれるままに、望まれる間ずっと、させて差し上げなさい。」この言葉は彼女の神への委託の度合いを表しています。このような応答の理由が、彼女との会話の中で明らかになりました。「ある日、一人の修道女が、神に対するわたしの委託に驚いていると話しました。彼女は一本の指を主にささげることを恐れている、なぜならそれは次に手をささげることにつながるからだと言うのです。わたしは愛であるかたを恐れていません。彼は死にいたるまでわたしを愛してくださったのですから。」

彼女が自分を主が喜ばれるように委託したのは恐れからではなく、主の愛の力と優しさにひかれ、愛されていることを知っていたからです。「空の手をイエスにささげ、相談なく使っていただく」ことを決意して、マザーテレサは無一物になるまで、無条件にすべてをささげ、つねにより多くをささげる努力をして何も留保しませんでした。

「新約における神は愛とコンパッションと憐れみの神です。そのためにわたしたちは神を心から信頼でき、恐れはまったくありません。」神の愛に制限がないことを信じていた彼女はそのお返しに、神に対する信頼に制限をおきませんでした。どんな障がいも失敗も神の無限の英知と不変の愛に対する彼女の信頼を弱めることなく、神が使われる媒体の不適切さにもかかわらず、そのご計画実行の可能性を信じていました。

聖母が生きられた信頼が彼女自身にもインスピレーションを与え、次のように述べています。「マリアもまた自分の無にかかわらず、主の救いのご計画に使われることを受け入れ、それによって神に対する不動の信頼を示されました。それは彼女において、彼女をとおして全能であるかたが偉大なことをされる可能性を知っていたからです。」これによってマザーテレサは自分自身の「無」を神のご意向のままにおき、神が彼女に託された使命を実行することによって、神が彼女をとおしてすばらしいことを行われると信じていました。そして彼女の信頼は裏切られませんでした。

輝くほほえみによって表明された喜びは、マザーテレサの明らかな特徴の一つでした。それは「愛する喜び」、「分かち合う喜び」、「与える喜び」であり、彼女が出会う人びとに神の現存を見えるものとしたのは、この喜びでした。それは信仰を必要とし、信仰の表明でもありました。

彼女の内的暗黒と、貧しい人びとの激しい苦しみに直面して失望に陥らないようにすることは、マザーにとってときにはチャレンジでした。彼女は故意に感情に支配されず、確信に基づいて行動することを選択し「神に対して心からの〈はい〉とすべての人に対して大きなほほえみを」という決心を実行していました。彼女自身の生きた体験から、姉妹たちに対して次のように言っています。「あなたがたは喜びのＭＣ（神の愛の宣教者会）でなければなりません。そのしるしによって、世界はあなたがたがＭＣであると知るでしょう。」

「わたしは、あなたがたが不親切によって奇跡的な仕事をするよりは、親切によって間違いをすることのほうを好みます」とマザーテレサは姉妹たちに書き送っています。これは彼女自身が従っていた原則でした。まさにこの思いやりのある態度が、他の人びとの行動を好意的な光の中で見て、疑いを晴らしたり間違いをカバーしたりしていたのです。この親切が彼女を近づきやすい存在とし、彼女と意見が相違する人びとからも求められる存在にしたのです。こうした愛を伝達する親切を、彼女は姉妹たちに要求していました。「神の親切の生きた表現になりなさい、あなたがたの顔に親切を、あなたがたの目に親切を、ほほえみに親切を、温かい挨拶に親切を。スラムにおいて、わたしたちは貧しい人たちに対する神の親切の光なのです。」

コンパッション、それは苦しむ人に対する単なる同情ではなく、苦しむ人と共に苦しむこと、それが彼女にとって「第二の性質」となっていました。彼女は他人の苦しみに慣れることもなければ、それを無視し、あるいは何もできない傍観者となることもありませんでした。むしろ、自分が目撃したなんらかの困難にある人のために、たとえそれが犠牲を伴うものであっても、何かをするよう自分にも他人にもチャレンジしていました。

マザーテレサは果たすべき仕事において、自発的であり自然体でありました。手がけた仕事がいかに単純で無意味に見えても、最も細かいところまで慎重に丁寧に果たしました。これが彼女の愛を表明するあり方だったのです。彼女は繰り返し言っていました。「どれだけをしたかではなく、どれだけの愛を込めてしたかです」と。リジューの聖テレジアの「小さな道」にひかれていたマザーテレサの、目立たない仕事をするときの有名な勧告「小さなことを大きな愛をもって、目立たないことを普通以上の愛をもって」は、保護聖人の教訓を拡張した表現でした。彼女はさらに「事が小さければ小さいほど、より大きな愛をもって」とつけ加えています。

「愛は家庭から始まる」は、「小さなことを大きな愛で」を実践する場を示しています。愛の真価が容易に試され、認められるのは、「家庭」すなわち最も親しい人と共にいる家族の中で、あるいは共同体においてです。「あなた自身の家族の中で愛さないならば、どのように他の人たちを愛することができますか」とマザーは尋ねるのでした。彼女自身は思いやりとたびたび隠れた小さなジェスチャーに示された愛によって注目され、それを受けた人びとは喜びと感謝で顔が輝いていました。

わたしたちの最も身近にある人びとを愛することは、世界を変容させ始める手段である、とマザーテレサは繰り返していました。「愛は家庭から始まるのですから、自分の家庭から隣人に、わたしの住む街路に、わたしの住む町に、世界中に愛は広まるのです」と。貧しい人に対する奉仕活動を分かち合いたいと望む人びとに、自分の家族を愛することは、遠くにいて助けを必要とする人に、時折奉仕すること以上に挑戦的となり得、同様の価値があることを思い起こさせています。

マザーテレサは人間社会の底辺にある人びとに安楽をもたらし、望まれない、愛されない、世話されないと感じる人びとに、神が彼らを望まれ、愛し、心にかけてくださると示すことに焦点をおいていました。これが彼女の生涯の仕事だったのです。マザーが達成したことは普通以上ですが、現実には単純な普通の行動「愛の謙虚な行為」の集積であって、だれにでもできることでした。一般的には、日々の生活はこうした「ささいなこと」の連続で、比較的大きなことは少なく、まれです。そのためにマザーテレサが「普通のことを普通以上の愛をもってする」あり方に専念したことが、周囲の人びとに愛され、心をかけられていると感じさせたのです。

貧しい人へのミッションが神のみ業《わざ》であると全面的に確信していたので、彼女は神の呼びかけに応えてこの仕事に乗り出しました。彼女は自分の弱さと限界を恐れていましたが、神は度重ねてご自分が「責任者である」ことを示されていました。委託されたミッションに対して不適切であるという彼女のつぶやきにイエスは、「あなたが最も無能で、弱く、罪深いことをわたしは知っている。だが、そのようであるからこそ、わたしの栄光のためにあなたを使いたい！　あなたはそれを拒むのか？」と言われました。お世辞ではない、このみ言葉は、彼女に酔いをさますような効果をもたらしました。彼女の弱さと罪深さは、イエスの呼びかけを拒む十分な理由でもなく、イエスが願ったことをしない口実にもならなかったのです。彼女はどうして拒否できたでしょうか。以来長年にわたり、神は貧しい人に対する神の愛のチャンネルとして彼女を使い続けられました。この気づきから、彼女は「神はその偉大さを示すため、無を使われる」と主張するようになったのです。

世界の貧しい人の間での事業が、彼女自身のものでないことを意識して、マザーテレサは「わたしは神のみ手にあるたった一本の鉛筆」と言っていました。彼女は自分の受けた賜物《たまもの》と同時に弱さも知っていました。賜物は彼女を傲慢にしたり、自己満足にうぬぼれさせたりもせず、弱さも自己卑下や自己憐憫《れんびん》に溺れさせませんでした。自分の現実を受け入れ、感謝のうちに受けたものを認めました。つねに神のみ旨だけを行うことを望み、単なる道具である役割を失うことを恐れていました。

「わたしはこの事業がすべての詳細な点にいたるまで〈神のみ業《わざ》〉であり続けることを願います。確かにわたしは全身全霊をもってこの仕事をしていますが、神のためにそれをし、神のみ旨の完成のために、お望みのままにわたしを使っていただくようにしています。この事業の中でわたしにできることは本来何もないことを知っているので、自分の仕事だと言えるものは何一つありません。」彼女のミッションの聖なる性質に対する尊敬が、可視的成功とそれがもたらす賞賛をまえにして、彼女を傲慢から守っていました。彼女はこの危険について後に続く人たちにも注意を促し、「神のみ旨を損なうことがないよう祈ってください」という言葉でたびたび講話を結んでいました。

マザーテレサは貧しい人に援助と慰めをもたらすために、数え切れないほど世界を回りました。しかしながら彼女の果たしたあらゆる善にもかかわらず、変化は特に目立ちませんでした。「いまだに多くの貧困が存在し、その原因は大部分変わっていない」と、結果が見られないことを盾に、多くの人びとが彼女に挑戦しました。しかし彼女はもともと社会機構を変更できるとか、貧困を根絶できるなどと明言したわけではありません。神が彼女を呼ばれたのは、世界の政治的・

社会的問題に取り組むためではなく、実際に苦しむ人びとの個人的ニーズにかかわるためでした。彼女は自分の仕事が「大海原の一滴」でしかないことを意識していましたが、「その一滴がなければ、大洋に一滴の水が欠けることになる」と言っていました。彼女は可能なことに力を尽くし、他の人びとにも同様の活動を奨励していました。

「多くの人はわたしたちが社会計画と進展計画をもって事業を続けるべきだと言いますが、わたしたちはそのためにここにいるのではありません。それは他の人たちの仕事です。一人ひとりが自分にできることをしてください。姉妹の皆さん、お願いします。どうぞ混同しないでください。愛は今日のためであり、計画は将来のためです。」社会の底辺にある人びとの生活改善のために働く人びとの努力を高く評価してはいましたが、マザーと彼女に続く人たちは、ソーシャル・ワーカーではないことを強調しました。困窮者に助けをもたらすという企画においては同様でしたが、マザーのミッションは異なった尺度をもっていました。その起源は神からの明確な呼びかけであり、その目的は神からの任命でした。彼女の使命は具体的な奉仕によって「人間の魂を神に、神を人間の魂にもたらす」ことでした。彼女は奉仕する人たちに、彼らが見放され拒否されていると感じていても、実際には真に愛され、心をかけられていることを証ししながら、できるかぎり忠実にこの呼びかけに献身し続けました。

マザーテレサは苦しみの中で絶望する人たちに、たびたび単純に神の愛を思い起こさせることによって希望を与えました。人びとが困難をもって彼女のもとにやってくると、いつでも彼らを慰め励ます方法を見いだしていました。苦しむ人を支援し、疑問のある人に勧めを与え、困窮者に具体的援助を与えることは、多くの人にとって神の愛のしるしとなりました。しかし他のときに彼女にできたことは、単なるほほえみであったり、親切な言葉、一枚の聖画、祈りの約束を伴ったメダルであったりもしましたが、これらのささいな愛の表現は、希望、情熱、生きる意味、愛する望みなどの再活性化を助けました。

マザーの在世中にも人びとは彼女の抜群の聖性を認め、彼女を「生きた聖人」と呼んでいました。彼女の聖性についてささやかれた明白な指摘に対し、「聖性とは少数の人の特権ではなく、あなたがたにとってもわたしにとっても単なる義務です」と彼女は素直に答えるのでした。聖性とはわたしたちに当然の状態ですから、そこに自己礼賛の理由はまったくありません。

聖性はすべての人の単なる義務であると述べながらも、マザーテレサはそれが容易に達成されることであるとは言いませんでした。聖性とは、魂の中で聖霊が働かれるみ業《わざ》の結実であることを十分に意識して、彼女はまたそれがわたしたちの側からの努力と強い決心を必要とすることを強調しました。「神の祝福を受けて、わたしは聖であることを決意し、それを望みます」は彼女の生涯の最期の時期に繰り返し唇にのぼった言葉でした。体力は何回も消耗しましたが、聖性に向かう努力の決意は決して衰えることがありませんでした。

マザーテレサはすべての人にとって最も根本的なこと、すなわち愛し、愛されることに重点をおきます。彼女は生涯の仕事を、この要求が最も満たされない人びとに向けて、神の愛とコンパッションがなんであるかを啓示しました。こうして彼女は、神は存在する、そして現存し、今も世界を愛されることのしるしとなりました。「神は今もあなたをとおし、わたしをとおして世界を愛しておられる」は彼女がたびたび繰り返した言葉です。この理由のために、彼女の後に続く人びとに、神の愛の宣教者——神の愛の運び人となる呼びかけを意識して生きることを強く求めました。

発展途上国でも先進国でも、彼女が目撃し遭遇した物質的・霊的貧困の極限状態は、たびたび社会機構に対しても、個人的良心にとってもチャレンジでした。彼女の模範に照らされて、多くの人が愛のミッションに参加することを望みましたが、すべての人が貧しい人びとに直接かかわる仕事に呼ばれたわけではありません。しかし、すべての人は彼の・彼女の特有なミッションを遂行し、聖ヨハネ・パウロ二世教皇が呼ばれた「愛の文明」を打ち建てるため協力するよう呼ばれています。「神のすべての賜物《たまもの》はすばらしい、しかしすべてが同じではない」と言っていたように、マザーテレサは他の人びとそれぞれの固有のタレントと努力を尊重し、評価し、激励する方法を知っていました。なんらかの方法で彼女の模範に倣いたいと望む人たちに彼女は次のように答えています。あなたにはできません。あなたにできることを、わたしはできません。「わたしにできることが、あなたにはできません。しかし、わたしたちは共に神のために何か美しいことができます。」彼女の生涯のあらゆる時点で、神のために何か美しいことをすることが、この世界をよりよく、より愛すべき住みかとするマザーの在り方でした。

清い心は神を見ることができる

心の静けさのうちに神を見ることができるためには、清い心が必要です。清い心だけが神を見ることができ、神の語られることを理解できます。

わたしたちの心が清いならば

デリーにいたとき、大通りを車で走っていました。道端で一人の男性が、半身歩道に、半身車道に倒れていました。かなりの車が走っていましたが、だれも彼の具合を見ようと止まる人はいませんでした。わたしは車を止めてこの男性を抱き上げましたが、便乗していた姉妹たちは驚いて、「マザー、どうしてこの男性が見えたのですか?」と尋ねました。だれも彼を見なかったし、姉妹たちも彼に気づきませんでした。

心が清ければ、神を見ることができます。わたしたちの心が罪から自由であれば、神を見るのです。

謙虚な心

イエスとマリアとヨセフが謙遜を教え続けられたのはこのためです。というのは、謙虚な心は清い心であって、清い心は神を見る[1]ことができるからであり、そのうえ、わたしたちはマリアをとおして必ずイエスのように聖なる者に成長することでしょう。

慰める人になりなさい

なぜなら清い人はキリストの恐ろしいほどの苦しみを見て、分かち合うことができるからです。特にこれほど多くの罪が犯される世界で、キリストを慰める者が必要なとき、彼を慰める者になりなさい。

謙虚な心には聞こえる

謙虚で清い心をとおして、キリストに似た者に成長しなさい。謙虚な心は、内的静けさのうちに神が語られることを聞くことができ、清い心は全心を傾けて神を見、神に語ることができ、貧しい人びとの中で最も貧しい人の悲惨な状態に身を隠されるキリストに奉仕することができます。

清純な心が必要

わたしたちはイエスを目の当たりにしないで彼に奉仕していますが、見て奉仕することも必要です。そのためには清純な心が必要です。なぜなら清純な心だけが神を見る[2]ことができ、触れることができ、奉仕することができるからです。清純な心は罪から解放された自由な心です。わたしたちとソーシャル・ワーカーとの違いはなんでしょうか。ニューデリーの政府高官が答えを与えてくれました。「わたしたちは何かのために事をしますが、あなたがたはだれかのためにしています。」そして彼はそのだれかがイエスであることを知っていました。見ることができるために、わたしたちには罪から解放された自由な心が必要です。

完全な委託

お互いに喜びの源でありなさい。あなたがたはイエスにとって大切な存在です。彼はあなたを、わたしを、彼女を愛しておられます。彼はあなたに対して繊細な愛をおもちです。わたしがあなたを愛しているので、イエスはわたしを愛されます。わたしたちのホームはどこにあるのでしょうか。共同体そのものの中です。愛はどのように始まりますか。祈りです。祈りは清純な心を与えます。わたしがあなたがたに話す三つのことを覚えておいてください。すなわち、神に対する完全な委託、お互いに対しての愛に満ちた信頼、すべての人との喜び。そうすれば、イエスのように真に聖なる者になるでしょう。マリアをとおして、すべてをイエスのためにだけすることによって、イエスのように聖なる者となりなさい。

完全な委託

完全な委託とは、わたしたちを神に完全にささげることです。なぜ神に自分たちを完全にささげなければならないのですか。それは神がご自身をわたしたちに与えられたからです。わたしたちに何一つ負い目のない神が、わたしたちにご自身すべてを与えてくださるのでしたら、わたしたちの一部だけをささげることができるでしょうか。わたしたちを全面的に神にささげることは、神ご自身を受ける手段です。わたしは神のものであり、神はわたしのものであられます。わたしは神のために生き、自分自身を神にささげます。それによって神が来られてわたしのうちに住まわれるのです。したがって神を所有するために、わたしたちは自分たちの魂を神のものとしなければなりません。もし神がわたしたちに自分自身をささげる力を与えられていなかったなら、わたしたちはどんなに貧しくなっていたことでしょう。今、わたしたちはなんと豊かなことでしょう！　そして神を味方にするのは、なんとやさしいことでしょう！　わたしたちが神に自分たちをささげれば、神はわたしたちのものとなられ、神以外のものはなくなります。わたしたちの委託に報いてくださる代価は、神ご自身です。神に全面的に委託するとき、わたしたちは神を所有するにふさわしい者になります。

委託とは、わたしの自由意志と理性、すなわち神の言葉によって導かれるわたし自身の光を、純粋な信仰のうちに神にささげることです。わたしの魂は暗闇にあるかもしれませんが、その暗闇、試練、苦しみは、わたしの無条件的委託の確実な試金石であることを知っています。

委託はまた真の愛です。委託すればするほど、神と人びとの魂を愛するようになります。人びとの魂をほんとうに愛するならば、彼らに代わって彼らの罪を負い、苦行と継続的禁欲によって償わなければなりません。人びとの魂はそれを必要としているので、わたしたちは生きたいけにえにならなければならないのです。わたしたちにささげるよう促す愛に制限はありません。自分たちを神にささげることは、神への犠牲となることです――それは神の愛の犠牲、人間によって受け入れられない神の愛の犠牲です。この修道会の精神は完全な委託です。わたしたちは一般の形では満足しません。他の人びとがよしとすることでも、わたしたちには十分ではありません。わたしたちは愛のために亡くなられた、無限の神の渇きを癒やさなければなりません。完全な委託だけが、真の神の愛の宣教者の燃える望みを満たすことができます。

キリストは御父に委託された

キリストは多くの人のあがないのために、御父にご自分を完全に委託されました。キリストは神でいらっしゃいますが、父なる神と同格であることを固持せず、人間に似たものとして生まれ、しもべの姿でご自分を明け渡されました。そして聖母マリアは「わたしは主のはしためです。お言葉どおり、この身になりますように(3)」と応えられました。マリアは完全に自己から解放されていましたから、神は彼女が神にあふれるよう恵みで満たされました。マリアは余すところなく神のものとなり、信頼と喜びのうちに、神が望まれるままにご自分を使われるようにされます。神がご自身をわたしたちに与えられたので、わたしたちも自分を完全に神にささげる委託によって、まったく神のものとなり、神のご意志のままになります。それによってわたしたちは神を所有し、大きなほほえみをもって神が与えられるものを受け、神が取られるものをささげ、神のお望みのままに使われ、純粋な信仰のうちに自由意志と理性と生涯を神にささげます。それによって神がわたしたちの思いの中にご自分の考えをおき、わたしたちの手をとおしてご自分の仕事をされ、わたしたちの心によって愛することがおできになるためです。わたしたちの完全な委託はまた、長上に対し、姉妹たちに対し、わたしたちが奉仕する人びとに対する応需性をとおして、神と教会の望みをまったく快く引き受ける態度にも表れます。

イエスのように委託する

「完全な委託」は福音を終始一貫するキリストの精神です、すなわち「わたしが天から降ってきたのは、あなたのみ心を行うためである[4]」、「父とわたしは一つである[5]」、「父よ、わたしの意志ではなく、あなたのみ旨が行われますように[6]」、「わたしの食べ物とは、わたしをお遣わしになったかたのみ心を行うことである[7]」、「父よ、あなたのみ手にわたしの魂を委ねます[8]」と言われました。これはキリストがどのように生きられたかであり、すべてのMC（神の愛の宣教者会）が生きる道であり、「なぜ？」とか、それ以外につけ加えることはありません。それはまた聖母マリアの生き方でもあります。これはマリアが悲しみの母となられた理由であって、「余すところなく主のものとなり、全幅の信頼と喜びをもって」つねに「はい」と言ったからです。

わたしたちも主がわたしたちを所有物となさることができるように、自分たちを完全に神にささげなければなりません。わたしたちは「主が取られるものをなんでもささげ、主が与えられるものを受け」なければなりません。長上や姉妹がくださるからではなく、彼女をとおして主がくださるからです。このことを理解するならば、あなたがたは共同生活において困難はなくなるでしょう。

これはあなたがたを変えるでしょう

「神に対するわたしたちの完全な委託とは、イエスとマリアがそうであったように、御父のみ心のままになることです。」会憲は何一つ特別なことを要求していません。イエスとマリアのようになることだけです。「神がご自身をわたしたちに与えてくださったので、自分たちを完全に神にささげることによって神のみ旨のままになるのです。」説明することは何もありません。わたしたちはいかに自分たちを神にささげたかを知っており、また生活の中で神がいかに存在されるかを知っています。神へのわたしたちの委託はなんでしょうか。「わかりません」とは言わないでください。それはうそをつくことになります。「なぜなら神はわたしたちにご自身を与えられ、わたしたちは神のものだからです。」

異動の命令がやってくると、「そこの気候は合わない」などというのですが、そんなことがどうしてあり得ましょうか。大丈夫です。そこへ行って、死んでください。死ぬのです。あるときヨルダンで戦争があり、一人の姉妹が銃声の中から電話してきました。「あなたが死ぬときわたしに教えてください」という言葉がわたしの口をついて出ました。わたしはその言葉を用意していたわけではありません。彼女たちは再び電話してきませんでした。姉妹の皆さん、死ななければならないのであれば、死んでください。すばらしいことです。もう一つの事例があります。ある姉妹をむずかしい場所へ送りましたが、彼女はそこへ行くことを喜んでいませんでした。彼女はそこへ到着したとき、次のような手紙を書いてきました。「到着したとき、主人が待っていてくれました。」彼女はイエスが待っていてくれたことを理解し、平和と喜びを見いだしましたが、それは彼女が「はい」と言ったからです。あなたがたもこれと同じ習慣を身につけなければなりません。これは神の愛の宣教者会の精神です。行きなさいと言えば行き、来なさいと言えば来るのです。わたしはある姉妹を異動させました。彼女が本部に来たとき、再度異動してもらわねばなりませんでした。ダージリンの寒さは彼女の鼻を凍らせ、鼻を真っ黒にしてしまいました。何年かして彼女は再び異動することになりました。わたしは彼女の鼻のことをすっかり忘れてしまい、彼女もそれについてひと言も口にしませんでした。そのときわたしは彼女を駅へ連れていき、駅で彼女を電車に乗せました。そのときわたしは彼女の鼻のことを思い出し、その姉妹に「荷物を全部もって降りてください」と言いました。彼女は喜んで従ってくれました。わたしたちも喜んでそのようにできるでしょうか。

わたしがよく知っているイエズス会士のことです。彼は三十九年間に三十七回異動を命じられました。そしてその朝も、管区長がやって来て「あなたにあそこへ行っていただきたい」と言ったのです。この司祭はなんと言ったと思いますか？「これはわたしの三十八回目の異動です」とは言いませんでした。彼は「何時の電車に乗りましょうか？」と言ったのです。あなたがたと、わたしだったらなんと言ったでしょうか。泣いたりもせず、お別れのためにだれだれを呼んでくださいなどとも言わない。それはほんとうの犠牲だったでしょうか。もしわたしがイエスのものでありたいなら、従順は真の犠牲です。

もう一人のイエズス会士がもっとひどい話をしてくれました。彼は異動を命じられて電車に乗り、喜んで任地へ向かいます。一日の長旅を終えて電車が駅に到着したとき、彼は一通の電報を受け取ります。「電車を乗り変えて、別の場所○○へ行ってください」と書かれていました。「あなたはどうお感じになりましたか？」と尋ねると、「ＯＫ、管区長はそうする権利があります。その電報はわたしに対する神のみ旨です」とその司祭は答えました。彼は問い返すこともしませんでした。わたしたちの従順はそのような完全な委託です。もし自分がイエスのものであると理解したなら、イエスはわたしを使う権利があります。完全な委託と従順は同じことです。あなたがたが今日、完全な委託を理解したなら、従順を説明する必要はありません。

ある枢機卿が自分のために何かひと言書いてほしい、とわたしに依頼してきました。わたしは枢機卿のために、特に大きな文字で「事前のご相談なく、イエスのみ心のままに使っていただかれますように！」と書きました。わたしがこれを送ってから、この言葉が枢機卿に平和と喜びをもたらしたとのことです。わたしたちはそのような完全な委託をどのように行っているでしょうか。

会憲十七条、「神（イエス）を所有することができるように、神（イエス）のものにしていただくこと。大きなほほえみをもってイエスがくださるものをなんでもいただき、イエスが取られるものをささげること。」これをしっかり心に刻んでください（暗記してください）。長上があなたを訓戒したら、それを受け入れなさい。イエスが今日それをあなたに与えられ、健康を、あなたが好きな仕事を、共に楽しく働ける友を、家を、取られるなら、受け入れなさい。わたしがあなたを非常に暑いところへ送ったなら、受け入れなさい。あなたが何も感じず、抵抗力をもっていなければならないなどとは言いません。それは正しい精神ではありません。異動は犠牲です。でもそれを受け入れ、それをささげるのです。これがあなたを変えるのです。

神のみ旨を受け入れること

わたしはつねにキリストのご受難を従順に結びつけます。ただ受け入れること、疑いや、愚痴や、不平や、言い訳なしに受け入れることです。次の一つの問いをもって自分に直面するのはよいことです。従順や委託のむずかしさをほんとうに体験したことがありますか？　おそらく生活の中で、従うのがむずかしいことがあったかもしれません。次の点を自問してみてください、①祈りましたか？　イエスは神のみ旨を受け入れるのがむずかしかったとき、普段以上に長く祈られました。あなたはどうでしたか？　②不平を言いましたか？　③批判しましたか？　悪魔があなたに勝たないように、自分を調べなさい。④完全な委託の喜びを経験しましたか？　神はイエスにもマリアにも直接語られませんでした。天使あるいはヨセフあるいは皇帝をとおしてであり、決して直接には語られませんでした。マリアの完全な委託をごらんなさい。マリアは心からの完全な従順の、生きた模範です。⑤あなたは何回決意をもって従いましたか？　細かいことかもしれませんが、皇帝が各々の町で住民登録をするように命令したことを考えてください。彼は何人が自分の配下にあるかを調べて誇らしく思っていたのです。ヨセフとマリアは彼を判断せず、批判せずに出かけました。彼らは「もう九か月目です。子どもがいつ生まれるかわかりません」ということもできたでしょう。しかし、皇帝が「行け」と言うので、彼らは従いました。だれかが子どもを殺そうとしたとき、彼らは逃げる決意をしました。どこかに隠れることもできたかもしれませんが、彼らは出かけたのです。

神の完全な愛に到達するため

もしわたしたちが以上のような完全な委託にしっかりとどまるならば、神の完全な愛に確かに到達できます。時間を浪費しないようにしましょう。すべてに超えてわたしたちを最もよく知っておられるのは神であり、神はわたしたちの可能性をご存じです。神はわたしたち一人ひとりを完全にご存じです。神の美しさの何かが、それぞれの人の中にあります。わたしたちは神のイメージに似せて創られているのです。神の愛すべき点がそれぞれの人のうちにあるのですから、それぞれの内にある神的なものを見るようにしましょう。その美しさを見ることができるためには、清い目と清純な心を必要とします。

わたしたちを愛される善良な神に対する愛に満ちた信頼──

イエスがわたしに願われる一つのこと、それは彼に身を任せ、彼のうちに、彼にだけ完全な信頼をおくこと、わたしが余すところなく自分を彼に委託することです。わたしに必要なことは、自己完成の作業において、自分個人の望みを放棄することです。たとえすべてがうまくいかず、羅針盤を失った船のように感じても、彼に完全に自分をささげなければなりません。神のなさることをコントロールしたり、神がわたしにさせようとされる旅路の段階を数えたりしてはなりません。その道程におけるわたしの進歩をはっきり把握したいとか、聖性の途上のどこにいるか明確にしたいと思ったりしてはなりません。わたしを聖人にしてください、とイエスに願いますが、聖なる者になる状態の選択とそこへ導く手段の選択はイエスに委ねなければなりません。

彼女は無条件で委ねられた

「マリアもまた神に完全な信頼をおいた」

彼女は神を知り、神を愛していましたから、完全に、無条件で、神に委託することができました。イスラエルの歴史を見ると、すべての女性は救い主の母となる可能性を期待して結婚しましたが、マリアとヨセフは純潔を保つことで合意していました。二人は共に誓約を立てました。原則としてユダヤの少年、少女は婚約を交わしたら夫婦として生活することをゆるされていましたが、マリアとヨセフはつねに兄妹として住むことに同意していました。だからこそマリアは天使の挨拶に答えて、「どうしてそのようなことがあり得ましょうか。わたしは男の人を知りませんのに」(9)と尋ねています。天使がすべてを説明したとき、「わたしは主のはしためです」(10)と答えたマリアの信頼と完全な委託をごらんなさい。彼女は神の母、天と地の女王となるべき天使のメッセージを受け入れました。マリアは神が彼女のうちに、彼女をとおしてなさるすべてのことに完全な信頼をおいていました。

それから彼女は走っていって、すべての人に「ヨセフ、ごらんなさい、天使が現れてあれこれのことを告げた」などとは言いませんでした。いいえ、マリアは沈黙を守られました。ヨセフが彼女の外面的しるしによって受胎を知ったときにも、マリアは何も言いませんでした。彼女は神が介入されることを信じていたのです。ヨセフはマリアを信じていました。

ヨセフは彼女が外で罪を犯すとは考えられませんでしたが、理解することはできませんでした。それでひそかに彼女と別れようとします。そのとき神が介入され、すべてを収められます(11)。聖母マリアと聖ヨセフの信頼をごらんなさい。

それを信じる必要はない

「神に対するわたしたちの愛に満ちた信頼は、福音の教えの真理のうちに、人となられた神の子イエスの現実への信頼を意味します。」彼が言ったことに信頼をおきましょう。「わたしはあなたがたを選んだ。……わたしの兄弟の最も小さい者の一人にしたことは、わたしにしてくれたのである。[12]」これは信じなければならないことではありません。2＋2＝4であることを知っていますから、それを信じると言わないのと同じです。福音の教えも同様です。今日、多くの困難があるのは、教会の教えを信頼しないからです。

無条件の信頼

「イエスは御父に完全な信頼をおいておられたので、全生涯と彼がそのために送られたミッションを、御父のみ手に委ねられました。」イエスはまったく失敗に見えることにも、御父が救いをもたらされることを知っておられました。あらゆる人間的知恵において、十字架はまったくの失敗でしたが、イエスの信頼は無条件です。彼は罪を除いたすべてのことにおいて、わたしたちと同じような人間になることを受け入れられました。「主は豊かであったのに、貧しくなられた[13]」が何を意味するかを、わたしたちは理解していません。「神よりの神、光よりの光、まことの神よりのまことの神、造られることなく生まれ、父と一体。すべては主によって造られ、聖霊によっておとめマリアより体を受け、人となられました。」創造主が被造物となられ、わたしたちと共に、わたしたちのように、他の人に依存し、食べ物、衣服、渇きを癒やす飲み物、休息を必要とし、わたしたちのように疲れ、あらゆることにおいてわたしたちと同じようになられたのです。

なぜでしょうか。わたしたちへの愛と、御父に対する無条件の信頼によります。彼は人間の肉体と血を受けるために、女性であるおとめマリアから生まれること、「ナザレという町に住むこと[14]」を選択されます。ナタナエルは「ナザレからよいものが出るだろうか？[15]」と尋ねています。キリストはよい評判のまったくない貧しい町に属し、大工として働くことを受諾されました。「彼はマリアとヨセフの息子ではないか？[16]」皆さんがご存じのように、キリストはマリアとヨセフを両親としていた[17]ために、ナザレでは受け入れられませんでした。そこでのイエスの説教は受け入れられず、イエスが神の子と宣言したために、人びとは彼を石打ちにしようとしました[18]。彼は完全に拒否されたのです。「彼は自分の民のところへ来たが、民は受け入れなかった[19]。」

十字架が重いとき

「わたしたちのあらゆる必要に対して神のみ摂理に全幅の信頼を……」野の草よりも空の鳥よりもあなたがたはもっと大切です。[20] このみ言葉を思い出してください。わたしはもっと大切なのです。あれほど美しい太陽も月もご聖体を受けることはできませんが、わたしはできるのです。神は太陽も月も樹木も鳥も、すべてをわたしのために創ってくださいました。神がご自分の体、肉を与えてくださるなら、ご聖体に比べてこれらすべてのものはなんでしょうか。マニラでは、十字架の道行きの第十二留で「これより大きな愛はない」がうたわれます。皆さんにもあの歌をうたってほしいし、それを暗記してほしいと思います。十字架が重いとき、自分のためにあれをうたってください。わたしにとっても、より大きな愛を示すときです。

＊

神のみ摂理にまったく依存することについて、あなたがたに話すことができます。過去数十年、何千の人びととかかわってきましたが、不可能という理由で断ったことは一度もありません。すべての要求に応えられました。つねにもう一皿のご飯があり、もう一台のベッドがありました。「ごめんなさい。今晩あなたを受け入れられません」とか、「差し上げるものが何もありません」などと言ったことは一度もありません。恵み深い神がつねにそこにおられました。神のみ摂理は、わたしたちが神のものであることの自由、分かたれない愛をもって神を愛することの自由の、すばらしい生きた現実となっています。

トラック二台分

わたしたちが神を信じ、神に信頼をおくなら、神は決して、決して、わたしたちを失望させません。ある週の金曜と土曜日に、人びとに提供するお米が初めてなくなりました。姉妹たちは毎日四千人を養っていて、姉妹たちが食べさせるのでなければ、食事をしない人びとでした。しかし、手もとにお米がなかったのです。ところが金曜日の朝九時ごろ、一台、二台のトラックが、かつて見たこともないほど満杯のパンを届けてくれたのです。姉妹の皆さん、おわかりですか、神は実に思いやりのあるかたです。神に信頼をおくなら、まるで人びとにいたずらするかのように、ある学級閉鎖のために行き場のなくなったパンがここに届けられたのです。神はわたしたちを落胆させません。神はつねにわたしたちを心にかけてくださいます。ですからイエスにしっかりつかまって放さないようにしましょう。

＊

初めてヴェネズエラへ行ったときのことを思い出します。姉妹たちはスペイン語をまったく知りませんでした。わたしたちは道路に出て、ミサのために人びとを呼ぼうとベルを鳴らしました。最初は一人、二人の人がゆっくり、ゆっくりやって来ました。今は場所が狭いほど大勢の人がやってきて、教会は満杯です。

先日新しく開設された家で、姉妹たちが、初聖体を受ける準備をさせていたのですが、子どもと一緒に十八歳～二十歳の青年たちもいました。この式のために、司教が非常に遠くから来られました。小さな恥ずかしがり屋の姉妹が彼らに準備させたのですが、彼女は町の中を巡回して彼らを見いだしたのです。姉妹の皆さん、わたしたちが心からの信頼を神におくとき、わたしたちをとおして、神がなさらないことがあるでしょうか。

わたしたちは成長しなければならない

ただ一度神に完全な委託をしただけで十分だと思ってはなりません。日々自己抑制、自己否定を実践しないならば、わたしたちは神経過敏になってしまうでしょう。イエスは神と人の前で、知恵が増し、背丈も伸びていかれました。わたしたちも同じように成長しなければなりません。

喜び

わたしは柔和で謙遜なみ心にそった聖人になりたいので、この二つの徳を目指してできるかぎり努力したいと思います。わたしの第二の決心は、喜びをとおしてイエスのみ心をお慰めするために、喜びの使徒となることです。神がわたしに望まれることをよりよく成就することができるように、聖母がわたしにそのみ心をくださるよう願ってください。できることなら、わたしの魂の痛みと闇をイエスからも隠し、イエスに対してもほほえみたいのです。

わたしを行かせてください

彼らに自分をささげるために、わたしを行かせてください。望まれない貧しい人びとと、幼いストリートチルドレン、病人、死に向かう人、物乞いをする人のために、わたし自身とわたしについてきてくれる人たちをささげさせてください。彼らの貧しい家へ行き、彼らの壊された家庭に、キリストの喜びと平和を運ばせてください。

最初のキリスト教徒

ベツレヘムでは、喜びがすべての人にあふれていました。羊飼い、天使、博士、ヨセフ、マリア、喜びが最初のクリスマスの特徴でした。迫害の間人びとは、喜びが顔にあふれている人を観察しました。その喜びによってだれがクリスチャンであるかを知り、これによってキリスト者を迫害したのです。わたしたちがその情熱を模倣したいと願う聖パウロは、喜びの使徒でした。彼は初代キリスト者を、主においてつねに歓喜するよう励ましました。[21]彼の全生涯は「わたしはキリストのものである[22]」、「だれが、キリストの愛からわたしを引き離すことができましょう。艱難か、迫害か、他のどんなことか。[23]」「生きているのはもはやわたしではありません。キリストがわたしの内に生きておられるのです。[24]」だからこそ彼はそれほど喜びにあふれていたのです。

互いに愛し合いなさい

イエスは「お互いに愛し合うならば、それによってあなたがたがわたしの弟子であることを、皆が知るようになる[25]」と言われました。これはわたしたちがキリスト者であることを宣言し、キリストのメッセージを伝える唯一の方法です。なぜ人びとはそんなに仕事にこだわるのでしょうか。わたしたちがしていることは普通以上のことではなく、特別なことでもありません。姉妹たちは仕事をしているだけでなく、それをすることを喜んでいるのです。そしてその幸せはキリストとの一致から生まれます。人びとはそれを見てその幸せを分かち合いたいと思うのです。人びとは幸せに飢えていて、幸せを望んでいるのです。それで多くの人、多くの若い人たちがボランティアとして働きに来ます。世界中から数え切れない大勢の人がやって来ます。

*

喜びにあふれる姉妹は神の愛の陽光のようであり、永遠の幸せの希望、燃える愛の炎です。

ほほえみの徳

喜びは、わたしたちの修道会の最も大切なものの一つです。ＭＣ（神の愛の宣教者会）は喜びのＭＣでなければなりません。彼女たちはすべての人に喜びを輝かせなければなりません。このサインによって、世界はあなたがたをＭＣと認めるでしょう。世の中の人は皆、あなたがたを見て注目し、ＭＣについて話すでしょうが、それはＭＣたちが行っている仕事によってではなく、その仕事をすることと生活を喜んでいるからです。この喜びは大笑いをしたり、叫び声をあげたりすることではありません。それは欺瞞《ぎまん》的で、何かを隠すためです。この喜びによってわたしが言おうとしていることは、あなたがたの目、まなざし、表情、振る舞い、行動、機敏さなど、喜びの内的深さです。「わたしの喜びがあなたがたのうちにあるように(26)」とイエスは言われました。このイエスの喜びとはなんでしょうか。それは御父のみ旨を果たすことであり、神との永続的一致の結果です。「わたしが来たのは、わたしの喜びがあなたがたのうちにあり、あなたがたの喜びが満たされるためである(27)。」この喜びは神との一致、神の現存のうちにあることの実りです。神は喜びであり、神の現存の内に生きることは、わたしたちを喜びで満たします。わたしたちに喜びをもたらすために、イエスは人となられました。マリアはイエスを受ける最初のかたでした。「わたしの霊は救い主である神を喜びたたえます(28)。」エリサベトの胎内の子は、マリアがイエスを彼のもとに伴ったので、喜びおどったのです(29)。この同じイエスを、わたしたちは聖体拝領で受けますがそこには、なんの違いもありません。今日、貧しい人にイエスを運ぶために急いで行ったでしょうか。彼らはわたしたちを見て喜んだでしょうか。彼らはわたしたちゆえに、より幸せだったでしょうか。彼らはわたしたちと接することでよりよい人になったでしょうか。わたしたちは生きる神を彼らに与えているでしょうか。

喜びは……

「喜びは祈りです。それはわたしたちの寛大さ、無我、神との親密で永続的一致のしるしです。」目にも、顔にも、行動にも、すべてにその喜びが見られなければなりません。

＊

喜びに満ちていれば、あなたがたの動きは早くなり、すべての人の役に立つために行動します。「喜びは神との一致のしるし」、神の現存のサインです。

＊

「喜びは愛であり、喜びに満ちた心は愛に燃える心の当然の結果です。というのは、喜んで与える人は多くのものを与え、神は喜びをもって与える人を愛されるからです。[30]」一人の男性がカリガートからやって来てまっすぐに女子棟へ向かいました。一人の姉妹が、今来たばかりの患者の世話をしていました。彼女は喜びを顔に表していたのでしょう。その男性は「わたしはここへ空っぽの心で来ましたが、今、神に満たされて出ていきます。この姉妹の中に神の愛を見ました」と言ったのです。その姉妹はこの男性が彼女を見ていたことは意識していなかったでしょう。

＊

喜びがあるならば、愛から生まれた犠牲によって、わたしたちの灯は燃え続けるでしょう。そうすれば花婿がやってきて、「来なさい。おまえたちのために用意されている国を継ぎなさい[31]」と言うでしょう。最も多くを与えるのは喜びに満ちた姉妹であり、すべての人は喜んで与える人を愛し、神もまたその人を愛されます。わたしたちも不平を言う人ではなく、喜んで与える人のところへいつも行くのではありませんか？

愛のネットワーク

わたしたちが喜びにあふれているので、人びとはわたしたちに好意を寄せ、わたしたちと共にいてわたしたちがもっているキリストの光を受けることを望みます。喜びに満ちた姉妹は、話さなくても説教をしています。わたしたちは「主よ、あなたの芳香を広げるようお助けください、わたしの香りではなくあなたの芳香を！」と毎日祈ります。その意味を理解しているでしょうか？　毎日の生活の中で出かけていき、この喜び、この喜びの輝きを広げるミッションを理解しているでしょうか、まずは共同体において、そして貧しい人びとのところで。

喜びが必要です

働く場においても、している仕事をするために、喜び――大きな喜びが必要です。喜びがなければ、仕事をすることはできません。今日、あなたたちが大勢ここにいるので、カリガートの床を磨く手がたくさんありました。他の修道院では同じような量の仕事があるのに、それができる姉妹は一人、二人だけです。報酬を払っても、人びとはわたしたちがするような、こうした汚い仕事をしたくないのです。ですからあなたがたはすべての仕事を、楽しく、心を込めてする喜びが必要なのです。

神に感謝する最善の方法

神とこの修道会に感謝する最善の方法は、大きなほほえみをもって神が与えられるものをすべていただき、神が取られるものをすべてささげることです。喜びに満ちた姉妹は、共同体の中で陽光のようです。彼女は神の光、平和、喜びをもたらします。共同体の中で姉妹たちは、わたしの不在を悲しむでしょうか。わたしは姉妹たちに、キリストの光の幸せを運んでいるでしょうか。貧しい人たちはわたしと接することで、よりよくなっているでしょうか。彼らは、もっと幸せになったでしょうか。喜びに満ちた姉妹は、永遠の幸福の希望です。彼女は天国に行くことを信じ、神の現存の内に生きているので、希望をもたらします。彼女は愛の燃える炎です。賢明なおとめたちのように、彼女の灯はつねに愛と希望に満ちています。花婿が来るとき、彼は「御父に祝福された者たちよ、来て永遠からあなたがたのために準備されたみ国を継ぎなさい[32]」と言うでしょう。

＊

喜びにあふれた姉妹は太陽です。あなたと共にいる人びとは、よりよくなっていますか？　自分自身を見てください。彼らを傷つけるような言葉を口にしてはなりません。あなたがたの何人かはカリガートへ行ったと思います。あそこでは不平やわめきや呪いなどを聞いたことがありません。

一人の男性が、道端から運ばれてきたときのことです。彼の体を洗い清め、天国へ行く準備をしたとき、彼が「シスター、わたしは神さまの家へ行きます」と言ったのです。これこそ喜びです！

瞳の中の喜び、歩きながら

“Christo Prem Prachanta”は、キリストの愛について語ります。今日はご受難の日ではありますが、喜びについて話したいと思います。大声で爆笑する喜びではなく、「わたしはイエスのものだ」という確信から生まれる喜びは、目の中にも、歩き方にも、他の人との出会いにも現れる喜びです。喜びは聖霊の実りです。イエスのほかに神を見た人はいません。したがってだれも神を描くことはできません。イエスは喜びをもたらすために来られました。御父はとてもとても、世を愛されたので、御ひとり子を与えられました。イエスはまたそれほどわたしたちを愛されたので、ご自分を与えられました。わたしたちもそれほどお互いを愛し、喜びを与え合います。聖母は喜びを分かち合うために、急いで出かけました。あるヒンドゥー教の紳士は、「キリスト教は与えることだ」と言っています。イエスはわたしたちから離れることができず、わたしたちと共にとどまっておられます。イエスの御体そのものが、わたしの体となります。なんという喜び！　イエスの喜びは、あなたを愛し、わたしを愛することでした。数え切れない多くの人がその愛にとらえられて殉教者となりました。共にいることの喜びもあります。キリストを愛した偉大な聖パウロは、変わらない優しい心で人間的に愛しました。喜びをもって教会に奉仕しなさい。わたしたちの生活に悲しみがあってはなりません。ただ一つの悲しみは罪です。

美しいほほえみ

ある日、死に瀕《ひん》していた男性が施設に運ばれてきました。ヒンドゥー教徒は人が亡くなると、遺体の周りで祈りをし、その後死者の口に火を入れます。そしてそこから遺体が燃えていくのです。死んだと思われたこの男性の口に火を入れたとき、彼は立ち上がり「水をください」と言ったのです。その後、彼はカリガートへ運ばれてきましたが、わたしはちょうどそこにいました。わたしは事情を知りませんでしたが、その人に会いに行きました。彼はほとんど動けない状態でした。それでわたしは「この人はすでに高いところへ一歩踏み出しています」と言って、彼の顔を洗い、洗礼を授けました。彼は大きく目を見開いて、美しいほほえみをもって息絶えました。わたしは電話をかけ、やって来た姉妹たちから初めて話を聞きました。彼女たちは、「マザー、彼はほんとうに死亡したと思いますか?」とわたしに尋ねました。わたしは「イエスよ、彼はほんとうにあなたを見つけました。わたしは何年にもわたって天国へ行きたいと苦労しているのに、彼は一瞬にして召されたのです。」わたしは彼の顔にあった輝く喜びを決して忘れることができないでしょう。なぜですか。神との接触があったからです。

ある日、一人の女性がわたしたちを車で運んでくれました。途中の会話で彼女は「わたしはあのあなたたちの修道会にとても深い好意を寄せています」と言いました。わたしは「どうしてこの修道会に特別な好意を寄せているのですか」と尋ねました。「その理由は、シスターたちがいつでも大きな愛と喜びをもって、まるで長い間会わなかった人との再会のように、相互に出会っているのです。わたしは彼女たちのうちにキリストの現存と、彼女たちがお互いにほんとうに愛し合っているのを見るのです」と言うのです。ごらんなさい、彼女は世間で豊かな生活を送っているのに、彼女の心に響いたのは、シスターたちがお互いの存在に対する喜びを示していたことです。そしてこれは若い人たちが見たいと願っていることです。そしてもし召命が少なければ、あるいは志願者が途中で出ていくなら、あり得る原因を調べる代わりに、彼女たちに対してわたしたちがどうであったか、わたしたちは彼女たちに何を与えたか、彼女たちはわたしたちのうちに何を見たのか、彼女たちとどんな関係を結んだか、彼女たちはわたしたち相互と仕事と人びとのうちに何を見ていたかを調べましょう。あなたがたの大部分は大学や学校で若い人たちと接していますが、彼らにとってあなたがたはどんな存在でしょうか。

幸せな心でしょうではありませんか

聖人たちの生涯でたびたび起こったことですが、嫌悪を英雄的に乗り越えることが、高い聖性への飛躍になりました。アッシジの聖フランシスコにとっても同様でした。容貌がまったく崩れた重い皮膚病の患者に出会ったとき一瞬たじろぎましたが、嫌悪に打ち勝って恐ろしく変貌した病者の顔に接吻しました。その結果フランシスコは名状しがたい喜びに満たされ、彼は自我を完全に抑制したのです。病者は癒やされたことを神に感謝しながら立ち去りました。聖ピーター・クラヴァーは黒人奴隷の傷をなめています。聖マルガリタ・マリアは他人の傷の化膿《かのう》したうみを吸い出しました。こうした聖人たちは信じていたからこそ、そのようなことができたのであり、彼らは神のみ心により近く引き寄せられたかったのです。この修道会の四誓願が明るい喜びを強く要求しているのは、不思議かもしれません。この会にとって明るい喜びは特に必要です。それなしに完全な委託の意味を把握する勇気をもつことは、ほとんど不可能に近いからです。行動するのであれば、幸せな心で行おうではありませんか。

ほほえみは愛の始め

ここにいる人びとは、おそらく物質的なものはすべてもっているでしょう。しかし、家庭内のことを考えてみると、ときにはお互いにほほえむことさえ非常にむずかしいことがあります。そしてまさにそのほほえみが愛の始まりなのです。

ですから、つねにほほえみをもってお互いに出会いましょう。ほほえみは愛の始まりであり、一度お互いを愛し始めれば、自然に何かをしてあげたくなります。

それでも幸せであることができる

いろいろなことがありますが、それでもわたしたちは幸せであり、ほほえむことができ、他の人と分かち合うことができます。その喜びを輝かせる努力をしてください。会憲十九条、「喜びは真に聖霊の実りであって、神のみ国の特質の一つです。それは神が喜びであるからです。」わたしたちには不幸せである理由はありません。

すべてを神のために

すべてを神にささげて生きる以上に真の幸せはありません。もしあなたが幸せになりたいなら、神があなたの内に住まわれるように努力しなさい。

愛は親切

思いやりは優れた聖性の始まりです。あなたがたが思いやりの技を学んだなら、もっともっとキリストのようになるでしょう。それはイエスのみ心が柔和で、つねに他の人びとのことを思いやっているからです。わたしたちの召命が美しくあるためには、他の人たちを思いやる心で満たされていなければなりません。イエスはほうぼうを巡り歩き、人びとを助けられました。[33]聖母はカナにおいて、何よりも人びとの必要を思いやり、それをイエスに伝えました。[34]イエスとマリアとヨセフの思いやりはとても深かったので、ナザレはいと高き神の住居でした。わたしたちも相互にそれと同じような思いやりがあるならば、共同体はいと高き神の住居となることでしょう。お互いの必要に対してこうした温かい思いやりがあるならば、会の修道院はなんと美しくなることでしょう。

理解する愛

わたしたちが世話をしている貧しい人たちは、わたしたちの憐れみを必要としません。同情も必要としません。今朝ニルマル・ヒルダイへ行きましたが、そこで命の終焉《しゅうえん》に苦しんでいる男性に会いました。ある姉妹が、彼はそこへ運ばれてきたとき、非常に感情を害されていたことを話してくれました。彼の顔は謙悪感でゆがみ、態度は死だけを待っているようでした。そのときわたしはそこへ行き合わせたので、彼に話し始めました。すると彼の表情が変わり、生きたいと望むようになりました。

神への親切

わたしたちは神にも、長上にも、姉妹たちにも、人びとにも、自分にも親切を実行しなければなりません。イエスが次のように言われましたから、まず自分から始めましょう。「隣人を自分のように愛しなさい。[35]」自分自身に対する最大の親切は、わたしたち自身が聖であり、善良であり、熱心であるよう、バランスを失わないようにすることです。自分のバランスを失うと、困難がより大きくなることを、わたしたちはよく知っています。怒りの言葉を抑えるよう努力しなければなりません。機嫌が悪くなりそうなときには、ほほえまなければなりません。この意味で自分自身に親切にすることは非常に大切です。すべてがわたしたちにかかっているかのように自分たちをコントロールし、その他は神にお任せしなさい。バランスを保つことによって、自分自身に親切でありなさい。

お互いへの思いやりがありますか？

十字架上で血を流し死に瀕《ひん》しながら、御母のお世話を考えられたイエスのあの思いやりのように[36]、お互いに対してもっと優しく、もっとコンパッションと愛に満ちたかかわりを深めましょう。十字架上のイエスの御母に対する思い、そしてユダがイエスに接吻したその痛みにもかかわらず[37]、「この人たち（使徒たち）を去らせなさい[38]」と言われたイエスの思いやり。わたしたちはお互いに対してそれほどの思いやりがあるでしょうか。

本物の神の愛

非常に重要な、権力のあるこの優れた紳士がどういう人か見てください。彼は深い生きた信仰と本物の神の愛をもっていて、それが仕事に現れていました。彼は深く一致して愛にあふれる家族をもっています。わたしの心を強く打ったのは、彼の工場で働く人びととの彼のかかわりでした。ある日、わたしは三千人の人が働くムンバイ（ボンベイ）にある彼の工場へ案内されました。彼はアシャ・ダンの人びとの食糧事情を緩和するための計画を立て、工場で働く人たちの参加を呼びかけていたのです。この運動に感謝するためにそこを訪問したのですが、わたしが驚いたことは、彼の雇用者の多くが体の不自由な人だったことです。もう一つ心を打たれたことは、彼がほとんどすべての雇用者の一人ひとりを名前で知っていたことです。わたしたちが工場を回っていた間、彼がすべての人に挨拶したり、声をかけたりしたことです。巡回する途中で、働く人が不在の机があり「○○さんは？」と尋ねたところ、その女性が最近亡くなったことを知り、だれもそれを彼に知らせなかったことを非常に悲しみました。彼女も障がい者で、彼はかなり長い間彼女をよく知っていたのです。姉妹の皆さん、このような大人物にとって、ささいなことは何一つなかったのです。それぞれの名前を覚える努力、不在の人に気づく愛、これこそわたしが愛と呼ぶことです。世間でこのように立派な地位にありながら、底辺の最もささいなことを把握し、その原因を知らないまま放置しないあり方。彼はその事業内容をよく知っていましたが、多くの言葉は使いませんでした。彼が多くの雇用者に個人的に話せば話すほど、わたしの驚きは大きくなっていきました。本物の愛があるところに、思いやりが生まれるのです。他の人のことを考えられないほど、決して忙しくなってはいけません。ときどきわたしたちはあまりにも自分のことにとらわれて、周囲の人にほほえむ時間さえもないのです。

コンパッション

神は今もまだ世界を愛され、あなたがたとわたしを、貧しい人びとに対する神の愛、神のコンパッションとなるために送られます。わたしたちMC（神の愛の宣教者会）をとおして、神は特に貧しい人びとの中で最も貧しい人に対する愛を示し、わたしたちを特別に貧しい人のもとへ送られます。貧しい人、病気の人に与える一杯の水、瀕死《ひんし》の人の救助、あるいは重い皮膚病の患者に薬を与え、乳児を養い、無知の子どもに教えること、これらはすべて現代世界にある神の愛です。わたしは次の言葉があなたがたの頭の中にしっかり刻まれることを望みます。「神は今日もまだ、あなたをとおし、わたしをとおして愛しておられます。この神の愛があなたがたの目に、あなたがたの行動に、あなたがたの立ち居振る舞いにあるのを見せてください。」

＊

今日、神はあなたがたをとおし、わたしをとおして、世界を愛しておられます。わたしたちはそれを実現しているでしょうか。わたしたちは神の愛、神のコンパッションになっているでしょうか。神は、キリストがわたしたちを愛し、御父のコンパッションとなるために来られたことを証しされています。今日、神はあなたがたをとおし、わたしをとおし、世界の中で神の愛とコンパッションであるすべての人をとおして、世界を愛しておられます。

人びとに対して深いコンパッションを

姉妹たちがしていることは、ほんとうに小さなことです。わたしたちはこの人たちのために、非常にわずかなことしかできませんが、少なくとも、わたしたちが彼らを愛し、大事にし、要求に応えていることを、彼らは知っています。わたしたちが共労者と共に、もっともっと続けていこうとするのはこのことです。

わたしたちが行くすべてのところにキリストの愛を広めるという一致協力に近づくため、今年わたしが共労者と共に過ごすことに力を注いでいるのはこのためです。愛とコンパッション、人びとに対して深いコンパッションをもってください。彼らは非常に苦しんでいます、精神的にも身体的にも、あらゆる意味で苦しんでいます。ですから、あなたがたは希望と愛と親切をもたらすために、そこにいるのだとわたしは思います。

あなたの喜びをとおして愛すること

あなたの喜びをとおしてイエスの現存を輝かせなさい。あなたの使徒職はほほえむことと祈ることです。あなたのすることとすべてに愛を注ぎなさい。事が小さければ小さいほど、より大きな愛を込めて。どれだけのことをしたかが問題ではなく、どれだけの愛を込めたかに価値があります。そしてイエスのためにそれをすることを忘れないでください。「わたしが飢えていたときに食べさせ、病気のときに見舞い、牢にいたときに訪ねてくれた[39]」とイエスは言われました。

あなたがほほえむときの喜び

共同体の姉妹たちに対してあなたがほほえむときの喜び、姉妹たちと共にいる時間を思う熱心さ、姉妹たちに対するあなたの態度と接し方、それもまたすべて現代世界においての神の愛です。神はまだ世界を愛しておられます。

人間の手の温かさ

ある日、わたしはロンドンの街を歩いていて、一人の男性が放置された人のように、寂し気にほとんど二つ折になって座っているのを見かけました。それで彼のそばに行って彼の手をとって握手し、ようすを尋ねました。すると彼は座り直して、長い、長い間、人間の手の温かさを感じたことがなかった、長い、長い間、と言いました。まっすぐに座り直した彼の目は喜びに満ちていました。あなたは人間なのだ、あなたはわたしが愛する人間なのだ、という希望を与えた手の温かさがあったから、彼は完全に違った人になったのでした。これは現代の悲惨な苦しみの中での出来事です。わたしたちはそのように、愛することの喜びで満ちていましょう。

ほほえみをもって他人と出会う

イエスを愛する喜びを心の内に保ち、その喜びを接するすべての人と分かち合うようにしましょう。その輝くような喜びは本物です、というのは、キリストがわたしたちと共に、キリストがわたしたちの心の内におられ、またキリストは出会う貧しい人たちの内にもおられ、与え、受けるほほえみの内にもキリストはおられるのですから、幸せでない理由はありません。次の一点を心に留めましょう。どんな子どもも拒否されてはならないこと、また出会う人にはつねにほほえみをもって接すること、特にほほえむことがむずかしいときに。

熱意に燃えて

喜びにあふれ、熱意に燃え、イエスのために多くのことをしたいという望みに満たされていましょう。勇気を失わないようにしましょう、それは紛れもなく悪魔的傲慢です。もし失敗したら、やり直ししなさい。聖ベルナルドは毎朝、新たに始めていました。食事のときやリクリエーションの時間に口を閉じたままでいたり、悲し気であったりするなら、悪魔にとって格好の玩具《おもちゃ》です。

お互いにほほえみを交わす

しばらくまえに、アメリカから四十人ほどの教授たちが来られ、修道院はまるで観光ホテルか、観光地のようになりました。

いずれにしても彼らは全員到着し、話し合いが始まり、その最後に一人の教授が「マザー、どうぞわたしたちがもっと幸せになるために、生活を変えることができるよう何か話してください」と言いました。それでわたしは「お互いにほほえみを交わしなさい。相手のために時間をとりなさい。相互の関係を楽しみなさい」と答えました。彼らの一人が「あなたは結婚していますか？」と尋ねましたので、「もちろん」と答えましたが、彼は「あなたはご自分がおっしゃったことを理解していますか」と言うので、「はい」と答えました。イエスにほほえむことは、ときには非常にむずかしいものです。彼は多くを要求しますから、つねにほほえむことは、生やさしいことではありません。生きた現実です。わたしたちはお互いに助け合わなければなりません。それは必要なことです。

喜んで奉仕する

あなたを心配させたり悩ませたりするすべてのことを投げ捨て、忘れて、喜びと精神的明るさをもってイエスに奉仕しなさい。これを可能にするためには、愛されていない神の愛を、愛させたいという強い望みをもって、子どものように愛を込めて祈りなさい。

喜びは愛

喜びは祈りです。喜びは寛大さのしるしです。あなたがたが喜びにあふれているときは、動きが早く、すべての人に善を行って回りたいと望みます。喜びは神との一致、神の現存のしるしです。喜びは愛であり、愛に燃える心の当然の結果です。

愛することの喜び

小さなほほえみでも、あるいは視覚障がい者が道路を横断するのを助けてあげることでも、小さなことに大きな愛をもってすることが、愛の働きです。一人の物乞いがわたしのところへやって来て「マザーテレサ、みんながあなたに何か差し上げているので、わたしもあなたに何か差し上げたい。今日は十ペニーだけもらいました。それで一日中これをあなたにあげたいと思っていました」と言うのです。それで、もしわたしがそのペニーを彼から受け取ったら、彼は今晩何も食べずに床につくかもしれませんし、もし受け取らなかったら、彼の感情を害するかもしれません。それでそのペニーをもらいました。そして、この人の顔に現れた、お金とか食べ物をだれかに与えた人の喜びの表情は、今まで見たこともないほどの輝きでした。こんなに貧しい人でも、だれかに何かを与えることができたのです。これこそ愛することの喜びであり、わたしはあなたがたがこの愛することの喜びを体験し、愛することの喜びをまずは家族の中で、次にあなたがたが出会うすべての人に分かち合うように祈ります。

イエスを愛する喜び

あなたがたが心の内にイエスを愛する喜びを保ち、その喜びを、接するすべての人と分かち合いますように！　その輝く喜びは本物です、なぜならキリストがあなたがたと共におられるのですから、幸せでない理由はありません。キリストはあなたがたの心の内に、ご聖体の内に、あなたがたが出会う貧しい人びとの内に、あなたがたが与え、受けるほほえみのうちにおられるからです。そうです。あなたがたは美しく生きなければなりません。権力、富、快楽などの世間的精神によって、愛し愛されるという根本的に偉大なことのために創造されたことを忘れさせせられてはなりません。

偉大な愛をもって小さなことを

世の中には小さなことが数多くあり、わたしはあえて小さなことを選びます。それらはささいなことですが、神にとって小さなことは何一つありません。それが全能の神にささげられれば、無限のものになります。

与えることにどれだけの愛を注いだか

全能の神にささげられれば、最も小さいことも偉大です。しかしわたしたちはつねにどれだけのことを、何時間したかによって計ります。しかし、神にとって時間はありません。わたしたちが計らなければならないことは、与えることにどれだけの愛を込めたかです。どれだけ愛していますか？　どれだけイエスに近づきましたか？

労を惜しまず

聖なる者になるために、労を惜しんではなりません。「そうなりたい」と言うだけでは足りません。労を惜しまないことです。偉大な愛をもって小さなことを行う忠実――ことが小さければ小さいほど、より大きな愛を込め、それによってあなたがたは変化を見るでしょう。この小さな忠実が大切であり、大きなことを求めてはなりません、大きなことを探してはなりません。大きなことは来るかもしれませんが、決して来ないかもしれません。ほんとうに大切なことは、優しい愛と大きな愛をもって小さなことに当たる忠実によって聖なるものとなることです。小さき花の聖テレジアは、小さなことを特別な愛をもってしたので、列聖されたのです。

小さなこと

小さき花の聖テレジアをごらんなさい。彼女はあのように立派な聖人になりました。世界中どこに行っても、教会には彼女の小さなご像とか聖画がどこかに置いてあります。なぜでしょうか。彼女は普通のことを普通以上の愛をもってしたからです。彼女はとても単純だったので、彼女が共同体で病床にあったときも、姉妹たちは「院長様は彼女について何を書くことができるでしょうか。彼女は何も目立ったことはしていませんから」と話し合っていました。彼女は姉妹たちが話していることを聞いていました。もしわたしたちがその立場にあったなら、なんと言ったでしょう。批判し不平を言い、機嫌を悪くしたことでしょう。ところが彼女は「そうです。それはなんとほんとうのことでしょう。わたしはイエスのもとへ空の手でまいります」と言ったのです。

そして、彼女は殉教者ではありませんでしたが、列聖されました。教皇は今、多くの人を列聖していますから、あなたがたも早く召されたほうがよいかもしれません。聖人たちが列聖されるためには、多くのことが調査されなければなりませんが、小さき花のテレジアについて教皇は、ただ一つの文章だけを言われました。「彼女はたくさんのことを、普通以上の愛をもってした」と。わたしは、それをもっと簡単に「深い愛をもって小さなことを」と言い換えます。わたしたちの生活の中で、大きいことは何もしていません。主の祈りを唱えるとき、起きるとき、ひざまずくとき、窓を閉めるとき、掃除をしたり、手紙を書いたりするとき、この祈りの言葉を唱えなさい。

神をもたらすこと

これはとても小さなことと思っていましたが、いかにたびたびその小さなことを見逃していることでしょう。しばらくまえのことですが、姉妹たちが働いていたローマの施設の近くに、独りぼっちで住んでいた、あるみすぼらしい男性の話です。彼女たちにとってもそれまで見たことのない状況でした。姉妹たちは彼の服を洗い、部屋を掃除し、お湯を沸かし、食べ物を少々与えましたが、彼はひと言も発しませんでした。二日たっても同じ沈黙の状態が続いていましたが、姉妹たちは一日二回必ず彼を訪問していました。二日後、彼は「シスター、あなたがたはわたしの生活に神をもたらしました。どうぞ司祭も呼んでください」と初めて言ったのです。そこで姉妹たちは司祭を連れてきて、彼は六十年ぶりにゆるしの秘跡を受け、翌日亡くなりました。これはとても美しい出来事で、この若い姉妹たちは、それほど長い間神の愛とは何か、お互いを愛するとは何か、愛されるとは何かを忘れていたこの男性の生涯に、神をもたらしたのです。彼の心はすべてに対して閉ざされていたので、忘れてしまっていたのです。ところがこの若い姉妹たちの繊細でコンパッションに満ちた単純で謙虚な仕事が、彼の心に触れて神をもたらしたのです。そしてわたしがいちばん感動したのは、司祭職の威厳と偉大さです。この男性は神との関係を修復するために司祭が必要だったのです。

これはわたしたち皆が、聖母マリアから学ぶ彼女のコンパッションです。そしてもしあなたがたもわたしも、神から与えられたもの、わたしたちが創られた目的を使うことができたなら！　すなわち、愛し、愛を与えること、聖母が世界に対してもっておられた深いコンパッションをもつことができ、イエスを他の人びとに与えることができたなら！　人びとはわたしたちに飢えているのではありません。彼らは神に、イエスに、ご聖体に飢えているのです。

あなたがた一人ひとりが大切

先日ジャムシェードプル(40)へ行きました。航空機のあらゆる部品を造る大工場を訪れました。ある片隅で一人の男性が小さなねじを造っていました。わたしは彼のところへ行って「何を造っているのですか」と尋ねました。彼はわたしを見つめて、「航空機を造っているのです」と答えました。わたしが「航空機?」と驚くと彼は「そうです。この小さいねじがなければ、飛行機は動かないのです」と答えました。姉妹の皆さん、このつながりがわかりますか。あなたがた一人ひとりは修道会にとって大切なのです。このことを理解できるよう、繰り返しイエスに願いなさい。

ただ一枚のはがきを書いてあげる

病院には訪問客が一人もいない人、だれも会いに行かない人がたくさんいます。もしかしたら、あなたが訪ねてあげることができるかもしれませんね。たった一枚のはがきを書いてあげること、視覚障がい者に新聞を読んであげること、家で病気の母親にバケツ一杯の水を届けてあげることなど、小さなことを。大きなことを探さないでください。大きな愛をもって、小さなことを！

大きな愛をもって小さなことを

わたしがエチオピアへ行くということを聞いて、子どもたちがやってきました。彼らは手に自分たちがもっていたものを携えていました。一人の子どもが、初めて手にしたチョコレートをもってきて、「マザー、エチオピアの子どもにあげてください」と言うのです。ほんの小さなことですが、大きな愛が込められていました。初めて手にしたチョコレート、初めて味わったチョコレート、彼はそれを分かち合う愛と喜びをもっていたのです。これが愛の実践です。

真の愛

全能の神に何かをささげるとき、大切なのはその量ではなく、どれだけの愛をそのささげものに込めたかです。ですから、もしあなたが真に共労者であるならば、そのことを実行してください。歳とったご両親に小さなお花をもっていくことかもしれないし、ベッドをもう少し上手に整えてあげることかもしれません。あるいはご主人が仕事から帰ってくるとき、大きなほほえみをもって迎えるというような、小さなことです。あるいは子どもが学校から帰ってくるとき、家にいてその子を迎え勇気づけることかもしれません。あなたは何を、どのようにしましたか？　あなたは親切でしたか？　現代ではそうしたつながりもなくなっています。わたしたちはあまりにも忙しく、ほほえむことさえできないほどです。愛を与えることも愛を受ける余裕もないのです。もしあなたが真の共労者であるならば、わたしの言っていることがわかるでしょう。愛はどれだけのことをしたかによって計られるのではなく、そこにどれだけの愛を込めたか、愛することによってどれだけの痛みを覚えたかによって計られます。

二十の愛の行為

あるときわたしはサイン、サイン、サインの連続に疲れ果てて、自分の署名には何字あるかを数えました。二十字でした。「God bless you, M.Teresa, MC.」わたしはイエスに言いました。「今後わたしがサインするときはいつでも、二十の愛の行為としておとりください」と。少しずるいですが……。そのとき以来、二十の愛の行為をささげることで、サインをする機会を待つようになりました。

愛の仕事は平和の仕事

平和を祈ることができるためには、まず聴くことが必要です。それは神が心の沈黙のうちに語られるからであり、それが祈りの始めであり、平和の出発点であるからです。神は語られ、わたしたちは耳を傾ける勇気をもち、神のみ言葉を聴く時間をとらなければなりません。そこで初めて心のあふれから話すことができ、平和の祈りを唱えることができるのです。祈りの実りは愛を深め、信仰を深めることです。信じるならば祈ることができるようになり、信仰の実りは愛をもたらし、愛の実りは奉仕です。

したがって愛の仕事はつねに平和の仕事であり、愛に満ちた奉仕に手と心をささげるためには、神を知り、神が愛であること、神がわたしたちを愛し、わたしたち一人ひとりはさらに偉大なことのために創造されたことを知らなければなりません。神はわたしたちが愛し、愛されるように創造されたこと、これが祈りの始めです。つまり祈りとは、神がわたしを愛され、わたしは偉大なことのために創造されたと知ることです。ですからわたしの兄弟、わたしの姉妹とはだれでしょうか。どこで目に見える形で神のお顔を見いだし、祈ることができるのでしょうか。――わたしの兄弟姉妹とは、飢えた人、裸の人、宿のない人、寂しい人、疎外された人のことです。キリストご自身がそう教えられましたから。

しかし、この人びとのうちに神のお顔を見るためには、清い心、愛に満ちた心を必要とし、心が愛に満ちているためには、完全に清純で清く自由でなければなりません。そして心の静けさの中で語られる神のお声を聴くことができないかぎり、祈ることはできません。わたしたちの愛を行為に表明することができないのです。それは愛の行為の一つ一つが、平和をもたらす祈りであるからです。すべての愛の仕事は平和の仕事です。したがって、もし今日わたしたちが平和でないならば、それはわたしたちがお互いにつながっていないこと、あの男性も、あの女性も、あの子どもも、わたしの兄弟であり姉妹であることを忘れてしまっているからです。(41)

宗教はわたしたちを一致させる

宗教は神からの賜物《たまもの》であり、わたしたちが愛に満ちた一つの心となるのを助けるものです。神はわたしたちの父であり、わたしたちは父の子、みんな兄弟姉妹です。人種、肌の色、信条の差別があってはなりません。宗教がわたしたちを分離させてはなりません。すべての聖なる書物をとおして、わたしたちが愛するために、どのように神が招かれているかを見ることができます。神はわたしたちの父ですから、わたしたちがお互いにすることはすべて神に対してするのです。宗教は愛の作業であり、平和と一致を破壊するのではなく、わたしたちを一致させなければなりません。

愛の作業は平和の作業です。愛するためにはお互いを知らなければなりません。今日もしわたしたちに平和がないならば、それはわたしたちが相互に属していること、あの男性、あの女性、あの子ども、すべては兄弟であり姉妹であることを忘れてしまったからです。貧しい人びとはわたしたちが彼らを愛していること、彼らが必要とされていることを知らなければなりません。彼らは愛以外に与えるものがありません。わたしたちはこの愛とコンパッションのメッセージを、どのように彼らに伝えるかに腐心しています。わたしたちは仕事をとおして世界に平和をもたらす努力をしています。しかし仕事もまた神の賜物です。そして愛の仕事は平和の仕事でもあります。もしすべての人が隣人のうちに神のイメージを見ることができたなら、それでもまだ銃や爆弾が必要であると思いますか？　宗教は愛の働きでなければいけません。したがって、宗教がわたしたちを分裂させたり、平和と一致を破滅させたりしてはなりません。わたしたちが神のみ心のうちに愛に満ちた一つの心となるのを助けるために、宗教を役立てましょう。お互いを愛することによって、愛し、愛されるという創造の原理を成就することができるようになります。

兄弟姉妹の皆さん、神だけが与えることのできる平和でわたしたちが満たされますよう、神に願いましょう。善意の人びとに平和！　彼らは平和を願い、善を行い、平和と愛の仕事をするために、自分たちを犠牲にする用意ができている人びとです。

平和年

今年を特別なあり方で平和の年としましょう。それを可能にするために、人と共に、人に対して話すことを控え、神に対し、神と共に語る時間を増やしましょう。キリストご自身が行われたように、キリストの平和を宣べ伝えましょう。彼は善を行いながら、広い地域を巡り歩かれました。ファリサイ派の人びとが彼を憎み、あるいはまた御父のみ業《わざ》を妨害しようとしたために、キリストが愛の仕事をストップなさるようなことはありませんでした。彼はあらゆる場所で善を行い続けられました(42)。

ニューマン枢機卿は次のように書いています。「わたしが行くところどこにでも、主よ、あなたの香りを広げることができますようにお助けください。説教によらないであなたのことを語らせてください。言葉によるのではなく行為によって、人の心をとらえる力によって、わたしの行動の精神的影響によって、主よ、あなたに対するわたしの愛の表現によって、あなたを宣べ伝えることができますように。」わたしたちの愛の仕事はそれ自体平和の仕事です。それらを深く明らかな愛をもって、それぞれの日常生活において、家庭において、近隣の人びとに対して果たすことができますように。

神はその偉大さを示すために、無を使われる

神が無を使ってされること――これがわたしにとって最大の奇跡です。

わたしたちの無を認めて

祈りと静寂の中で神と向かい合うなら、神は語られます。そのとき初めてわたしたちは自分が無であることを知るようになります。わたしたちが自分たちの無と空虚を認めたとき、神はご自分でわたしたちを満たすことがおできになるのです。わたしたちが神で満たされると、神を与えることができるようになります。「心の充満から、口は語る。」そして、神で満たされると、すべての仕事をよく果たし、心を尽くしてその仕事をするのです。

神の愛の運び手

イエメンに行ったとき、前述と同じことが起こりました。完全にイスラム教の国で、キリスト

のしるしは何一つありませんでした。大勢の人がわたしに「十字架を下げないように。道でロザリオを唱えないように。すべてを隠しなさい」と言いました。そこでわたしは直ちに知事のところへ行って、次のように申しました。「これはわたしたちのしるしです。外面的なしるしかもしれませんが、わたしがキリストの者であるというしるしです。これはわたしたちが祈るロザリオです。もしあなたがたがこのようなわたしたちを受け入れないなら、わたしたちはここにいる必要はありません。」すると彼は、「あなたがたはわたしたちの国へ愛をもたらすために来られました。あなたがたは神の愛の運び手です。ありのまま、あなたがたのしるしであるものを保ってください、何一つ放棄しないで」と言いました。姉妹の皆さん、あなたがたに尋ねます、あなたがたはそれに相当しますか？　わたしたちは、ほんとうに神の愛の運び手でしょうか。イエスのぶどうの枝でしょうか。あなたがたは愛の業《わざ》をとおし、平和の仕事をとおして、このように人びとをキリストに導いているのです。すべての愛の業は平和の仕事ですから、それがどんなに小さくても問題ではありません。それは平和の作業です。あなたがたは人びとを導いています。あなたがたの現存は、彼らの中で実を結ぶ枝になっているでしょうか。彼らは目をあげて、あなたがたの内にイエスを見ることができるでしょうか。あなたがたにこのことを最初の段階から求めたいのです。それはわたしが何回も繰り返したことですが、あなたがたをわたしの生命の一部と感じるので、もう一度申します。わたしたちは互いを姉妹として非常に近く感じています。家庭においてお互いを愛さないなら、家族の中でお互いを特別な人と感じないなら、共同体においても同様で、神の前で落第者であり、天使たちの前で偽り者です。愛は家庭で始まります。

愛は家庭から始まる

自分たち自身の家族を考えるとき、兄弟、姉妹、妻、夫がいる中で、だれかが望まれていない、愛されていない、疲れ果てている、なんらかのコンパッションや同情をほしいと感じていないでしょうか。そしてわたしは時間がない。愛は家庭で始まります。これは非常に重大な貧困であり、イエスがわたしたちを愛されたように、イエスが御父によって愛されたように、家庭で愛し始めないかぎり、共同体で愛し始めないかぎり、平和を望むことはできないでしょう。

平和を求める全世界の祈り

百年まえに必要であったことは、今、必要でないかもしれません。でも驚くことに、五百年まえに作られた聖フランシスコの祈りが、今日非常に必要なものになっているのです。それは平和を求める全世界の祈りになっています。

主よ、わたしをあなたの平和の道具として、お使いください。
憎しみのあるところに愛を、
いさかいのあるところにゆるしを、
分裂のあるところに一致を、
疑惑のあるところに信仰を、
誤っているところに真理を、
絶望のあるところに希望を、
闇に光を、
悲しみのあるところに喜びを、もたらすものとしてください。
慰められるよりは慰めることを、
理解されるよりは理解することを、
愛されるよりは愛することを、わたしが求めますように。
わたしたちは与えるから受け、ゆるすからゆるされ、
自分を捨てて死に、永遠の命をいただくのですから。アーメン。

神の御手にある鉛筆

それはキリストが望まれることをなされるよう、たった一つの単純な「はい」という委託でした。ですから仕事は彼の事業です。わたしはキリストの御手にあるたった一本の短い鉛筆です。もしキリストがわたしよりもっと情けない、もっと愚かな、もっと頼りにならない人を見つけたら、彼はその人と共に、その人をとおして、さらにすばらしいことをされるでしょう。

＊

書きたいとき、わたしは鉛筆を使います。鉛筆はわたしに命令せず、わたしに従います。鉛筆はただわたしに従うだけです。わたしの書き方がよければ、鉛筆は喜んでいると思います。短い鉛筆になりなさい。姉妹の皆さん、そのことを覚えておいてください。もしかしたら、その鉛筆を握る手は、さまざまな欠陥をかかえているかもしれません。でも鉛筆は「そんなふうに書かないで」とか「マザーの手では書きたくない」などと言って騒ぎません。長上の手にある鉛筆になりなさい。イエスの御手におかれた長上がだれであっても、従いなさい。

希望の与え主

神を愛するように、苦しんでいる貧しい人を愛さなければなりません。貧しい人への愛は、神に対するわたしたちの愛のあふれです。貧しい人びとを見つけ、奉仕しなければなりません。彼らを見つけたならば、彼らを心に留めましょう。彼らのお陰でキリストに触れることができるのですから、彼らに深い感謝をしなければなりません。貧しい人をキリストのように愛さなければなりません。あるイスラム教徒が「あなたがたがニルマル・ヒルダイで何をしているかを知っています。あなたがたは道路から貧しい人を運んで、天国へ連れていくのですね」とわたしに言いました。アイルランドからの司祭は、「ニルマル・ヒルダイは大司教区の宝箱です」と言いました。神はわたしたちを選び、貧しい人のために働く特権を与えられました。ソーシャル・ワーカーと違う点は、神への愛のために、心を尽くして彼らへの無償の奉仕を行っていることです。わたしがこの仕事を始めた最初のころ、発熱し、聖ペトロの夢を見ました。そして彼に、「だめ、だめ、ここにはあなたの場所はありません。天国にスラムはないのです」と言われました。わたしは次のように答えました。「わかりました。では、わたしは働き続けましょう。人びとをスラムから天国へ連れてきます。」

世界のうえに平和を求めよう

クリスマス・シーズンに重い皮膚病の患者に話をしたことを思い出します。わたしたちは十五万八千人の重い皮膚病の患者(43)を世話しています。

わたしは彼らに講話の中で次のように言いました。「あなたがたの病気、苦しみは罰ではありません。神の賜物《たまもの》であり、あなたがたはキリストのご受難を分かち合うために選ばれた人びとです、あなたがたは世界の平和のため、またすべての人のために神がされたことへの感謝のために、その苦しみをささげるよう選ばれた人びとです。」そしてわたしは彼らが選ばれた人たちであること、彼らが特別に愛されていることを繰り返し言い続けました。大勢の人で混み合っていましたが、わたしの足もとに座っていた人がわたしの修道服を引っ張って「それをもう一度言って、もう一度言って」と言うので、三回か四回繰り返しました。「あなたがたは選ばれた人たちです。神があなたがたを愛されるので、あなたがたには平和があり、それを役立てることができます。それを受け入れ、それを神にささげ、あなたがたは世界のうえに平和をもたらすことができるのです。」

イエスはご自分の愛を比べなかった

イエスはご自分を重い皮膚病の患者にし、道端の哀れな精神病者にするほど、世界を愛され、それによってあなたがたやわたしに、イエスを愛する道を開かれました。それはあなたがたとわたしの愛に対する彼の飢えを満たすためであり、あなたがたもわたしも死に直面するとき、どんなに偉大なことをしたかではなく、貧しい人に対してどうであったかによって裁かれるからであると、イエスは言われました。あの飢えた人、施設の入り口まで来た人、あの寂しい人、道を通っていた視覚障がい者、今、ここで家族の中で寂しい人、望まれず愛されない人たちに対してです。もしかしたら、年老いた父親、母親かもしれない、もしかしたら病気の子どもかもしれないのに、わたしは時間がない。あまりにも忙しくて時間がない。他の人にほほえむ時間がない。足が不自由なわたしの娘やわたしの妻、病気であるわたしの夫に心を向ける時間がない。しかし、その人こそ痛ましく変装したイエスです。それこそまさに、家族の中に、共同体の中におられる飢えたキリストなのに、わたしには時間がないのです。わたしたちは今日、お互いにほほえむ時間さえもないのに、イエスは永遠の愛をもってわたしたちを愛してくださいます。そしてイエスは「わたしがあなたがたを愛したように、互いに愛し合いなさい(44)」と言われました。そうです。

イエスはご自分の愛を他のどんな愛にも比べられませんでした。

ご飯を届ける

しばらくまえに、一人の男性が来て「マザー、八人の子どもをもつヒンドゥー教徒の家族がいますが、長い間何も食べていないのです。なんとかしてください」と言うのです。それでわたしはご飯を少しもっていってみました。その家に到着したとき、子どもたちの目を見て、飢えていることがわかりました。彼らの目は飢えのためにギラギラしていました。わたしが母親にご飯を渡すと彼女はそれを二つに分け、一つをもって出ていきました。彼女が戻ったときどこへ行ったのかを尋ねると、「隣の家族も飢えている」というのです。わたしがいちばん心を打たれたのは、彼女がご飯を分け合ったことではなく、隣人も飢えていると知っていたことです。そして彼女はそのことを知っていたから、ご飯を分かち合ったのです。わたしたちも状況を知る必要がありました。その晩わたしはそれ以上ご飯を届けませんでしたが、翌朝食べ物を届けました。前晩は彼らに分かち合いと愛し合う喜びを楽しんでもらいました。

真実の愛は痛みを伴います。そして空腹であったこの女性は、隣の家族も空腹であることを知っていたのです。隣人は偶然にもイスラム教徒でした。これは心を打つ現実的な出来事です。

＊

この女性はキリストのように愛しました。彼女はイスラム教の家族の中にいるキリストを愛しました。イスラム教とヒンドゥー教は異なりますが、彼女は痛みを覚えるまで愛したのです。手にしたご飯を子どもたちに与えないことはつらかったのですが、隣人に対する彼女の愛は、子どもたちへの愛と同じように強かったのです。わたしたちが現実的に知らなければならないことは、自分の身近な人、兄弟・姉妹、妻・夫の中に、望まれない人、愛されない人、疲れた人、コンパッションをほしい人、同情をほしい人がいないか、そして自分は忙しくて時間がないのではないか、ということです。愛は家庭から始まります。そこに愛がないことは重大な貧困であり、イエスが愛されたように、御父がイエスを愛されたように、家庭で、共同体でお互いを愛さないかぎり、あるいは愛するまで、平和を希望することはできないと思うのです。だからこそ、貧しい人たちは救いの希望です。貧しい人びとは人類の希望であり、あなたがたとわたしが天国に行くための希望です。というのは最後の審判のとき、わたしたちは「わたしが空腹だったときに食べさせ、裸であったときに服を着せ(45)」のみ言葉によって裁かれるからです。パンやご飯に飢えるだけでなく、愛に、望まれることに、あなたにとってわたしが存在することに、名前で呼ばれることに、深い思いやりに対する飢えです。今日世界には、この愛に対する深刻な飢え、理解を求める渇きが存在します。幾度もわたしたちは兄弟・姉妹の傍らを通り過ぎながら、彼らの困窮を理解していないのです。

あなたがいるところにキリストの現存を

以前コルカタで多くの教育施設の学長・校長が集まり、「マザー、わたしたちは学校や大学を閉鎖して、あなたの仕事に参加したい」と言うのです。そこでわたしは彼らに言いました。「それは悪魔の最悪の誘惑です。非常に悪魔的です。というのは、もし悪魔があなたがたを移動させたなら、悪魔はすべての若者を破滅に導くことになります。若い人びとにとって、あなたがたは唯一キリストの現存です。あなたがただけが彼らにキリストの光を与えることができる存在です。あなたがただけが彼らに対して愛する喜びを与えることができる存在です。あなたがただけが彼らに清純とは何か、従順とは何か、相互を愛する生活とは何かを教えることができるのです。ですから、今いるところにとどまってください。しかし、あなたがたの学校を貧しい人びとに開いてください。そうすれば、スラムは今後スラムではなくなるでしょう。あなたがたの病院を貧しい人たちに開いてください。そうすればあなたがたがわたしたちのところへ来て働く必要はなくなります。わたしたちがあなたがたのところに人びとを連れていきます。」わたしたちはかなりよい相互理解に達したと思いますし、多くの学校がわたしたちの子どもたちに開かれたことをうれしく思います。多くの病院は、わたしたちが世話する病人を受け入れると申し出てくれましたので、わたしは次のように申しました。「あなたがたの病院で臨終の病人たちを受け入れてくれるのでしたら、わたしたちの死を迎える人の施設を閉鎖します。あなたがたが貧しい子どもたちを受け入れてくれるなら、スラムの子どもたちのために、わたしたちがもっているすべての学校を閉鎖します。」そして今、多くの司祭や修道女たちは、スラムの子どもたちが差別されず、切り離されないよう世話をしてくれています。というのは、こうした学校はすべて私立であり有償であって、そこに学ぶ子どもたちも中流以上の家庭の子女たちだからです。それでわたしがしたことは、子どもたちに一ルピーを持たせ、百ルピー支払う他の子どもたちと同じように机を並べ、一ルピーであっても無償ではなく、なんらかを支払って在学させました。これは非常に美しいことで、子どもたちの間にすばらしい感情を生み出しました。他の子どもたちは最初気づきませんでしたが、しだいにはっきりと貧しい子どもを意識し、その子どもが自分の兄弟、姉妹であることを知るようになりました。そして子どもたちの間ですばらしい分かち合いが始まったのです。どうしてこのすばらしさが始まったのでしょうか。それはシスターたちがこの子どもたちを一緒に育てることによって、将来彼らがキリストの光となり、愛する喜びを分かち合うようになることを理解していたからです。少年少女たちのこの触れ合いをとおして、今、ゆっくりではありますが、多くの召命がここから育とうとしています。

永遠の幸せの希望

あなたがたは選ばれ、名指しで召されました。共労者になるということは、単に一つの組織に加わることではなく、協会に属することでもなく、人びとのグループに名を連ねることでもありません。共労者とは、現に神の愛とコンパッションになるべき人を意味します。神は御子をお与えになるほど世を愛され(46)、今日、神はあなたがたを世にお与えになります。第一にあなたがたの家族に、ご両親に、そしてさらに神は世界を愛される証しとして、あなたがたを共労者として世にお与えになりました。このために、あなたがたは単なる数ではありません。わたしたちに数は必要ではありません。神は数を必要とはされません。しかし神は「あなたの心をください」と言われます。その心は現代の世の中で、神の愛の陽光、永遠の幸せの希望、神の愛の燃える炎にならなければなりません。事実あなたがたはキリストご自身の共労者であり、キリストはあなたがたがどこにいても何をしていても、神の愛の陽光となるために、完全に彼のものになることを望んでおられます。今日の世の中には多くの時間がありますが、共労者であるあなたがたはそこでその陽光でなければいけません。世の中では希望がまったく失われ、絶望と困窮が増大していますが、共労者は永遠の幸せの希望にならなければなりません。世界では憎しみ、殺戮《さつりく》、破壊が増大していますが、共労者は神の愛とコンパッションの燃える炎となる必要があり、そのために祈りが必要なのです。

ご聖体の内にあるイエス、貧しい人の内にあるイエス

マリアのように、わたしたちも急いで他の人にイエスを渡す熱意(47)をもちましょう。受胎告知(48)のとき、マリアは恵みに満たされてイエスを受けました。マリアと同じように、わたしたちもご聖体を受けるたびに、恵みに満たされます。ミサ聖祭においてわたしたちが受けるのは、マリアが受けたと同じイエスです。マリアはイエスを受けると直ちに、イエスをヨハネに渡すために急いで出かけました。わたしたちも同じように、聖体拝領でイエスをいただいたら、姉妹たちに、貧しい人たちに、病者に、臨終の人に、重い皮膚病の患者に、望まれない人に、愛されない人に、急いで渡しに行きましょう。こうして、わたしたちは現代の世の中にイエスを現存させることができるのです。

神のもとに帰る

わたしたちはどれだけ愛したか

死ぬときわたしたちは神に直面し、どれだけ愛したかによって裁かれます。どれだけのことをしたかではなく、行いにどれだけの愛を込めたかによってです。そしてその愛が真実であるためには、まずは隣人に対してどうであったかです。隣人に対する愛が、神の真の愛にわたしを導くでしょう。そして世界中の姉妹、兄弟、共労者がしようと努力していることは、神に対するその愛を、生きた行動に生かすことです。

あなたの心の中で

たった今、一人の男性が二階から下りてきました。彼は少しまえに妻を亡くし、二人は深く愛し合っていたので、彼はどんなに寂しいかをわたしに話していたのです。「あなたの奥さんはとてもすばらしいかたで、神に非常に近く、神はあなたの心の中におられます。今、彼女は神のもとに行きましたから、彼女もあなたの心の中にいます。」彼はそのことを繰り返し言ってほしいと言い、それを聞いて幸せになりました。

喜びのうちに帰天する

あなたがたにとって、わたしにとって、司教様にとって、教皇様にとって、そしてすべての人、道路脇で飢えや寒さ、その他で臨終にある人にとっての単純な一つの義務、それはわたしたちが神の愛のうちにあるために創られたこと、わたしたちは神から来て、神のもとへ帰らなければならないことです。

単純な一つの美しい話があります。先日、町で飢えで死にそうな一人の男性を見つけ、会のホームへ連れてきました。しばらくしてから神について彼に話し、天国の入り口を守る聖ペトロの門の通行証を彼に渡しました（洗礼を授けたということ）。すると彼はわたしを見あげて「シスター、わたしは神の家へ帰ります」と言い、美しいほほえみを浮かべて息を引き取りました。わたしは神のもとへ行くと言って亡くなったのです。人びとが喜びと大きなほほえみを浮かべて神のもとへ行くのを助けることができるのは、なんとすばらしいことでしょう。それは真の聖性です。ですから、お互いが聖性に成長するよう助け合いましょう。そして、わたしたちが聖であるならば、教会とも一致しているのです。

聖性

真の聖性とは、ほほえみをもって神のみ旨を行うことです。

聖性とは少数の人の特権ではない

あなたがたがお互いへの愛をとおして神の愛に成長するよう、わたしはあなたがたのために祈ります。愛の業《わざ》は平和の業ですから、愛をとおして平和を広げてください。

まずあなたの家族の中で、次にすべての人に広げてください。あなたの中で育っていく神の愛をとおして、あなたがたは聖なる人になるのです。聖性とは少数の人の特権ではなく、わたしたち一人ひとりにとっての単純な義務です。ですから、十字架を仰ぐとき、神がいかにわたしたちを愛してくださったかを理解し、わたしたちもイエスからいかにお互いを愛さなければならないかを学びます。命を救うため、特に社会に対する神からの贈り物であるまだ生まれていない子どものために、わたしたちもすべてをささげることができるよう、イエスから学ばなければなりません。

生活の中にこの教えを

この愛を、この聖性を、あなたの生活自体に、家庭に、隣人たちに、あなたの国に、全世界にもたらしてください。そのためには祈ることが必要で、祈る必要を感じなければならないし、祈ることを望まなければなりません。すべての共労者が家族の祈りを始めますように！　共に祈る家族は共にとどまるからです。隣人たちにも同じようにすることを勧めてください。この祈りと犠牲をとおして、この世に打ち勝つことができるでしょう。わたしの祈りはあなたがた一人ひとりと共にあり、一人ひとりが聖なる者となり、行くところどこにでも神の愛を広め、すべての人の生活に神の真理の光をともし、それによって神があなたがたとわたしをとおして、世界を愛し続けることができるためです。

まったく特別なことではない

イエスはわたしたちが聖なる者であることを望まれます。聖性とは何も特別なことではなく、修道女が聖なる者になることは、さらに特別なことではありません。それは彼女が神に奉献されているからです。修道女が聖なる者であることは、浄配であるイエスが聖でありますから、まったく自然な状態です。福音は「あなたがたの天の父が完全であられるように、あなたがたも完全でありなさい(49)」といっています。姉妹の皆さん、わたしが言っていることを心に留めてください。誓願を立てた修道女が聖なる者になること、神のためにすべてとなることは、まったく特別なことではありません。それは彼女が神にすべてをささげたからです。聖性はわたしたちにとっての義務であり、何も特別なことではありません。特権ではありません。心を完全にイエスにささげているならば、わたしたちは聖なる者であるはずです。もしだれかがこれに反対のことを言うなら、彼らはあなたがたを欺こうとしているのです。あなたがた皆さんが、わたしの言っていることを理解しますように。聖性について決して、決して冗談をいってはなりません。聖性は冗談ではありません。「わたしはもともと聖人にはなれない」などと言うことは愚かです。わたしはイエスのものであり、生涯をイエスにささげたのですから、聖なる者にならなければなりません。自分の心にその燃えるような望みがあるかどうか調べてください。わたしはほんとうに聖なる者になりたいでしょうか?

傲慢は聖性に侵入できない

聖性とは神のみ旨を、大きなほほえみをもって行うことです。「わたしを粉々にしてくださいませ……その一つ一つはあなただけのためにあります」という完全な委託です。聖性は喜びであり、愛であり、コンパッションであり、特に謙遜です。謙虚なシスターは、優れた聖性への途上にあります。傲慢は聖性に侵入できず、傲慢は悪魔的です。どのようにしたら謙虚になれるでしょうか。自尊心が傷つくのを受け入れることです。名前で呼ばれて叱られるとき、悪い形容詞がつけられるとき、それらを両手で受け止めなさい。その屈辱はあなたがたを聖なる者にしますから、受け入れなさい。自問してみましょう。マリアをとおしてすべてをイエスにささげ、イエスのように聖なる者になりましょう。あなたがたの共同体を、輝く喜びと平和とコンパッションにあふれるもう一つのナザレにすることを、切に望みます。聖なる共同体であれば、聖なる修道会になります。

わたしは決意し、わたしは望む

"I will, I want, with God's blessing, to be holy"と"You did it to Me."[50]を、十本の指で覚えましょう。ご聖体と貧しい人びとの内におられるイエスと共にあるわたしたちは幸せです。

*

神の祝福によって聖であることを決意し、望む――これを一つの固い決心としましょう。そしてそれによって愛のために、人びとの魂のために、貧しい人びとの中で最も貧しい人の救いと聖性のために働き、十字架上のイエスの渇きを癒やしましょう。「神の祝福によって聖であることを決意し、望みます。」

決心

すべてをイエスのためだけに、という聖性の競争をしましょう。怒りが込みあげてくるのを感じたら、唇に十字架のしるしをしましょう。この習慣を身につけることはとても美しいことです。

「わたしの口におられるイエス、この醜い言葉を言わせないでください」と唱えれば、あなたは「わたしは慰めてくれる人を探した」という主のみ言葉を思い出すでしょう。

愛することができる

ある司祭が司教に任命されました。「マザーテレサ、わたしを慰めてください」と彼が言うので、わたしは「だれが亡くなったのですか?」と尋ねました。すると彼は「わたしは大司教にされたのです」と答えましたが、彼はほんとうに恐れていました。それでわたしは「もしあなたが愛さないなら、もしあなたがこの仕事を愛していないなら、人びとにイエスを与えることは決してできないでしょう」と答えました。彼は黙って聴いていましたが、翌日彼は人びとに次のように言いました。「わたしが司教になることを喜んでいないかぎり、わたしはあなたがたを愛することができないでしょう。わたしは司教になって非常に幸せです。」

互いに愛し合いなさい

あなたがたのために、わたしはただ一つのお恵みを願っています。それはあなたがたが「わたしがあなたがたを愛したように、あなたがたも互いに愛し合いなさい[51]」というイエスのみ言葉を理解することです。イエスがあなたがたをどんなに愛されたか、わたしに話すことができますか？　自分を振り返り、イエスがあなたを愛されるように、ほんとうに姉妹たちを愛しているかを自問してみてください。わたしがますます理解することは、この愛がわたしたちの間に存在しないかぎり、わたしたちは仕事に押しつぶされ、仕事は愛ではなく、単なる仕事になってしまうでしょう。愛のない仕事は奴隷の苦役です。神に感謝することはたくさんあります。

利己主義と不誠実を排除する

あるときカトマンズ[52]から来られた司祭が、神の愛と御子を世に送られた御父の偉大な愛について講演されました。そこでわたしは彼に、「『わたしがあなたがたを愛したように、あなたがたも互いに愛し合いなさい[53]』、また『父がわたしを愛されたように、わたしもあなたがたを愛してきた[54]』とイエスは言われました。ですからお互いを愛するために、父がどのように御子を愛されたかを知らなければなりません。それでは父はどのように御子を愛されたのですか？」と質問しました。彼はわたしを見つめて「マザー、あなたの質問はとても美しく、非常に論理的です。しかし、わたしはあなたの質問に答えられません」と言われました。父が御子を愛されたように愛するという、偉大な責任は、それ以下のことではありません。もしわたしがその愛をもっていないならば、虚勢であり偽りになります。その神の愛を心にもっていないならば、貧しい人を愛し、奉仕することはできません。わたしたちが利己主義と不誠実を完全に排除しないかぎり、その愛をもつことはできません。その愛はこの家庭から始まらなければなりません。愛するイエスのみ心が与えられるよう彼に願いなさい。

必要なことはなんでも

イエスはわたしたちを愛するために命を与え、わたしたちもまた、お互いに善を行うために必要なことは、なんでもしなければならないと言われました。イエスは十字架上で亡くなられましたが、それはわたしたちのために善をなすため、利己主義と罪からわたしたちを救うために必要なことであったからです。イエスは御父のみ旨を行うためにすべてをささげられましたが、それはわたしたちもまた神のみ旨に従って喜んですべてをささげること、イエスが一人ひとりを愛されたようにお互いに愛し合わなければならないのです。ですからわたしたちもまた、痛みを感じるまでお互いに与え合わなければなりません。わたしは神を愛しますと言うだけでは十分ではなく、隣人を愛さなければなりません。

神と隣人への愛

わたしたちは神と隣人を同じレベルで、相違なく愛するよう命じられています。(55) 隣人に対する愛は、神に対する愛と同じでなければなりません。このことから、わたしたちはこのおきてを果たすためのチャンスを探す必要はありません。毎日二十四時間、それぞれの場で機会があります。

あなたはキリスト者として認識されるでしょうか

わたしたちの共同体では、キリストがわたしたちを愛されたようにお互いに愛し合い、三位一体の命を生きます。これは「キリストがわたしたちを愛されたようにお互いを愛すること」を思い出すために、最も大切なことです。ときどきわたしたちは外部ではすべての人に対して、とても優しく、親切で、喜びにあふれていますが、共同体においてはまったく逆で、だれかが言ったように「彼女は外では蜜そのものですが、内では虎です。」なぜでしょうか。人びとは初代のキリスト者共同体について、彼らのお互いに対する愛によって知ることができたと言われています。それは彼らがキリストの弟子であるというしるしでした。今日、それはあなたがたにとっても真実でしょうか。

初代教会において聖ラウレンチオがローマ兵たちに捕らえられたのも、そのサインによってでした。彼らは貧しい人に親切にしているラウレンチオを見て、「彼もキリスト者だ」と認めたのです。彼らは彼を捕らえて火刑にし、彼は殉教者になりました。人びとは同じようなことを言って、あなたがたをＭＣ（神の愛の宣教者会）と認めるでしょうか。あなたがたが白地にブルーのサリーを着ていなくても、貧しい人に対する業《わざ》を見て直ちに「彼女は神の愛の宣教者にちがいない。彼女がどのように重い皮膚病の患者、臨終の人、身体障がい者、孤児などの世話をするか見てごらんなさい」と言うでしょうか。現代世界で、人びとはあなたがたの行動と存在によって、お互いへの愛によって、貧しい人に対するあなたがたの態度によって、あなたがたが神の愛の宣教者だと認識するでしょうか。貧しい人は、自分の共同体の中にもいます。その人に対して自分の愛をどのように証ししますか？

U・A・T・

お互いを愛しましょう。イエスを愛するようにお互いを愛しましょう。ナザレには愛があり、一致があり、祈りがあり、犠牲と労働があり、特にお互いに対する深い理解と評価があり、思いやりがありました。

U——Understanding　理解
A——Appreciation　評価
T——Thoughtfulness　思いやり

すべての人は愛を広めるために呼ばれている

「神の愛の宣教者は愛の宣教者でなければなりません。」宣教者とは送られた者です。神は御子を送られ、今日、神はわたしたちを送られます。わたしたち一人ひとりは神によって送られていますが、なんのために送られているのでしょうか。人びとの間で神の愛となるために送られています。貧しい人びとの中で最も貧しい人に、神の愛とコンパッションを届けるために送られます。ＭＣ（神の愛の宣教者会）一人ひとりもまた貧しい人びとの中で最も貧しい人ですから、神の愛とコンパッションを、まず共同体の姉妹たちにもたらさなければなりません。愛することを恐れてはなりません。ＭＣ一人ひとりは愛の宣教者でなければなりません。「なければならない」という言葉に心を留めてください。そうなるように努力するだけではなく、彼女は愛の宣教者でなければならないのです。彼女は神の愛となるために送られています。「彼女は愛徳に満ちていなければならない」という二行目[56]にも注意を払ってください。この言葉を心の中でよく検討し、それを思い起こして「わたしはこの会則をどのように生きたか？」を自問してください。どのように成功し、どうして失敗したかを調べ、その結果をどこかに書き留めておいてください。今日、礼拝のときに、イエスとマリアに祈り、あなたを愛で満たしてくださるよう願いなさい。わたしたちはイエスの愛になるために送られています。自分がもっていないものを、人に与えることはできません。ですから祈りと神との一致をとおして、わたしたちの魂は愛に満たされていなければなりません。そうして、すべての民に福音を宣べ伝えなければなりません。「行ってすべての民に宣教しなさい[57]。」

絶え間なく自分をささげる

今日、数人のプロテスタントの牧師さんが、わたしに会いにやって来て、とても美しいことを言いました。「あなたがた（ＭＣ）は貞潔の誓願ゆえに、まったく、完全にイエスのものとなることができる。しかし、わたしたちは結婚しているので、妻のために愛を保留しなければならず、あなたがたのように、自分たちを全面的にイエスにささげることができないのです。」それでわたしは自問してみました。「それはわたしたち一人ひとりについて真実だろうか？　わたしたちの愛はイエスに対してほんとうに分かたれない愛だろうか？　わたしたちは完全にイエスのためだけだろうか」と。姉妹たちがセイロンにいたとき、政府の役人が非常に驚くようなことを言いました。「マザー、わたしはキリストを愛していますが、キリスト者を憎んでいます」と。それでわたしは、キリストとキリスト者は一つなのに、どうしてそのように矛盾することが言えるのかと尋ねました。すると彼は「キリスト者はキリストを見せてくれない。彼らはキリスト者の生活を精いっぱい生きていないからです」と答えました。ガンジー(58)は同じようなことを次のように表明しています。「もしキリスト者がキリスト的生活を全面的に生きていたなら、インドにヒンドゥー教徒は一人もいなくなるでしょう」と。これはほんとうに真実なことではありませんか？

このキリストの愛は、絶え間なく自分をささげるようわたしたちに挑戦しなければなりません。

目を開いて、見なさい

駅や非常に貧しい地域へ行ってみてください。公園や街路で人びとが眠っているのを見るでしょう。わたしはロンドンでもニューヨークでもローマでも、こういう人びとが道路でも公園でも眠っているのを見てきました。彼らはいわゆるホームレスだけではないのです。男性、女性が一人で寒い夜に新聞紙の一部で身を包み、路上で眠るというのは恐ろしいことです。しかしさらに恐るべきことは、排斥され、放棄され、望まれず、愛されないホームレスがいることです。こういう人たちこそ、神が語りかけられる飢える人、渇く人、裸の人、ホームのない人たちなのです。目を開いて見るだけでは十分ではありません。一人でも兄弟や姉妹の中に空腹であったり、衣服が不足していたり、家がなかったりする人がないように、食べ物を与えるとか、衣服を与えるとか、愛を与えるとか、助け上げるとか、尊敬を示すとか、優しさと愛を示さなければなりません。彼らを愛し、彼らを守り、彼らを導く人間の手がないからです。

神のために何か美しいことを

人びとに対してわたしたちがもっている愛は神からの賜物《たまもの》です、というのは、主イエスが「わたしの兄弟であるこの最も小さい者の一人にしたことは、わたしにしてくれたことなのである」(59)と言われたからです。わたしたちはつねに最も小さい人と共にいます。あなたがたが一杯の水を与えるとき、イエスに差し上げるのです(60)。彼がそう言われるのです……。このまえ、町から体じゅうウジ虫に覆われた一人の男性を連れてきたことを覚えています。わたしは一人の姉妹に「このままでは天国に行けないですね」と言って、ウジ虫を一匹ずつ取り除き始めました。わたしはシスターに「虫の口を抑えなさい。虫があなたに食いつくかもしれないから」と言いながら、すべてを駆除しました。わたしは男性に「あなたの罪がゆるされる神の祝福がほしいですか?」と尋ねると、何かが動き、光がさし、喜びが表明されました。霊的な何かが彼の内に起こり、十五分後に彼はウジ虫なしで亡くなりました。彼の心の中もきれいになっていたことを願います。このような多くのケースを道端で経験しました。しかし、一つ美しいことは、ひと言の不平もなく受け入れたことです。彼の痛みは明らかでしたが、ひと言も不平を漏らしませんでした。彼はまっすぐ天国に行ったことでしょう。きっと天国の入り口で聖ペトロが、「あんなにウジ虫に食われていたのに、どうしたのですか?」と尋ねたにちがいありません。彼はひと言も不平を言わなかったので、最上の席に着いたことでしょう。神にとって美しいことです。人びとのウジ虫を取り除くのを助けるため、神のみ業《わざ》をわたしたちが損なうことのないように祈りなさい。

あなたがしていることを、わたしはできない

あなたがたがしていることをわたしはできないし、わたしがしていることをあなたがたはできません。しかし、わたしたちは共に何か美しいことを神のためにしているのであって、これがわたしたちに対する神の愛の偉大さです。愛の業《わざ》をとおして、わたしたちが聖化される機会をお与えになるのです。というのは聖性とは、少数の人の特権ではないからです。聖性とはあなたがたにとっても、わたしにとっても、非常に単純な義務であり、置かれた場と仕事と与えられた生活において、神に賛美をささげることだからです。あなたがたは生きた活動の中に、神に対する愛を注がなければなりません。そうしなければならないからではなく、そうすることを愛するからです。そしてあなたがたは神が世界に対して証ししていること、すなわち、神は世界を愛し、あなたがたをとおして世界にイエスを与え続けていることを、あなたがたの手をとおして分かち合っているのです。あなたがたをとおして、また重い皮膚病の患者や臨終の人びとのためにわたしたちがしていることをとおして。この美しいチャンスを、わたしは決して忘れることができま

せん。

目をあげてイエスだけを見ましょう。そうすれば平和と喜びと愛があり、そうでなければ重荷を負ってしまいます。お互いに対する深い尊敬を抱きなさい。そうでないと他の人びとの間違いをも除くことができません。だからこそ、わたしたちはお互いを完成してくださるよう、神に願うのです。あなたがもっているものをわたしはもっていない、わたしにできることを、あなたはできない、しかしわたしたちは共に神のために何か美しいことができます。聖なる修道会を望むなら、お互いが必要です。わたしたちはお互いの内に神を見る清い心が必要です――相互に何を啓示するためですか？　神がわたしを愛されることを！

注

(1) マタイ5・8参照。
(2) 同右。
(3) ルカ1・38参照。
(4) ヨハネ6・38参照。
(5) ヨハネ10・30参照。
(6) マタイ26・42、マルコ14・36、ルカ22・42参照。
(7) ヨハネ4・34参照。
(8) ルカ23・46参照。

(9) ルカ1・34参照。
(10) ルカ1・38参照。
(11) マタイ1・18〜21参照。
(12) マタイ25・40参照。
(13) 二コリント8・9参照。
(14) マタイ2・23参照。
(15) ヨハネ1・46参照。
(16) ヨハネ6・42、マタイ13・55参照。
(17) ヨハネ6・42参照。
(18) ヨハネ8・58〜59参照。
(19) ヨハネ1・11参照。
(20) ルカ12・7、24、27、28参照。
(21) フィリピ4・4参照。
(22) 二コリント10・7、ガラテヤ3・29、5・24参照。
(23) ローマ8・35〜39参照。
(24) ガラテヤ2・20参照。
(25) ヨハネ13・35参照。
(26) ヨハネ15・11参照。
(27) 同右。
(28) ルカ1・47参照。
(29) ルカ1・44参照。
(30) 二コリント9・7参照。

(31) マタイ25・34参照。
(32) 同右。
(33) 使徒言行録10・38参照。
(34) ヨハネ2・1〜10参照。
(35) レビ記19・18、マタイ19・19、22・39、マルコ12・31、12・33、ルカ10・27参照。
(36) ヨハネ19・26〜27参照。
(37) ルカ22・48参照。
(38) ヨハネ18・7〜9参照。
(39) マタイ25・35〜40参照。
(40) インドで最も清潔な都市の一つで、東部インドの工業都市。
(41) マタイ5・8参照。
(42) 使徒言行録10・38参照。
(43) 当時、神の愛の宣教者会は、世界中で十五万八千人の重い皮膚病患者の世話をしていた。マザーテレサはその中のあるグループに講話をしていた。
(44) ヨハネ13・34参照。
(45) マタイ25・31〜40参照。
(46) ヨハネ3・16参照。
(47) ルカ1・39〜45参照。
(48) ルカ1・26〜38参照。
(49) マタイ5・48参照。
(50) マザーの「五本指の福音。」
(51) ヨハネ13・34参照。

(52) 隣国ネパールの首都。
(53) ヨハネ13・34参照。
(54) ヨハネ15・9参照。
(55) マタイ22・38〜40、マルコ12・30〜31、ルカ10・26〜28参照。
(56) 神の愛の宣教者会会憲のこの部分より。
(57) マタイ28・19参照。
(58) マハトマ・ガンジー。
(59) マタイ25・40参照。
(60) マタイ10・42、マルコ9・41参照。

マザーテレサの霊的生活のための格言

祈り

祈りの実りはイエスに対するあの愛――
自尊心が傷つく小さな出来事を喜んで受け入れることに証しされる。

*

祈りは清い心を与え、清い心は神を見ることができ、
神に語ることができ、平和が訪れる。

*

祈れば祈るほど、よりよく祈ることができる。

＊

あなたの祈りが順調ならば、あなたの愛徳もまったくOK。

＊

祈る魂は、深い沈黙の魂。

＊

祈りはわたしたちを養う手段、そして祈るためには清純な心が必要。

たびたび祈りの中で多くを言うことはできない、
でも祈りは見ることと同じ、それがすべてです。

*

聖性

あなたがたに、真に聖なるものになってほしいのですが
わたしたちには大きなことはありませんから、大きなことにおいてではなく、
小さければ小さいほど、大きな愛を注ぐのです。

*

従順は神に対する愛の最も完全な行為です。
わたしは恐れから従うのではなく、イエスを愛するからです。

＊

十の言葉を言う代わりに、一語だけを言いなさい。

＊

清貧はあなたのための自由。

＊

将来を恐れるのは、今日を無駄にしているから。

愛

お互いを愛することを恐れないでください。

＊

わたしたちにとって大事なことは、与えることにどれだけの愛を込めたか、どれだけ愛しているかです。

＊

ほほえみがほほえみを生むように、愛は愛を生みます。

＊

お互いに対して内なる喜びをもった奉仕をするには、愛だけがわたしたちの光と喜びになり得ます。

＊

キリストに倣う道での成長は、聖性の成長を意味します。

＊

不親切な状態の中で奇跡を願うよりは、親切にして間違いをしてほしいです。

聖母マリア

マリアはイエスに歩くこと、話すことを教え、毎日入浴させ、スプーンを持つこと、手をとって歩くことを教えられましたが、わたしたちはそれを忘れてしまいます。マリアのみ手の中で、わたしたちも小さな子どもでありましょう。

＊

わたしはスラムへ熱意をもって通っているでしょうか。
聖母マリアはエリサベトを愛しておられたので、急いで彼女のもとへ向かいました。
わたしたちもまたマリアのように、
貧しい人びとのところへ急いで行かなければなりません。

＊

神の母マリアほど、謙遜を学んだ者はいらっしゃいません。

＊

謙遜の恵みを得るために、聖母マリアが必要です。
「今、わたしの母となってください」と懇願しましょう。

イエス

あなたの心の静寂の中で、イエスに語っていただきなさい。

＊

「イエスよ、あなたを愛さないすべての人のために、わたしはあなたを愛します」とたびたび言いなさい。

＊

今、あなたの生活の中に――苦しみをとおして来られるイエスを、勇気をもって、広い心で受け入れなさい。

＊

わたしたちのあらゆる弱さにもかかわらず、神はわたしたちを愛してくださり、
神の愛とコンパッションの光を世に輝かせるため、わたしたちを使ってくださいます。

＊

「イエスの内に、イエスのために、イエスによって、イエスと共に生きる」

わたしたちの存在理由はたった四つの大切な言葉。

＊

どのようにキリストを愛しますか？
全身全霊をを尽くして無償の奉仕をささげることによって。

＊

貧しい人、ご聖体の内におられるイエスを愛する喜びを保ち、出会うすべての人と、その喜びを分かち合いなさい。

＊

ご聖体の内におられるイエスと貧しい人の内におられるイエスを切り離してはいけません。

マザーテレサの祈り

わたしのものであるイエスよ、わたしの感情と痛みをまったく顧みることなく、あなたのお望みになるかぎり、あなたのお望みのままになさってください。わたしはあなたのものです。あなたのみ心のお苦しみを、わたしの魂と命に刻印してください。

＊

わたしの神よ、あなたに対する愛と自由意志により、わたしに対するあなたの聖なるお望みのままにとどまり、それがなんであっても、果たすことを望みます。涙は一滴も流しません。今以上に苦しむとしても、わたしはあなたの聖なるみ旨を果たします。これは新修道会誕生前夜の暗闇です。わたしの神よ、あなたの呼びかけに従う今このときに、わたしに勇気をお与えください。

＊

あなたが洗濯をしているとき、掃除をしているとき、何をしているときでも、イエスに向かって「イエスよ、あなたを愛しています。今日することはなんでも、すべての思い、言葉、行動を、あなたのためにいたします」とイエスに告げなさい。

*

イエスを愛する喜びを心に保ち、昼も夜もたびたび「わたしの心の内におられるイエスよ、わたしに対するあなたの優しい愛を信じます。わたしはあなたを愛しています」と言いなさい。

*

愛するイエスよ、
わたしが行くところどこにでも、あなたの芳香を広げさせてください。
わたしの魂をあなたの霊と命にあふれさせてください。
わたしの内に浸透して、わたしを完全にあなたのものとし、それによってわたしの生活はあなたの輝きでしかなくなりますように！

わたしをとおして輝いてくださいそしてわたしが接するすべての人が、わたしの魂に現存されるあなたを感じ取りますように！

彼らが目を上げて、わたしではなく、イエスだけを見ることができますように！

わたしと共にとどまってください、そうすれば、あなたが輝いておられるように、わたしも他の人びとの光として輝くようになるでしょう。

おおイエスよ、光はすべてあなたの光であり、わたしのものではありません。わたしをとおして他の人びとに輝く光は、あなたご自身です。

わたしの周囲の人びとのうえに輝く、あなたが最も愛される方法によって、あなたを賛美させてください。言葉ではなく行動により、ひきつける力、あなたに対するわたしの心の明らかな充満から出るわたしの行為の温かい影響によって、あなたを宣べ伝えさせてください。アーメン。

*

永遠の御父よ、あなたの愛する御子イエスをおささげします。そしてあなたのみ名のより大きな栄光のために、永遠の御父よ、あなたの愛する御子イエスをおささげします。あなたのみ名のより大きな栄光と人びとの魂のため、イエスと共にわたし自身をおささげします。

＊

1. イエスのみ心の喜び、わたしの心を満たしてください。
2. イエスのみ心のコンパッション、わたしの心に触れてください。
3. イエスのみ心の愛、わたしの心を燃え立たせてください。
4. イエスのみ心の平和、わたしの心を強めてください。
5. イエスのみ心の謙遜、わたしの心を謙虚にしてください。
6. イエスのみ心の聖性、わたしの心を聖化してください。
7. イエスのみ心の清純、わたしの心を清めてください。

＊

わたしの心の内におられるイエス、わたしの信仰を増してください。わたしの信仰を強めてください。謙虚な従順を生きることをとおして、この信仰を生きさせてください。

イエスの御母マリア、今わたしたちの母となり、導き、守り、わたしたちをイエスの近くにとどまらせてください。

*

イエスの御母マリア、あなたは「わたしは渇く」というイエスの叫びを最初に聞かれたかたでした。わたしと貧しい人びとに対するイエスの思いがいかに深く、現実的であるかご存じです。わたしはあなたのものであり、この修道会全体、活動と観想のすべての姉妹、兄弟、司祭はあなたのものです。わたしを教え、十字架にくぎづけられたイエスのみ心の愛に直面させてください。御母マリア、あなたのお助けのうちに、わたしがイエスの渇きに耳を傾ければ、それは生命の言葉となるでしょう。あなたのおそばに立ってイエスにわたしの愛と、わたしを愛していただくチャンスをささげ、それによってあなたの喜びの源になりましょう。アーメン。

*

イエスのみ心の沈黙、わたしに話し、わたしを強めてください。

御母マリア、あなたの清く、美しく、汚れなく、愛と謙遜に満ちたお心をお与えください。

そうすれば、わたしは命のパンによってイエスを受け、貧しい人びとの悲惨な状況に身を隠されるイエスに奉仕することができるでしょう。アーメン。

＊

主よ、あなたの愛のうちに彼らが互いに誠実を保つよう助けてください。

何事も何者も彼らをあなたからの愛、そして互いへの愛から引き離すことがありませんように。

それぞれの家庭へのあなたからの贈り物である子どもたちが、家族の愛、一致、喜び、平和の源でありますように。アーメン。

＊

わたしの心のうちで沈黙しておられるイエス、わたしはあなたを礼拝します。

＊

わたしにとってイエスとはだれか？
イエスは——神です
神の御子
聖三位一体の第二のペルソナ
マリアの御子
肉《ひと》となられたみ言葉
イエスは——わたしが語るみ言葉
わたしがともす光
わたしが生きる命
わたしが愛する愛
わたしが分かち合う喜び

わたしが与える平和
わたしが使う力
わたしが養う飢えた人
わたしが着せる裸の人
わたしが引き取るホームレス
わたしが世話する病人
わたしが教える子ども
わたしが慰める寂しい人
わたしが求める望まれない人
わたしが仲良くしてあげる精神疾患の人
イエスは――わたしが助ける――無力な人
わたしが招く――物乞い
わたしが清める――重い皮膚病の患者
わたしが導く――泥酔者
わたしが頂く――命のパン
わたしがささげる――いけにえ

わたしが担ぐ――十字架
わたしが耐える――痛み
わたしがする――祈り
わたしが分かち合う――寂しさ
わたしが受け入れる――病気
イエスは――わたしの神
わたしの主
わたしの浄配
わたしのすべて
わたしのすべての中のすべて
わたしの大事なかた
わたしの唯一のかた
イエスはわたしの愛するかた――わたしはイエスのもの、どのようなものも彼からわたしを引き離さない――イエスはわたしのもの――わたしはイエスのもの。

＊

栄光はわたしを創られた父なる神に――主はわたしを愛されたから。

栄光はわたしのために亡くなられたイエス・キリストに――主はわたしを愛されたから。

栄光はわたしの内に住まわれる聖霊に――主はわたしを愛されるから。

索引

著者紹介
マザーテレサ（Mother Teresa）
1910年、スコピエ（現在のマケドニア）で生まれ、1928年ダブリン所在のロレット修道会に入会したが、コルカタで神の愛の宣教者会を創設するため、1948年ロレット修道会を退会し、貧しい人びとの中で最も貧しい人への奉仕が、彼女の生涯の仕事となった。彼女は1979年ノーベル平和賞を受賞し、1997年の没後直ちに列聖調査が開始、2003年に列福、2016年に列聖された。

編集とまえがき
ブライアン・コロディエチュック神父MC, Ph.D（Brian Kolodiejchuk）
カナダ・ウィニペグ生まれ。彼は1977年マザーテレサと出会い、1984年神の愛の宣教者司祭会の創立と同時に入会し、1997年彼女の没年まで20年間を共に歩んだ。
現在、マザーテレサ・センター長。そのオフィスはカリフォルニア、メキシコ、インド、イタリアにある。
『マザーテレサ来て、わたしの光になりなさい！』（女子パウロ会）の編者。

訳者紹介
里見貞代（Satomi Sadayo）
聖心会会員、静岡市生まれ。聖心女子大学卒業、上智大学大学院フランス文学専攻博士課程前期終了後、フランス政府給費留学生としてパリ第４大学フランス文学博士課程を経て、学位論文*Le Signe de la Croix chez Paul Claudel*で 文学博士号取得。聖心女子大学歴史社会学科国際交流専攻教授、聖心女子大学キリスト教文化研究所所長を経て、聖心女子大学名誉教授。2018年７月11日没。
著書：*Le Signe de la Croix chez Paul Claudel* （フランス図書1982年）。
訳書：『マザーテレサの秘められた炎』（J. ラングフォード著、女子パウロ会2012年）、『マザーテレサ来て、わたしの光になりなさい！』（マザーテレサ著、女子パウロ会2014年）、『教皇フランシスコとともに　日々の内省』（ケヴィン・コッター編著、女子パウロ会2016年）、『イエスが新聞を読まれたなら』、『愛が地に根づくとき』（M. クオスト著、日本基督教団出版局）、『マグダレナ＝ソフィア・バラ』（M. リュイラー著）。
論文：「クローデルとカトリシズム」、「クローデルの『目は聴く』」、「ヒューマニスト・クローデル」、「ポール・クローデルの『人質』」他。
以上、聖心女子大学キリスト教文化研究所刊行図書所収。

愛のあるところ、神はそこにおられる

*

著者:マザーテレサ

編集とまえがき:ブライアン・コロディエチュックMC

訳者:里見貞代

発行所:女子パウロ会

代表者:松岡陽子

〒107-0052　東京都港区赤坂8-12-42

Tel.(03)3479-3943　Fax.(03)3479-3944

webサイト http://www.pauline.or.jp/

印刷所:図書印刷株式会社

初版発行:2018年12月10日

©2018 Satomi Sadayo, Printed in Japan.

ISBN978-4-7896-0797-1　C0016　NDC194